▌종교개혁 시리즈 ⑬

루터의 95개 조항 오백 주년 기념 (1517–2017)
# 종교개혁의 신학사상

김재성 지음

기독교문서선교회

**기독교문서선교회**(Christian Literature Center: 약칭 **CLC**)는 1941년 영국 콜체스터에서 켄 아담스에 의해 시작되었으며 국제 본부는 미국 필라델피아에 있습니다.

**국제 CLC**는 59개 나라에서 180개의 본부를 두고, 약 650여 명의 선교사들이 이동도서차량 40대를 이용하여 문서 보급에 힘쓰고 있으며 이메일 주문을 통해 130여 국으로 책을 공급하고 있습니다.

**한국 CLC**는 청교도적 복음주의 신학과 신앙서적을 출판하는 문서선교 기관으로서, 한 영혼이라도 구원되길 소망하면서 주님이 오시는 그날까지 최선을 다할 것입니다.

# Theology of Reformation:
## Quincentenary of Luther's 95 Theses(1517-2017)

*Written by*
Dr. Jae Sung Kim(Ph. D.)

Korean Edition
Copyright ⓒ 2017 by Christian Literature Center
Seoul, Korea

―― 추천사 1 ――

## 루터의 종교개혁 사상에 대한
## 정통개혁신학적 해설서

김영한 박사
(기독교학술원장/숭실대학교 명예교수/한국개혁신학회 초대회장)

『개혁신학의 광맥』, 『개혁신학의 정수』, 『개혁신학의 전망』, 이 세 권의 기념비적 저서로 종교개혁의 전통을 소개하는데 큰 공헌을 하여온 김재성 박사가 이번에는 한국개혁신학회장(2016-2018)으로서 2017년 종교개혁 5백 주년을 맞이하여 20년 전통된 한국개혁신학회를 이끌게 되면서 『종교개혁의 신학사상』이라는 본서를 낸 것은 의미심장하다.

 저자는 본서에서 최근 학자들의 연구를 근거로 해서 종교개혁에 대한 입체적 해석을 제시하고 있다. 루터의 95개 조항을 새롭게 한국어로 번역하여 이해할 수 있도록 시도하였다. 면죄부의 문제점을 밝힌 95개 조항은 루터의 종교개혁 조항임에도 불구하고 한국교계와 신학계가 자세히 들여다 보지 않았다. 저자는 이 영역을 신학적으로 조명하고 있다. 저자는 8가지로 분석했고, 당시에 유행했던 만성절과 미신적인 기적 신앙의 허구성을 역사적으로 재조명한 것은 오늘날 우리에게 주는 새로운 조명이라고 말할 수 있다.

저자는 종교개혁이란 혁명이 아니라 인습적인 종교제도의 개혁이라고 평가한다. 루터의 개혁요청은 당시 교회의 사악한 행동들을 질타한 것이다. 루터는 브라덴부르그 지방과 마인쯔의 대주교를 겸직하게 될 정도로 로마가톨릭의 정치꾼이 된 알브레흐트의 회개를 촉구하였다. 로마가톨릭의 갱신을 주장했던 루터의 종교개혁 정신은 하나님의 은총에 대한 탑의 체험을 통하여 그의 가슴에서 불타오른 믿음으로 말미암은 칭의사상이었다고 해석한다.

칼빈학자이기도 한 저자는 루터의 위대한 유산은 츠빙글리의 순교를 거쳐 칼빈에 와서 열매를 맺었다고 평가한다. 저자는 루터의 주요 사상과 종교개혁자들의 사상의 핵심을 재구성하였다. 루터의 개혁사상과 특징적 교훈들으로 죄에 대한 민감성, 하나님의 숨어계심, 역설적 관계: 율법과 복음, 죄인인 동시에 의인사상, 그리스도의 직분과 만인제사장설, 십자가의 신학, 두 왕국, 교회와 국가 관계를 해석하고 있다.

저자는 오늘날 종교개혁의 재발견으로서 공로주의와 선행의 오류와 모순, 어거스틴의 은총론 재발견, 의지의 노예에 관한 논쟁, 칼빈과 영적인 무능력의 재발견 등을 제시하고 있다. 종교개혁이 남겨준 신앙의 유산으로서 고난과 인내, 파문을 당한 루터, 츠빙글리의 순교, 학살에 쓰러진 무명용사들 등이 보여준 고난당하신 그리스도를 본받음, 고난과 인내 속에서 빚어진 칼빈, 칼빈의 인내와 찬란한 열매, 순교 신학, 상한 심령의 위로와 치유를 제시하고 있다.

이러한 저자의 루터 해석은 오늘날 샌더스(E. P. Sanders), 제임스 던(James D.G. Dunn), 톰 라이트(Nicholas Thomas Wright) 등 새 관점의 학자들이 언약적 율법주의의 관점에서 루터의 바울 해석의 핵심인 칭의 교리의 평가절하 시도를 바로 잡아 주고 있다. 저자의 루터 해석은 칭의사상에 입각한 역사적 개혁교회의 입장을 명료히 제시하는 정통개혁신학의 입장이다. 본서는 다가오는 루터 종교개혁 5백 주년의 의미를 정통개혁신학의 입장에서 풍성한 의미를 해박한 신학적 지식과 더불어 우리들에게 조명해주고 있다. 이 저서는 루터의 종교개혁사상에 대한 정통 개혁신학적 해설서로서 오늘날 종교개혁 5백 주년을 맞이하는 한국교회와 신학계에 드리는 저자의 신학적 헌정이라고 말할 수 있다.

2016년 10월 21일

## 추천사 2

권호덕 박사
(서울성경신학대학원대학교 총장)

김재성 박사가 종교개혁 500주년 기념으로『종교개혁의 신학사상』이라는 저서를 남긴 것은 참으로 큰 의의가 있다고 본다. 그는 여기서 루터가 종교개혁을 어떻게 시작했고 왜 시작되었는지 보여주기 위해 먼저 종교개혁 당시의 교회의 실존상황을 열거하는 동시에 그 시작한 신학 논지가 무엇인지 보여주기 위해 95개 조항을 소개한다. 그리고 종교개혁운동이 어떻게 무르익어갔는가를 보여주기 위해 그 당시에 열렸던 여러 가지 종교회의도 설명한다. 수많은 논의 가운데 종교개혁운동은 막연한 운동이 아니라 치밀하게 전개되었음을 보여주고 있다.

그리고 저자는 종교개혁자들이 모두 인간의 전적인 타락의 문제점을 주목했음을 지적하면서 현재 한국교회의 문제를 해결하는 종교개혁자들의 시각과 같아야 함을 암시하고 있는데 공감이 가는 사항이다.

독자들이 이 책을 읽고 현대교회의 문제점을 아는 것에서 나아가 해결방안을 모색할 수 있었으면 하는 바람이 간절하다.

**책머리에**

# 종교개혁 5백 주년의 의미와 교훈

김재성 박사
(국제신학대학원대학교 부총장)

    종교개혁은 인류 역사의 방향을 바꾸어 놓았다. 종교개혁은 기본적으로 성경적인 신학사상이 만들어낸 거대한 세상의 변화였다. 16세기의 정치와 사회적 격변들은 기독교 신앙에 대한 이해가 없이는 정확한 의미를 파악할 수 없다. 인류역사에 새롭게 등장하는 개신교의 서막을 알리는 루터의 95개 조항이 게시된 지 오백 주년이 되었기에, 이 뜻 깊은 사건을 되돌아보면서 종교개혁의 유산을 재조명하고자 한다. 무엇이 어떻게 잘못되었는지도 모른 채, 로마가톨릭교회는 낡은 관행과 왜곡된 관습에 빠져있었다. 하나님의 사람들이 내놓은 개혁의 목소리는 엄청난 핍박과 압박 속에서도 공감대를 형성해 나갔고, 마침내 새로운 시대를 이끌어 냈다.

    16세기 종교개혁자들의 신학과 삶을 연구하면서 "역사적 가치와 중요성"을 더욱 더 절실하게 깨닫게 되었다. 종교개혁은 우리에게 가장 순수한 복음을 성경에서 발견할 수 있도록 안내해 주었다. 종교개혁에 대한 역사적 탐구를 통해서 지금 개신교회 성도들이 서 있는 신앙적 토대가 마련되었다. 종교개혁이 신앙고백서에서 제시하는 조항들과 지침서들은 기독교 신앙인으로서 무엇을 믿어야만 하는가를 밝혀주었다. 종교개혁은 기독교의 정체성을 회복하였고, 그 힘은 세상을 바꾸는 원동력이 되었다. 그 시대를 선도했던 종교개혁자들에게는 "역사적 교훈과 신앙의 향기"가 깊이 스며있다.

필자는 종교개혁 역사의 현장에 직접 찾아가서 개혁자들의 유산과 전통을 확인하여 보았다. 동유럽을 방문하고 싶은 소원은 오랜 기다림 끝에 이뤄졌다. 루터의 비텐베르크는 한국 사람으로는 도저히 갈 수 없던 곳이었다. 동독을 지배하던 공산주의 이데올로기가 무너지는 급격한 변화가 일어났다. 1989년 11월 9일, 베를린 장벽이 제거되고, 여행자유화가 시행되었다. 한국 여권을 가지고는 들어갈 수 없었던 동베를린을 통과해서, 1990년에 총신대학교 총장을 역임하신 김의환 박사(당시에는 미국 나성한인교회 담임목사)를 비롯하여 목회자들이 동구권 교회들을 방문하였다.

체코슬로바키아의 프라하에서는 지독한 고문을 견디고 돌아온 콜크스 목사님의 아파트에서 감격적인 간증을 듣고 눈물로 격려의 기도를 드렸다. 공산주의 기념일에 거행된 헝가리 개혁주의 샤롤스파탁 아카데미 개원식에도 참석하여 격려하였다. 폐쇄된 지 70년 만에 되돌려 받는 날이어서, 격려금을 전달하고 감격을 함께 나누었다. 그 당시 동유럽 개신교회들은 공산치하에서 타협한 자들을 퇴진케 하고 순수한 사람들로 복구하려는 진통을 겪고 있었는데, 그야말로 현대적 종교개혁의 현장이었다.

한국교회는 엄청난 사건들 속에서 해결해야할 과제를 안고 있다. 대한민국은 대통령을 탄핵하는 정치적 위기에 직면해 있고, 한국교회는 고린도교회보다 더 분열상태에 빠져서 헤어 나오질 못하고 있다.

어디서 지혜를 얻을 것인가?

누가 해답을 제시할 것인가?

종교개혁의 오백년 역사를 재조명하고 하나님께서 사용하신 사람들과 사상들과 사건들에 대해 공부하면서, 역사적 소명감과 새 삶을 향한 지혜를 얻게 되기를 간절히 기원한다.

종교개혁을 재인식하게 도움을 준 수많은 신학자들에게 깊은 감사를 드린다. 이 책의 발간을 위해서 수고해 주신 박영호 목사님과 CLC 편집부의 노고에 감사를 드린다. 세계를 넘나드는 여정에서 건강과 깨우침을 주신 하나님께 모든 영광을 올리나이다!

2017년, 변화와 갱신의 해를 기원하면서

# 목차 Contents

추천사 1_ 김영한 박사(기독교학술원장/숭실대 명예교수/
　　　　　한국개혁신학회 초대회장) ·········· 4
추천사 2_ 권호덕 박사(서울성경신학대학원대학교 총장) ········ 7
책머리에_ 김재성 박사(국제신학대학원대학교 부총장) ········· 8

**제1장　종교개혁이란 무엇인가?** ·········· 17
　1. 개혁은 혁명이 아니다!
　2. 위대한 업적들에 대한 재평가
　3. 낡은 관습과 허황된 관행의 빈성

**제2장　종교개혁의 시대적 변화와 성공 요인들** ·········· 38
　1. 지역적 민족국가의 등장
　2. 도시 집약과 자본 체제
　3. 개인의 자유 존중과 인권 신장
　4. 무너지는 성직자 중심주의
　5. 지식의 확산

**제3장　성실한 수도사, 루터** ·········· 51
　1. 아이스레벤에서 출생하다
　2. 만스펠트에서 지역 학교 수학
　3. 에르푸르트대학교 시절
　4. 어거스틴파 수도원
　5. 비텐베르크의 새로운 성경 교수

**제4장  개혁의 비전과 성경의 권위 회복** ················· 75

  1. 하나님의 음성

  2. 부패한 본성과 하나님의 칭의

  3. 건강한 가정의 회복

**제5장  만성절과 미신적인 기적 신앙** ···················· 99

  1. 근거 없는 기적 신앙

  2. 성자들의 유품에서 나오는 신통력?

  3. 면죄부 판매의 가증스러운 실상

**제6장  루터의 95개 조항** ···································· 114

  1. 루터의 95개 조항 전문

  2. 중심주제 8가지 분석

    1) 속죄 규정들의 문제점들(1-4조)

    2) 교황의 사죄권과 한계점(5-7조)

    3) 속죄의 권한과 연옥에 있는 영혼의 구원 문제들(8-29조)

    4) 면죄부와 사죄권의 문제점들(30-40조)

    5) 면죄부의 구입과 사면권의 남용(41-52조)

    6) 면죄 설교의 문제점과 복음 설교의 비교(53-80조)

    7) 면죄부 남용에 따른 질문들과 시행에 대한 논박들(81-91조)

    8) 십자가의 신학과 그리스도교인의 생활에 관한 교훈들(92-95조)

  3. 95개 조항과 관련된 역사적 개요

### 제7장  종교개혁의 횃불들 ················································ 164
1. 하이델베르크 논쟁(The Heidelberg Disputation)
2. 아우크스부르크 대화
3. 라이프찌히 논쟁(Leipzig Debate)
4. 『독일귀족에게 드리는 편지』
5. 『교회의 바벨론 유수』
6. 『기독교인의 자유에 관하여』

### 제8장  종교개혁의 승리 ···················································· 180
1. 보름스의회: 종교개혁사의 분기점
2. "내가 여기 서 있나이다"
3. 보름스의회와 주요 사건들

### 제9장  루터의 개혁사상과 특징적 교훈들 ························· 205
1. 죄에 대한 민감성
2. 하나님의 감춰지심
3. 역설적 관계: 율법과 복음
4. 죄인이자 동시에 의인이다.
5. 그리스도의 직분과 만인제사장설
6. 십자가의 신학
7. 두왕국, 교회와 국가

**제10장 루터의 칭의 교리와 노예의지론** ················ 234

   1. 루터의 기본적인 칭의 개념

   2. 외부적 칭의와 의로움의 전가

   3. 루터의 뿌리: 어거스틴이 반박한 자유의지론

   4. 루터와 에라스무스의 노예의지론 논쟁

**제11장 칼빈의 신학과 종교개혁자들의 차이점** ············ 266

   1. 경건한 기독교 신학과 교회의 정립

   2. 그리스도 연합: 의의 전가와 칭의와 성화

   3. 초기 종교개혁자들의 핵심적인 교훈들

      1) 멜랑히톤(1497-1566)의 개혁사상과 칭의론

      2) 초기 종교개혁자들과 도덕주의적 칭의 교리

   4. 전적 타락과 부패한 의지

   5. 영적인 무능력

**제12장 종교개혁의 유산** ···························· 312

   1. 신앙유산: 고난과 인내

   2. 고난당하신 그리스도를 본받아

      1) 파문을 당한 루터

      2) 츠빙글리의 순교

      3) 대학살에 쓰러진 무명의 성도들

3. 고난과 인내 속에서 빚어진 칼빈
      1) 성령께서 엄청난 하나님의 사랑으로 가득 채우시다
      2) 개신교회 성도들이 당한 환란과 핍박들
      3) 고난당하는 자들을 위한 간청
   4. 칼빈의 인내와 찬란한 열매
   5. 순교신학
   6. 상한 마음의 위로와 치유

**제13장   종교개혁의 현대적 적용** ································· 347
   1. 성경 말씀의 본질적 회복
   2. 세상을 보는 눈을 열어주다
   3. 실천적 적용: 우월의식이나 특권을 버리라

**끝맺는 말: 왜곡된 관행과 관습에 대한 통렬한 반성** ············ 361

# 제1장
### 종교개혁이란 무엇인가?

종교개혁은 루터가 처음 시작한 것도 아니고, 계획한 것도 아니다. 전적으로 하나님의 섭리적 간섭으로 성취된 복음의 회복운동이요, 지금도 계속 진행되는 하나님 나라의 전개과정에 들어있는 정신이다. 루터 스스로가 종교개혁의 거대한 흐름 속에서 자신의 어떤 성취나 업적에 대해서 큰 가치를 부여하지 않았다는 사실을 기억해야만 한다.

루터는 1512년 스물여덟 살에 신학박사 학위를 받았기에, 대학에서 부여해준 권위에 따라서 교수의 직분에 충실했을 뿐이다. 그는 자신의 임무가 복음을 성실하게 소개하는 일이라고 확신했고, 그래서 성경의 권위 아래 복종하려고 노력했던 것일 뿐이다.

## 1. 개혁은 혁명이 아니다!

먼저 종교개혁의 성격을 분명하게 규명하고, 그 전개과정과 관련된 신학적인 토론들을 점검해 보고자 한다. 그저 막연히 종교개혁이라는 말을 사용하지 말고, 기본적으로 무엇을 의미하는지를 구별해 보기를 진심으로 소망한다. "종교개혁"은 하나님의 복음과 정의를 교회와 세상 속에 정착시키고, 위로부터 내려주신 하나님의 말씀을 높이려 했다. 손상된 하나님의 권위를 회복시키고자 성경의 최종 권위에 의존하여 기독교 교회의 진리 체계와 예배를 고치고 낡은 관행과 오류로 더럽혀진 로마가톨릭의 부패를 수정하려는 운동이었다.

중세시대의 부패와 무능력한 로마가톨릭교회를 새롭게 개혁하려는 움직임들은 여러 그룹에 의해서 다양하게 표출되었다. 1524년에 토마스 뮌쩌가 시작한 독일 농민혁명이 일어났고, 낡고 부패한 세상을 바꾸고자 했었다. 마르크스주의자들은 뮌쩌의 농민혁명을 높이 평가하면서 기성체제와 상류층 부르주아에 대항한 최초의 혁명이었다고 말한다.

그러나 루터를 비롯한 개신교회 지도자들은 "혁명"(revolution)과는 다른 길을 선택했으니, "개혁"(reform)이었다. 다시 말하지만, 종교개혁자들은 정치적 혁명노선과는 아주 근본적으로 다른 길을 선택했다. 16세기 유럽의 종교개혁은 프랑스혁명이나, 농노들이 일으킨 러시아 볼셰비키혁명, 공산주의자들의 계급 투쟁과는 근본적으로 합일되는 부분이 전혀 없다.

마르크스주의 사회학자들과 역사가들은 로마가톨릭교회에 복종을 거부했던 종교개혁을 사회적 혁명의 일환으로 간주한다.[1] 그러나

---

[1] 서독과 동독이 통일되기 이전에, 동베를린에서 쓰여진 루터 출생 5백 주년에 출판된 기념비적인 저서에서, 루터는 "독일 최초의 혁명자로서 신학, 개혁, 그리고 전 생애가 혁명으로 점철되어져 있다는 것이 그의 전 생애에 걸쳐서 확연히 특징으로 드러난다"라고 강조되어있다. Gerhard Brendler, *Martin Luther: Theology & Revolution*, tr. Claude R. Foster Jr. (Oxford: Oxford University Press, 1991), Preface, "the first revolution in German history...

하이코 오버만 박사가 지적하듯이, 종교개혁자들 중에서는 그 어느 누구도 '우파'와 '좌파' 혹은 '급진파' 사이의 대립, '군주파'와 '대중파'의 갈등을 주도한 적이 없다. '교육받은 신흥 지도층'과 '기득권층' 사이의 계급타파를 부르짖은 프랑스대혁명이나 러시아 볼셰비키혁명과 같은 방식을 전혀 알지도 못했었고, 그런 시도마저도 해본 적이 없음에 유의해야 한다.[2] "혁명"가들이 말하는 아래로부터의 개혁, 인권존중과 인권 쟁취를 위한 투쟁 등은 16세기 종교개혁자들과는 전혀 상관없는 이념들이었다.

"개혁"은 하나님의 율법과 정의를 교회와 세상 속에 정착시키고, 위로부터 내려주신 하나님의 말씀을 높이는 것이다. 루터는 세속 권세에 맞서서 정권을 뒤엎으려는 것이 아니라는 점을 분명히 했다. 그

---

Theology, reformation, and the confrontation with revolution stamped his life so markedly that they stand at the center of this biography." 그러나, 이런 해석에 대해서 비슷한 시기에 서독에서 나온 대표적인 루터 연구서에는 전혀 동의하지 않는다. Bernhard Lohse, *Martin Luther: An Introduction to His Life and Work*, tr. Robert C. Schultz (Philadelphia: Fortress, 1986), xv. "여러분 자신이 루터의 글을 직접 읽어보고, 그의 인격과 신학을 독자 스스로 판단해 보라고 권유드린다."
이처럼, 루터의 신학을 놓고서 논쟁하는 경우가 많았다. 끔찍한 세계대전과 독일 히틀러의 나치 치하에서 독일 사회주의 체제의 오류를 지적했던 저명한 두 독일 신학자들이 루터 해석을 놓고서 격돌하기도 했었다. 알따우스 교수(1888-1966)와 개혁주의 신학자 아돌프 쉴라터(1852-1938)가 루터의 칭의론을 비롯하여 두왕국론 등 광범위한 부분에 있어서 논쟁했다. 쉴라터가 루터의 문제점들에 대해 비판을 가하자, 알따우스는 루터의 신학사상들에는 성경적인 이해가 담겨있으며 두왕국 사상도 정당하다고 옹호하였다. Paul Althaus, *The Theology of Martin Luther* (Philadelphia: Fortress, 1966), viii. "I have learned very much from Luther for my own work." idem, T*he Ethics of Martin Luther*, tr. Robert C. Schulz (Philadelphia: Fortress, 1972), xi. 종교개혁에 대한 평가가 첨예하게 대립되고 있는 이유에 대해서는 필자의 다른 책을 참고할 것. 김재성,「개혁신학의 정수」(킹덤북스, 2003; 2017), 제4장 "살아있는 전통: 개혁신앙의 계승과 평가.

2 Heiko A. Oberman, "One Epoch, Three Reformation," in *Zwingli und Europa. Referate und Protokoll des Internationalen Kongresses aus Anlaç des 500*. ed. P. Blickle, A. Lindt, A. Schindler (Göttingen, 1985), 11-26.

는 1523년에 세속의 권위를 인정하는 정치적 관점을 제시하였다. 인간이 타락함으로 인해서 죄를 통제하는 시민정부의 권위가 하나님으로부터 주어졌다는 것이다. 다만, 통치권을 위임받은 세속정부는 무고한 사람들을 보호하여야 하고, 질서를 유지하며, 군대를 사용해 보호한다고 요청했다. 루터, 칼빈, 부써, 츠빙글리, 영국의 종교개혁자들도 "군주제 종교개혁운동가들"이라고 불리운다.

이들은 농민혁명과 토마스 뮌쩌 이후, 독일 뮌스터에서 벌어진 재세례파의 극렬한 무정부주의 난동에 대해서 엄중하게 대처하면서, 비합법적이라고 비판했다. 칼빈이 1539년에 펴낸 『로마서 주석』에서 설명하는 바가 가장 극명하게 종교개혁과 혁명의 차이를 밝히고 있다.

> 그리스도인들 중에는 실제로 모든 세상 권력이 다 폐기되지 않으면 그리스도의 나라가 제대로 설 수 없고, 사람들에게 복종을 하게 만드는 온갖 멍에를 벗어버리지 않으면 자신에게 주어진 자유를 누릴 수 없다고 믿는 그런 광신적인 신념에 사로잡힌 자들도 있었다.[3]

종교개혁은 "신학적인 개혁"을 핵심과제로 삼아서, 성경의 가르침을 회복시키고자 노력하였다. 어거스틴에게 영향을 받은 기독교 신

---

3　John Calvin, *Iohanis Calvini Commentarius in Epistolam Pauli ad Romanos*, ed. T.H.L. Parker (Leiden:1981), 281.9-12. 칼빈의 로마서 13장 1절 주석; "Sunt enim semper tumultuosi spiritus, qui regnum Christ no bene extolli credunt, nisi aboleantur omnes terrenae."

학자들이 가장 큰 영향력을 발휘한 사람들이었고, 특히 16세기 유럽의 종교개혁시대에 쏟아져 나왔다. 그 가운데서도 첫 번째 선두주자로 앞장을 섰던 인물이 루터이고, 그가 끼친 영향은 세계 역사 속에 두루 미치게 된다. 미국 시카고대학교에서 루터 연구에 일생을 바친 마틴 마티 박사는 신앙에 관련된 95개 조항을 오백 년 전에 루터가 내걸었던 날부터 마음의 변화를 의미하는 회개를 강조했기 때문에 역사가 바뀌었다고 진단한다.[4] 정치적 혁명이 아니더라도, 세상은 변화가 가능하다.

촛대 위에 밝히 빛나는 촛불. 중앙에 촛불 좌우에 루터와 칼빈이 새겨져 있다.
17세기 후반에 Carel Allardt가 동판에 새겨놓은 것이다.

---

4  Martin E. Marty, *October 31, 1517: Martin Luther and the Day that Changed the World* (Brewster: Paraclete Press, 2016), chapter two, "Repentance here means "A Change of Heart"

"종교개혁의 영웅들". 19세기 중반. 알사스 지방에서 나온 석판 인쇄. 기독교 신자들의 가정에 걸어놓을 용도로 제작됨.

기본적으로 종교개혁은 목회자로 교회를 섬기던 신학자, 설교자의 "목양적 관심" 혹은 "목회적 배려"가 근본적인 출발의 동기였다. 종교개혁자들은 중세 신학이 변질시켜버린 잘못된 관행과 관습에서 벗어나 성도들로 하여금 하나님의 말씀으로 바르게 인도함을 받게 하려는 질문들을 품고 해결하려던 몸부림을 포기하지 않았던 것이다. 개혁자들은 하나님 앞에서 어떤 신앙 양심과 고백적인 내용들을 가져야만 하는가를 고심했고, 공감을 얻으면서 확산되어 나갔다.

루터는 종교개혁의 선두주자로서 누구보다도 먼저 험한 길을 앞장서서 헤쳐 나갔다. 1518년 10월, 루터는 소속 종단의 최고 지도자

카예탄 추기경에게 "아니오"(Nein!)라고 불복종을 선언했다. 그리고 다시 보름스의회에 나가서 황제 앞에서도 순응을 거부했고, 자신의 저술들을 철회하지 않았다. 왜곡된 통치권을 주장하는 세속 정권에 대해서도 불복종을 주장했다. 루터에 의해서 중세 말기 혼돈에 처해 있던 기독교는 전혀 없었던 새로운 길을 만들 수 있었다.

어떻게 인구 2천 명에서 3천 명이 살던 독일 북부 조그만 성읍 도시, 잘 알려지지 않았던 신학교수가 주장한 것들이 세계 기독교를 새롭게 세우는 계기가 되었는가를 재점검해보자. 지난 오백 년간 무너지지 않고 살아있는 교훈은 성경적 신앙과 확신이 있었기 때문이다. 루터와 종교개혁자들의 신념 속에서 성경에 따르려는 신학적인 가르침에서 특성들을 찾아야만 그들의 개혁사상을 제대로 이해할 수 있는 것이다.[5]

## 2. 위대한 업적들에 대한 재평가

16세기 유럽 종교개혁은 기독교가 전 세계에 전파된 이후로 인간의 정신적인 영역에서 가장 위대한 사상적 혁명을 이루어냈다. 그 본질이 무엇이냐를 놓고서 논의가 많지만, 종교개혁자들의 주된 목적은 참된 교회를 회복하고 다시 세우고자 했던 것이요, 교회의 체계를 파괴하길 원했던 것은 아니었다.

---

5 Timothy F. Lull, ed., *Martin Luther's Basic Theological Writings* (Minneapolis: Fortress, 1989).

그들의 시련과 성취의 영향으로 기독교의 정체성을 밝혀주는 핵심적인 본질이 체계적으로 회복되어졌고, 로마가톨릭을 떠나서 새로운 교회가 출범하는 돌파구가 열리게 되었다. 16세기 유럽의 종교개혁의 역사와 신학사상은 여러 지역들에서 서로 다르게 분리된 다양성이 있었고, 서로 다른 방법론을 채택한 연구들이 진행되고 있다.[6]

첫째, 우리가 종교개혁에 대해서 관심을 가져야하고, 연구하여야 하는 이유는 무엇일까?

종교개혁은 세상과 문화, 특히 그 안에 있는 교회를 바꿔놓은 변혁의 시대였고, 그들을 통해서 근대사회로의 전환에서 새로운 안목을 얻게 되었다. 현대 기독교의 뿌리와 그 정체성을 찾기 위해서 종교개혁의 역사를 연구하려는 것이다. 현재까지 인류 역사 연구에 있어서, 지난 시대에 대한 탐구에 있어서 가장 많은 저술과 토론과 논의가 집중되어지는 주제가 바로 종교개혁에 관련된 것이다.[7]

종교개혁자들이 위대한 기독교 영웅들이라서, 영웅화 작업을 하려거나, 영웅 사관에 따라가려고 종교개혁을 연구하는 것은 아니다. 종교개혁자들은 완벽한 사람들이 아니었다. 그들도 역시 죄로 얼룩진 오류와 실수가 많은 죄인에 불과했다. 역사연구에서 비평적인 안

---

[6] Brian Cummings, *The Literary Culture of the Reformation: Grammar and Grace* (Oxford: Oxford University Press, 2002), 13: "Some historians have attempted to avoid historical determinism by emphasizing continuities in a longer sequence. Others have deflected it by distinguishing a plurality of reformations, catholic as much as protestant, in a large process of religious culture."

[7] A. G. Dickens & John M. Tonkin, *The Reformation in Historical Thought* (Cambridge: Basil Blackwell, 1985). cf. Paul Christianson, *"Book Review on The Reformation in Historical Thought," Canadian Journal of History*, 22(2), 245-246.

목과 분석적인 사고와 비판적인 독서가 절실히 요청된다.

역사는 사람들에 의해서 이루어져 나가지만, 그 배면에는 하나님의 섭리가 담겨있다. 섭리라는 보편적 진리들은 얼마든지 왜곡될 수 있다고 겸허하게 받아들여야만 한다. 우리도 이미 사회적으로나 혹은 지리적으로 역사적 전통을 갖고 있기 때문이다. 하나님의 궁극적인 섭리가 우리에게 무엇을 의미하는지는 부지런히 찾아보려고 노력을 해야만 하고, 때로는 사람들의 실수와 오류 속에서 발견되어지기도 한다.

둘째, 종교개혁자들의 절실했던 상황들을 연구하면서 발견하게 되는 공통점이 있다. 그들은 목회적인 동기에서 출발하여 성도들을 바르게 인도하고자 간절히 필요로 하는 것들을 찾으려 했었다. 로마가톨릭의 신학과 관행과 권위에 대해서 과연 정당한가에 의문을 던지면서, 거의 무시되어버린 성도들의 신앙적 요구에 대하여 해답을 모색하였었다.

종교개혁은 기본적으로 성도들에게 도움을 주고, 올바른 지침을 주려는 목양적 관심으로부터 출발되었다. 성경에 입각하여 허망한 미신 숭배와 면죄부 판매를 거부한 후, 전체 교회를 재건하는 기독교 신앙을 정립하여 나갔고, 성경적 가르침이 널리 확산되었다. 중세 말기에 내려오던 로마가톨릭교회의 구원론과 성례주의 신학사상이 잘못되었다는 인식을 새롭게 갖게 된 것이다.

종교개혁은 결코 소수의 신학자들이나 지식인들이나 엘리트 신학자들의 학문적인 운동으로 그친 것이 아니다. 종교개혁자들은 대학에 소속된 학자들이 아니라, 교회를 위해서 헌신하던 목회자들이었으며, 일반 성도들이 잘못된 인도를 받고 있다는 두려움을 갖고서 열심을 내어 성경을 탐구하게 되었다.

　루터는 자신이 가르치던 교회 안에서 성도들이 잘못된 가르침으로 인도되고 있음에 탄식하였다. 그의 목회적 고뇌와 두려움은 중세 교회의 왜곡된 가르침에 대해서 심각한 고민을 거듭하게 만들었던 것이다. 마침내 루터는 비텐베르크대학교교회의 출입문 광고판에 95개 조항을 1517년 10월 31일에 내걸었다. 그다음 날이 만성절이었다. 루터의 심각한 고통으로 빚어진 "우발적인 사건"은 가히 획기적으로 확산되는 계기가 주어졌고 세상에 널리 알려졌다.[8]

　면죄부 판매에 반대하는 일련의 토론들은 종교개혁의 단초를 제공하였다. 로마 교황청의 모순을 지적하고 싸우는 새로운 흐름을 만들어 내는 데에 있어서 결정적인 구심점이자 산파역을 해낼 수 있었다. 당대 로마 교황청 학자들과 대립적이던 루터의 선구자적인 고뇌 속에서 실행된 하이델베르그(1518년)와 라이프찌히(1519)에서의 논쟁들은 위대한 역사를 형성하는 나침반과 같은 하나님의 말씀에 대한 확신이 있었기에 가능했었다.

　정말로 루터는 하나님의 은총을 받은 사람이었고, 하나님께서 준비시킨 나팔수였다. 그가 꼭 필요로 했던 것들이 모두 다 주어졌다. 먼저 보호자가 되시는 하나님의 돌보심 가운데서, 프리드리히 3세의 배려와 동료들의 성원이 함께 했다. 그리고 출판업이 발전되어서 모든 저술들이 재빠르게 보급되어졌다. 구텐베르크의 인쇄술은 루터의

---

8　Diarmaid MacCulloch, *The Reformation: A History* (New York: Penguin Books, 2005), 123, "An Accidental Revolution: 1517-21."

결정적인 성공을 가져온 원동력이 되었다.⁹

시련을 당하게 되는 여러 차례의 토론들과 논쟁들은 결국 루터가 성경을 재발견하는데 디딤돌이 되었다. 시련을 통해 얻은 문제점들을 선명하게 성경적으로 정리하여 발표하였다. 여러 차례의 논쟁들은 루터에게 엄청난 깨달음을 인식케 하는 사건들이었다. 1521년, 보름스에서 개최된 제국의회에서의 루터의 진술들은 더 이상 종교개혁을 거꾸로 되돌릴 수 없도록 만드는데 결정적인 반전을 맞이하게 된다. 곧바로 바르트부르크 성에 피신한 루터는 최초 독일어 성경을 번역하여 출판하였다.

종교개혁이 성공한 독일에서는 모든 성당들이 루터파 개신교회로 재편되어지는 국가교회 체제가 정착되었다. 루터파교회는 지난 5백 년 동안 가장 막강한 영향력을 끼쳤다. 국가 전체적으로 가장 큰 영향을 받고 있는 현재 독일 사람들만이 관심을 갖고 루터를 연구하는 것은 아니다. 물론, 그가 한 말이나, 그가 쓴 글이나, 그의 사상에 대해서는 밝혀내는 일은 독일 사람들이 압도적으로 주도하여 왔다. 독일 내에서는 그 어떤 사람보다도 더 많이 연구되어지고 있다. 아데나워 수상이나 칼 마르크스보다 훨씬 더 많이 언급되고 있는 역사적 인물이다.

셋째, 유럽의 종교개혁은 복음의 메시지를 새롭게 전파하므로, 세상에 빛과 희망을 제공하였다. 단순히 어떤 교리적인 싸움에 집중한 것이 아니다. 루터가 주장한 칭의론과 같이, 구원론 논쟁을 계속

---

9  Andrew Pettegree, *Brand Luther: How an Unheralded Monk Turned His Small Town into a Center of Publishing, Made Himself the Most Famous Man in Europe--and Started the Protestant Reformation* (N.Y.: Penguin Books, 2016), 11.

해 나갔지만, 종교개혁자들은 신학적 개념 정립과 학문적 만족을 추구한 것이 아니었다. 교회 내부적으로 갱신하기 위해서 진리의 다툼을 하는데 그치지 않았다. 당시 국왕들과 제후들과 귀족들과 성도들이 함께 어우러져서 복음의 권위를 사회에 반영시키는 엄청난 변화를 초래했다.

다시 말하면, 종교개혁의 중심은 지속적으로 제공되어진 신학적 지도력이 핵심에 들어있었다. 대부분은 각 지역에서 활약한 설교자들과 저술가들이 제시한 바, "신학사상을 중심축으로 삼아야만 그 시대의 정치적 흐름과 사회적 정서를 제대로 파악할 수 있다."[10] 기본적으로 세계 역사는 사람들이 주도하여 나가는 것처럼 보이지만, 그 배면에는 보이지 않는 하나님께서 섭리하시기 때문이다.

종교개혁자들은 하나님의 섭리적 간섭을 매우 중요하게 강조하였으며, 이들의 관점을 가져야만 유럽 지성사의 흐름을 정확하게 판별해 낼 수 있다. 굳이 종교개혁 5백 주년 기념이 아니라 하더라도, 항상 기회가 주어지는 대로 종교개혁의 신학사상들을 연구하는 이유가 바로 여기에 있다.

종교개혁을 연구하면서 다양한 접근방법들이 나와 있음에 주목하게 된다. 최근에 16세기 지성사(intellectual history)와 사회사(social history)에 대한 광범위한 연구가 확산되어졌다. 과연 종교개혁자들이 무엇을 어떻게 주도하게 되었는가, 왜 그렇게 생각했고, 무엇을 이루고자 했던가를 규정하는데 이들 가설들이 기존의 연구들에 도전하면서 다소 혼선이 빚어지고 있다. 종교개혁의 신학사상들이 끼친 영향과 사회주의 혁명과의 관

---

10 MacCulloch, *The Reformation: A History*, 110, "Social or political history cannot do without theology in understanding the sixteenth century."

련성에 주목을 하는 경우도 많았다.

그런가 하면, 독일의 대표적인 사회사학자 스트라우스는 대중들과 공동체의 신념이 아니라, 소수의 엘리트 신학자가 주도한 종교개혁의 비전은 실패했다고 주장한다.[11]

스티븐 오즈먼트 교수는 『도시들 속에서의 종교개혁』의 결론 부분에서, "첫 번째 개신교 종교개혁은 모든 나라 사람들에게 지금도 작동하고 있는 정신적인 자유와 동등한 권리를 유산으로 남겨주었다"고 평가하였다.[12]

윌리엄 바우스마는 칼빈주의가 남긴 유산이 지금 현대사회에 활용되고 있음에 주목하면서, 칼빈주의는, 좋아하든지 싫어하든지 간에, 자본주의와 근대 과학의 발전을 위해서, 혁명적인 정신과 민주주의를 위하여, 사회적 행동주의와 세속화를 위하여, 개인주의와 공리주의, 경험주의를 위하여 광범위한 영향을 끼친 것에 주목하였다.[13]

---

11　Gerald Strauss, *Luther's House of Learning: Introduction of the Young in the German Reformation* (Baltimore: The Johns Hopkins University Press, 1978), 307. idem, "Success and Failure in the German Reformation," in *Past and Present* 19(1975):30-62. Lionel Rothkrug, "Popular Religion and Holy Shrines," in *Religion and People*, 800-1700, ed. J. Oblekevich (Chapel Hill, 1979), 20-86. 이를 비판한 논문은 다음과 같다: James Kittelson, "Successes and Failures in the German Reformation: The Report from Strasbourg," *Archiv für Reformationsgeschichte* 73(1982):153-74. idem, "Visitations and Popular Religious Culture: Further Report from Strasbourg," in *Pietas and Societas: New Trends in Social History*, eds., Kyle C. Sessions & Phillip N. Bebb (Kirksville: 1985):89-102. Scott H. Hendrix, "Luther's Impact on the Sixteenth Century," *Sixteenth Century Journal*, 1 (1985):3-14. C. Scott Dixon, The Reformation and rural Society (Cambridge: Cambrige University Press, 1996), 148.

12　Steven E. Ozment, *The Reformation in the Cities: The Appeal of Protestantism to Sixteenth-century Germany and Switzerland* (New Haven: Yale University Press, 1975), 217.

13　William J. Bouwsma, *John Calvin: A Sixteenth-Century Portrait* (Oxford: Oxford University Press, 1989), 1.

최근의 종교개혁 연구들에 대해서 참고할 부분들은 활용해야 하겠지만, 신앙심이 없는 메마른 지성주의와 왜곡된 가설에 빠져서 그저 논쟁적인 역사 연구에 그치고 마는 주장들은 면밀하게 가려내야만 한다.

## 3. 낡은 관습과 허황된 관행의 반성

종교개혁의 상징적인 사건이자, 응축된 신앙의 표현은 루터의 95개 조항에서 표출되었다. 루터가 주장했던 바는 면죄부 판매를 고치자는 것이었다. 면죄부 판매제도 자체를 폐지하자는 것도 아니었고, 연옥에 있는 사람들이 구출되어서 나온다는 교리를 부정하는 것도 아니었다. 95개 조항 속에다 루터가 기독교 신앙의 핵심조항을 다 열거하거나 재구성한 것도 아니었다. 루터는 당시의 왜곡된 관행과 변질된 방법을 고치자고 주장했을 뿐이다.

최고 권세자들이 제멋대로 남발하던 사면증이라는 것은 신앙과는 아무런 상관이 없었다. 단지 돈을 더 모으려는 타락한 수단이었다. 루터는 용감하였다. 그는 아주 편리할 정도로 익숙해진 현상들에 대해서 양심적인 고발을 토해냈다. 그가 주저 없이 말할 수 있었던 것은 성경을 통해서 하나님의 뜻을 깨달았기 때문이다.

간단히 말하자면, 면죄부 제도를 활용해서 엄청나게 큰돈을 벌어들이고 있던 교황과 그에게 아첨하여 브라덴부르그 지방과 마인쯔의 대주교를 겸직하게 될 정도로 로마가톨릭의 정치꾼이 된 알브레흐트의 회개를 부르짖은 것이었다. 루터는 이들의 하수인들이 벌이는 사악한 행동들을 질타한 것이다. 이처럼 로마가톨릭의 갱신을 주장하는 루터의 심중에는 믿음으로 말미암은 칭의와 하나님의 은총이 가장 성경적으로 소중한 가르침이 있었기에 가능했다.[14]

34세가 되어가는 루터는 관습과 관행에 젖어서 죽어버린 기독교를 회생시키는 반성의 목소리를 쏟아 내놓았다. 95개 조항은 루터의 양심적인 가슴에서 나온 신앙고백이었다. 하나님께서는 양심의 대변인으로 루터를 사용하였다. 그는 1516년 설교에서 알브레흐트 대주교가 발행하는 종이로 만든 증서를 비판하였다. 유럽 북부 귀족 가문에서 지속적인 권력을 축적하고 유지하기 위해서 벌이는 타락상을 비판한다는 것은 감히 상상할 수 없는 일이었다.

루터는 허망한 면죄부 시행의 사례들을 개선하고, 하나님의 은총에 대한 바른 태도를 요청하면서 95개 조항을 비텐베르크대학교교회의 출입문에 꽂아놓았다. 종교개혁의 상징적이자, 역사적인 사건이 되었던 이 논쟁 주제들에 대해서, 당시 로마가톨릭교회 권력자들은 도미니크 수도사 요한 테첼과 어거스틴파 수도사 루터와의 사이에 벌어지는 라이벌(경쟁적인) 다툼이었다고 치부해 버렸다. 테첼은 탁월한 설교의 은사를 받은 사람으로 호소력 있는 문구를 만들어서 면죄부 판매에 큰 재능을 발휘하였다.

여러분들이여, 이 증서를 구입하는데 한 푼을 지불하지 않으시렵니까? 이것은 여러분들에게 돈을 가져다 주는 것은 아니지

---

14 Stephen J. Nichols, *Martin Luther* (Phillipsburg: P&R, 2002), 14.

1530년에 독일 아우크스부르크에서 **Jörg Breu the Elder**가 만든 목판화. 교황권을 상징하는 십자가를 들고 있는 신부와 수도사가 있고, 그 옆에 높이 나무 위에 걸려있는 것이 당시 판매되던 면죄부다. 판매촉진을 알리려는 홍보용으로 걸어 둔 것이다. 조상들과 이미 죽은 여러 사람들의 이름을 가운데 써 넣을 수 있도록 크게 만들어진 사면서는 비싼 값을 요구했다. 증서 하단부에 주렁주렁 돌이 달려있는 것은 교황청이 발행하지 않은 가짜 면죄부와 구별하기 위해서 진품임을 보증하는 장식품이다. 그 당시 유럽에서는 물가가 폭등하였는데, 첫째는 교황이 판매하는 면죄부 값이 너무 올라갔기 때문이고, 상인들이 폭리를 취하려 물건 값을 올렸으며, 불량화폐제조로 인해서 물가가 폭등하였다.

만, 신적이며 불멸하는 영혼이 온전하고 확실하게 하늘나라로 가도록 해 주는 것입니다.[15]

이에 정면으로 맞서는 루터는 주저 없이 로마가톨릭의 최고 권력자 교황의 왜곡된 사면권을 비판했다. 지금도 비텐베르크대학교 박물관

---

15  W. P. Naphy, ed., *Documents on the Continental Reformation* (Basingstoke: Palgrave Macmillan, 1996), 11–12.

루카스 크라낙의 판화. 루터는 1521년 면죄부를 판매하는 교황에 대해서 적그리스도라고 공격했다. 교황이 왼손에 들고 있는 것이 면죄부이다. 오른손으로는 새로운 면죄부에 서명하고 있다. 면죄부 끝에는 서너 개의 매끄러운 돌이 달려 있다. 교황청이 발행하는 진품의 표시이다.

에는 루터 당시 판매되었던 다양한 종류의 면죄부들이 전시되어 있다.

필자는 비텐베르크 박물관에서 온갖 종류의 면죄부들을 목격했다. 당시의 모든 평신도들에게 로마가톨릭의 허구적 교리를 깨우쳐 준 루터의 희생적 수고가 없었더라면 지금도 이런 면죄부를 판매하고 있었을지도 모른다. 정말 루터의 선구자적 노력에 대해서 감사하지 않을 수 없다. 처음에는 루터 혼자서 양심적인 고뇌에 빠져 있었지만, 그에게 동조하는 사람들이 늘어나면서 큰 세력이 형성되었고, 마침내 강력한 역사적 사건들이 일어나게 되었다.

독일 지방에서는 루터가 면죄부 판매를 반대하면서 큰 사건으로 촉발되었지만, 그보다 훨씬 이전에 유럽 각 지역에서는 성경에 의존하여 낡은 관행을 고쳐야 한다는 설교들이 쏟아져 나오기 시작했었다. 이탈리아에서는 르네상스의 황금시대가 도래하여 고전적인 문서들을 원어로 읽어내는 학자들이 대거 배출되었다.

프랑스는 중세시대에 가장 충성스러운 로마가톨릭교회의 통치가 이뤄졌지만, 르네상스 휴머니즘이 확산되면서 그 첫 변화의 열매가 종교개혁으로 연결되었다.[16] 영국의 위클리프와 이탈리아의 사보나롤라, 보헤미아의 후쓰 등이 순교하였다. 이들이 루터와 칼빈 이전의 중세 후기사상들이 종교개혁자들에게 큰 영향을 끼쳤다는 점은 부인할 수 없다.[17]

루터의 글과 사건들이 소개되면서, 이후에는 수많은 종교개혁자들이 앞 다투어 일어났다. 독일 주변의 나라들에 확산되어졌고, 네델란드, 보헤미아, 스위스 각 지역과 독립도시들, 프랑스 변방의 도시들, 잉글랜드와 스코틀랜드 전지역에서, 폴란드 헝가리 북부 유럽 핀란드에까지 수많은 희생과 헌신적인 수고를 통해서 각 지역마다 진정한 기독교 신앙을 개신교회라는 새로운 공동체를 만들어냈다. 개신교회의 신학 원리와 예배, 성경해석과 설교 등 오직 성경으로 돌아가자는 개혁주의 공통분모가 엄청난 변화의 물결을 만들어내었다. 마침내 스위스 제네바에서 칼빈이 정착시킨 개혁교회의 체계가 유럽 지역과 미국 등으로 퍼져나가면서 영향력을 발휘하였다.

---

16 Heiko A. Oberman, *Forerunners of the Reformation: The Shape of Late Medieval Thought* (New York: Holt, Rinehart and Winston, 1966), 32–41.

17 Alister E. McGrath, "Forerunners of the Reformation? A Critical Examination of the Evidence for Precursors of the Reformation Doctrines of Justification," *Harvard Theological Review* 75 (1982):219–42.

역사적으로 매우 중요한 종교개혁의 사건을 기념하는 5백 주년을 맞이하고 있으므로, 그의 사상과 영향을 깊이 생각하지 않을 수 없다. 루터의 신학사상에 전적으로 동의하지 않는다 하더라도, 매년 10월을 종교개혁의 달로 정하여서 반성과 다짐을 해 오고 있는 것은 루터의 유산이 남긴 영향력이 크기 때문이다. 그만큼 루터가 남긴 영향력은 전 세계적으로 엄청나게 크고 강력하였다.[18]

역사적인 교훈을 통해서 겸허하게 한국교회를 반성하는 계기가 되기를 간절히 소원한다. 루터를 비롯한 종교개혁자들은 기존의 권위체제가 강요하던 허상을 깨트리고, 무지한 생각과 마음을 깨우쳐 주는 놀라운 영향력을 발휘하였다. 기존의 로마가톨릭교회 체제하에서 혼돈에 빠진 성도들을 위해서 오류에 맞서다가 온갖 수모를 당했지만, 종교개혁자들은 희생과 수고를 마다하지 않았다.

지금 한국교회는 그 어느 때보다도 개혁과 갱신을 절실히 필요로 하고 있다. 그런데 안타깝게도 익숙한 관행에 젖어야만 정통신앙이라고 착각하는 기득권 세력들이 교세를 자랑하고, 재력을 과시하는 교회의 목회자들이 교단의 권위주의를 내세우고 있다.

돈의 위력이 너무나 크게 드러나는 기독교 연합단체들의 행정조직과 연례 행사들을 차분히 들여다보라.

교단이나 연합기관의 행사에서 상석을 차지하고 있는 분들은 누구인가?

우리는 일부 대형교회 목회자의 권세를 당연하게 받아들이고 있

---

18 John Dillenberger, ed., *Martin Luther: Selections from His Writings* (Garden City, NY: Doubleday, 1961).

지 않는가?

입으로는 정통 보수주의 신학에 대한 자부심을 말하면서도, 전혀 자신들의 처신에 대해서 반성하지 않는 패권주의자들, 교단주의자들, 권위주의자들이 교회정치를 혼탁하게 만들었다. 우리가 물려받은 신앙의 유산에 대해서 너무나 무지하여서 어떤 것이 교회의 개혁이요, 갱신인지를 분간하지 못하는 것을 목격하고 있다.

지금 과연 우리는 교회를 어떻게 개혁해 나가야 하는가?

교회의 개혁과 신앙의 갱신은 성경적인 깨달음에서 나온다. 성경적인 가르침을 제공하는 선구자들이 루터와 종교개혁자들이다. 한국교회를 위해서 사역하는 분들 중에는 루터에 대해서나, 종교개혁에 대해, 너무나 모르고 있음에 대해서 필자는 깜짝 놀라지 않을 수 없었다.[19] 루터파교회가 한국에서 성공적이지 못하였고, 한국에 세워진 루터대학교 역시 강한 영향을 끼치지 못했다.

개혁주의와 칼빈주의 신학을 강조하는 교회에서는 루터에 대해서 동의하지 않는 부분들이 너무 많았다. 훨씬 더 정교하고 체계적인 신학을 제시한 칼빈이 있었으므로, 종교개혁의 초기사상가였던 루터에 대해서는 연구를 소홀히 할 수 밖에 없었다. 동시에 현대 루터 연구가들은 너무나 터무니없이 자신들의 입맛에 따라서 종교개혁자들의 신학상을 왜곡하였다. 독일 현대 신학자들은 루터와 헤겔, 루터와 릿츨, 루터와 남미 해방신학 등 제멋대로 설정하는 바람에 루터의 순수

---

[19] 루터의 생애 전부를 다룬 전기들 중에서 다음 두 권을 추천한다. Roland H. Bainton, *Here I Stand: A Life of Martin Luther* (NY: Penguin, 1955). Martin E. Marty, *Martin Luther: A Life* (N.Y.: Penguin, 2004).

성과 진정성을 잃어버리게 하고 말았다.[20]

한걸음 더 나아가서, 5백 주년을 맞이하여 연구하는 우리는 그저 기득권을 지키려는 로마가톨릭교회의 몰염치함에 대한 루터의 고뇌와 성찰을 그냥 피상적으로 맛보는 것만으로 그치지 않기를 소원한다. 루터의 깊은 성경적 신학사상들에 대해서 그 뿌리까지 찾아보려는 노력을 기울여야 한다.[21] 많은 사람들이 루터가 찾으려 노력했던 성경적인 신앙에 대해서 깊이 연구하지도 않고, 그저 예화로 알려진 것들 몇가지 만을 기억하고 있는 것이 안타깝다. 드라마틱하게 전개되는 루터의 생애에서 유명한 몇 가지 사건들만을 제외하고는 그의 냉철한 반성과 날카로운 자기반성, 목회와 가정생활에 대해서는 전혀 모르고 있는 실정이다.

---

20 Robert Kolb and Charles P. Arand, *The Genius of Luther's Theology: A Wittenberg Way of Thinking for the Contemporary Church* (Grand Rapids: Baker, 2008), 9.

21 루터의 신학과 그 뿌리에 해당하는 중세 말기 신학과의 연속성을 강조하는 지성사학자 오버만 박사는 기본적으로 역사 학자이다. H. A. Oberman, "Headwaters of the Reformation: *Initia Lutheri – Initia Reformationis*," in *Luther and the Dawn of the Modern Era* (Leiden: Brill, 1974):40-88. idem, *the Reformation: Roots and Ramification* (Edinburgh: T&T Clark, 1994). 오버만 학파의 대표적인 학자들로는 듀크 대학의 데이빗 스타인멧츠와 칼빈 신학대학원의 리차드 멀러 등이다. 이와는 달리, 루터와 종교개혁을 이해하려면 중세 스콜라주의 신학과는 전혀 다르게 성경에 근거하여 세워진 "신학사상"을 중심에 두어야 한다는 것이 개혁주의 신학자들, 로버트 갓프리, 싱클레어 퍼거슨, 리차드 갬블, 칼 트루먼, 맥그래쓰, 맥컬로우, 죠엘 비키, 존 페스코 등의 논지에 담겨있다. Alister E. McGrath, *Luther's Theology of the Cross: Martin Luther's Theological Breakthrough* (Oxford: Blackwell, 1985). idem, *Reformation Thought: An Introduction* (Oxford: Blackwell, 1988), 91; "The Return to the Bible." Diarmaid MacCulloch, *The Reformation; A History* (N.Y.: Penguin, 2005).

# 제2장
## 종교개혁의 시대적 변화와 성공 요인들

유럽 종교개혁은 가장 큰 힘을 가지고 있었던 자들 사이에서 역동적인 변화가 일어났던 사건이다. 16세기 유럽은 격변의 시대를 거치고 있었다. 인구가 증가하고, 상업거래가 활발해지면서, 임금이 상승하였다. 인구의 도시집중으로 주택 임대료가 상승하고, 시장에서 가격이 급등했다. 전체를 다스리는 제국의 황제와 지역의 맹주였던 봉건 군주들 사이에 긴장과 대립이 노출되었다.

로마가톨릭교회 내에서는 더 큰 변화에의 목소리들이 터져 나왔다. 대학의 발전과 함께 새로운 지식층이 배출되었고, 이들은 교회당국의 횡포에 대해서 불만족을 표출했다. 지역교회에 대한 거부감이 팽배해갔고, 실제로 지역 성직자에게 대항하고 거역하는 사례들도 일어났다.

특히 독일에서는 금방이라도 폭발할 것 같은 분위기가 팽배했었다. 정치적 상황과 문화적 환경이 변화를 촉구하는 방향으로 진행되고 있었다. 하늘에서 천둥이 치고 벼락이 떨어지려면, 강력한 전기가 발생하기 직전에 팽배한 양극의 대립전선이 형성되는 것과 같았다. 루터의 등장은 마치 땅 위에 벼락이 떨어지는 것과 같았다. 하늘로부터 불이 떨어져서, 넓은 대지 전체 위에 마른 건초더미를 태워나간 것이다.

루터는 개신교회의 영웅도 아니었고, 로마가톨릭교회를 망쳐놓은 악한 원흉도 아니었다.[1] 그에게도 한 인간으로서의 장점과 단점이 있었고, 어느 사람에게나 있는 것처럼 공로와 허물이 똑같이 있었다. 물론 루터는 용감하고 진취적이며 무너지지 않는 견고함을 갖고 있었다.

거듭해서 강조하지만, 또 하나 기억해야할 것은 루터가 홀로 떨어져서 개혁을 한 사람이 아니라는 것이다. 위대한 사상과 신앙의 변화를 이룩한 종교개혁은 그의 친구들, 다른 도시의 목회자들, 대학 동료들, 정치가들이 함께 협조하여 성취한 것이다. 또한 중세 말기 역사의 진행과정 속에서 흘러나온 것들과 종교개혁의 내면적인 성찰이 서로 깊숙이 연계되어 있다.[2]

로마가톨릭의 기득권 세력들, 급진적 재세례파와 과격한 혁명주의자들, 온건한 르네상스 인문주의자들, 루터파, 스위스 북부의 츠빙글리와 그의 추종자들, 프랑스 인접지역에 있던 제네바와 영국의 종교개혁자 등등, 역사의 변화에는 수많은 요인들이 결합되어 있다. 기독교 신앙의 중심이 되는 예수 그리스도께서 세상에 오실 때에도, 마치 처음에는 이 땅에 아무런 변화가 없는 것처럼 보였다.

그러나 겉으로는 세계를 재패하던 로마의 권세 아래서 십자가에 죽임을 당하시고 인류구원의 역사를 이룩하시고, 부활의 능력을 드러내신 후에, 제자들은 더욱 더 확신에 가득차서 복음을 전파하였다.

---

1 Scott H. Hendrix, *Martin Luther: Visionary Reformer* (New Haven: Yale University Press, 2015), xi.

2 Carter Lindberg, ed., *The Reformation Theologians: An Introduction to Theology in the Early Modern Period* (Oxford: Wiley-Blackwell, 2001), 4.

이미 죽어버린 유대교를 건져내신 하나님의 능력이 발휘되었고, 마침내 기독교를 박해하던 로마제국이 무너지게 된다.

우리는 역사를 통해서 세상의 변화와 흐름이 어떻게 이루어졌던가를 돌아보아야 한다. 현재 한국의 역사적 상황변화가 매우 혼란스럽고 세속화된 불순물들이 많이 들어있다고 판단한다면, 종교개혁에서 영감을 찾을 수 있다. 그 시대를 들여다 보면서, 시대가 어떻게 변화하는지 깨닫게 될 것이다.

사람들은 세상이 어디서 어떻게 변했는지를 모른 채 살다가 사라지고 만다. 중세 말기가 어떻게 변했는가를 역사학자들이 정리한 것을 돌아보면, 우리가 그 시대를 살았다 해도 결코 역사의식이 남다르지 못했다면 결코 느끼지 못했을 것이다. 그만큼 평범한 사람들의 눈에는 전혀 보이지 않는 흐름들이 종교개혁에 영향을 주었고, 엄청난 변화로 이어졌다는 말이다.[3]

## 1. 지역적 민족국가의 등장

중세 말기에 이르러서 통합된 제국이 아니라, 각 지역별로 구분되는 국가주의 혹은 지역주의가 대두되었다. 루터파 종교개혁사가 스피츠 교수는 지역주의와 민족주의로의 변혁과정을 거쳤던 유럽역사

---

3 Heiko A. Oberman, *The Reformation: Roots and Ramifications*, tr. Andrew Colin Gow (Edinburgh: T&T Clark, 1994), 53.

에 주목하였다.[4] 루터를 보름스의회에서 심문했던 찰스 5세(1519-1556)가 죽으면서 신성로마제국의 통일시대가 끝이 났다. 이것은 엄청난 변화가 왔음을 시사하는 것이다. 그 후로는 각 지역의 언어와 문화와 관습이 각자 다르기 때문에 다른 지역 사람들과는 구별되려는 의식이 형성되었다.[5] 통일제국은 점차 약화되어서 황제가 직접 다스리는 도시는 65개였고, 2천 개의 도시들이 군주들이나 독립도시로 형성되었다. 독일 지역과 스위스 등 여러 곳에서 지역의 자주권에 자부심을 가진 사람들이 부쩍 들어났다.

종교개혁은 중세 문명의 통일성을 깨트렸다. 신앙적 차이점들을 바탕으로 하여 정치적인 입장이 지역적으로 표출되었다. 신성로마제국 찰스 5세가 마지막 통합 군주라고 말할 수 있다. 황제는 점차 통제력을 잃었고, 독일 지역의 선제후들에게도 직접 명령할 수 없을 정도로 정치적인 권력이 약화되었다. 루터의 후견자 프리드리히(혹은 영어로는 프레데릭) 3세가 결정한 바에 대해서 반대하면서도 황제는 조치를 취하지 않았다.

합스부르크 왕궁은 오스트리아 비엔나에 핵심 지도부를 마련했다. 이 지역은 점차 독립적인 국가로 재구성되어졌다. 스페인은 합스부르크 왕가와 유력한 동맹관계였지만, 잉글랜드와 프랑스는 완전히 별개의 국가체제로 굳어졌다. 잉글랜드는 귀족들의 의회주의가 정착되었고, 프랑스 국왕 프랑스와 1세는 고문단을 활용하여 지역

---

4　Lewis W. Spitz, *The Protestant Reformation 1517-1559* (NY: Harper & Row, 1985), 3.
5　Lohse, *Martin Luther*, 2-3.

군주들의 통합을 꾀하였다. 유럽의 각 지역별로 서로 다른 방식으로 통치자의 권세를 세워나갔다.

  유럽의 국가체제는 종교개혁이 시작된 초기에 현저하게 서로 다른 정치체제와 구조를 가지고 다르게 발전해 나갔다. 서유럽은 통일을 향해서, 동유럽은 이슬람마저도 관용과 포용을 주장했다. 통일제국의 황제보다는 이탈리아 사람들에게는 사업적인 거래가 더 중요했다. 그러나 다른 지역 사람들은 그들에게 세금을 납부해야할 이유가 없었다. 종교개혁이 전개되면서 피난민들이 발생하여 도시 간의 인구이동이 잦아지게 되었고, 지주들이나 무역상들은 많은 재물을 축적할 수 있었다.

  영국은 로마 교황청과 대립할 정도로 단일 군주제가 정착되었다. 불문법에 기초하여 튜더 왕가의 헨리 8세가 견고한 왕권을 행사했다. 스칸디나비아 반도에서는 덴마크, 노르웨이, 스웨덴이 형성되었다. 스코틀랜드는 제임스 4세가 잉글랜드에 맞서 독립국가를 지켜냈다.

## 2. 도시 집약과 자본 체제

  종교개혁 시대에 유럽의 경제 체제는 완전히 전환점을 맞이하였으니, 도시 지역에서는 정치적 자유도시들이 토대를 갖추었고, 소규모 자본주의가 발생하였다.[6] 도시에는 사람들이 계속 유입하는 인구

---

6  Spitz, *The Protestant Reformation*, 34.

집중 현상이 나타났고, 주택부족으로 도시 물가는 엄청나게 상승했다. 인구가 갑자기 불어났기에 음식값은 6배나 올랐고, 목수와 노동자 임금은 두 배로 뛰었다.

독일 콜론이 가장 큰 대도시였는데 인구가 4만 명을 넘었고, 누렘베르그, 아우크스부르크, 울름, 스트라스부르그, 마그데부르그, 단지히, 비엔나, 프라하, 에르푸르트 등이 2만 명을 넘어선 대도시들이었다. 스위스의 쮜리히와 베른 등은 6만 명 이상이나 되었다. 영국에서도 2백 7십만 명이던 인구가 16세기 말엽에는 4백만 명으로 불어났다.

종교개혁의 여파로 영국에서 많은 사람들이 바다를 건너 피신을 갔다. 유럽 대륙의 첫 관문이 되는 곳에 16세기에 갑자기 인구가 몰려들었으니, 벨지움의 항구 도시 안트워프가 바로 그곳이다. 5만 명에서 10만 명으로 증가했다. 파리, 베니스, 밀라노 등 대도시 거주자는 20만 명 정도였다.

기본적으로 농업이 생업이던 시대가 근본적으로 바뀌게 되었는데 의복 제조업, 제철소, 무기 제작소, 소상업인들, 가내 수공업이 발전하면서, 신흥 부자들이 재물을 축적하게 되었다. 군주제 하에서 신분사회에 소속되어 살고 있던 사람들 사이의 사회적 관계가 변해가면서 많은 문제가 드러났다. 지주들은 이윤을 남기기 위해서 더 많은 농부들이 필요했다.

자신들의 권리 주장에 눈을 뜬 농민 혁명이 있었고, 농부들은 도시로 진출하여 자유로운 소상공인이 되었다. 루터의 영향으로 자유를 주장하는 기독교인들의 생각이 표출되었다. 권세자들과 정부에 대항하여 보다 급진적인 정치적 변화를 주장하는 농민들이 재세례파에 합류하면서 과격한 개혁사상이 널리 확산되었다.

## 3. 개인의 자유 존중과 인권 신장

유럽에서 사회적 관계가 변화되었고, 개인주의 사상이 팽배해졌다. 유럽사회의 구조는 피라미드 체제였고, 철저한 상하관계로 구성되어 있었다. 종교개혁은 교황과 성직자들을 정점으로 하는 권위체제를 거스르는 운동이었다. 개인의 자유와 특권에 대한 욕구가 강렬하게 일어나고 있었다. 사회의 기본구조는 농지를 기본으로 하는 체제였고, 가족들끼리 연계되어 있었다. 군주들과 귀족들은 농부들을 무자비하게 억압하고 있었다. 기본적인 사회적 관계는 급작스런 변화가 없었다.

사회적 관계의 변화와 함께, 각자 자신들의 구원 문제에 대해서 여러 가지 의문들을 심각하게 제기했고 나름대로 모색하고 있었다. 그러나 로마가톨릭에서는 신학적으로 선명한 해답을 제공하지 않았다. 단지 고해성사를 지속적으로 반복해야만 한다거나, 미사의 참석을 통해서 각자 선행으로 공로를 세우라는 지침만을 제시했을 뿐이다.

사람들은 성경을 읽으면서 갈등하게 되었고, 과연 로마가톨릭이 제시한 것이 정당한가를 놓고서 대립적인 의견에 관심을 갖게 되었다. 점차 미사의 참석여부를 놓고서 각 개인들 사이에 전에 없던 긴장이 고조되었다.

르네상스시대의 교황들은 단일 조직체에서 수장이라는 권위를 켜나가려고 했다. 단일 군주제도가 정치와 군사를 통괄하듯이, 교황권의 영향력 행사를 강화하려 했다. 16세기 초반 이탈리아 교황들, 식스투스 4세, 알렉산더 6세, 인노센트 8세 등은 각각 정치적으로는 화려하게 영향력을 과시했으나, 영적인 지도력에서는 실패했다. 누구도 이들 교황들을 신뢰하고 존경하지 않았다. 이들 교황들의 관심사항은 정치와 전쟁, 예술과 문학, 사냥과 호화스러운 생활과 건축 등이었다. 그들에게 주어진 사도적 의무감은 별로 관심을 두지 않았다.

제5차 라테란 종교회의(1512-1517)는 종교개혁이 일어나기 이전에 마지막 기회로 주어진 종합적인 반성과 갱신의 기회였다. 교황 율리우스 2세는 이 회의를 통해서 교회와 성직자들의 윤리를 갱신하기는 고사하고, 오직 교황에 대해서 철저한 압박을 강요하였다. 프랑스 국왕 루이 12세는 교황이 왕에 대해서 저주하는 행동을 했다고 비판하면서, 교회의 갱신을 요구했다. 불만족스러운 추기경들을 규합하여 1511년 9월 1일 회의를 소집했다.

그러나 다음 교황 레오 10세가 물려받은 회의에서는 결국 교황권이 지상의 모든 권세들보다 위에 있음을 주장하던 교서(*Unam sanctam*, 1302)를 재확인했다. 그러나 레오 10세는 자신이 경쟁자 우르비노 추기경과의 싸움에 빠져 있었다.

도시인들의 상호 관련성은 시의회와 군주들이 장악한 재물과 상업에 의존하였다. 이들은 상호 결혼 관계로 연계성을 유지하면서 정치적 영향력과 독점체제를 지탱했다. 도시인들 사이의 긴장관계는 종교개혁으로 진행하는데 도움을 주었다.

## 4. 무너지는 성직자 중심주의

　곳곳에는 성직자들이 넘쳐났는데 이들의 윤리적 타락으로 인해서 로마가톨릭에 대한 신뢰가 무너져 내렸다. 성직자 중심주의가 오래 지속되면서 함량미달의 성직자들이 양산되었기에 만들어진 부패가 악취를 풍기고 있었다. 교회 내부에서 자체적인 갱신을 한다는 것은 무의미해졌고, 더 이상은 방치될 수 없는 상태에 이르고 말았다. 교황 알렉산더 6세에 이르게 되면서 성직자들의 무관심, 부도덕, 불법행위가 극에 달하였다. 많은 교구에서 서로 격돌하는 성직자들이 많았다.

　16세기 초, 성직자들의 숫자는 전체 인구의 10분의 1에 해당할 정도로 늘어났다.[7] 제일 큰 도시 독일 콜론에서는 인구 4만 명에 6천 여 명이 성직자들이었다. 상류 귀족들을 상대하는 높은 성직자들은 귀족집안 출신들이었고, 하층 서민을 상대하는 교구 신부들은 하류 계층에서 나온 사람들이어서 충분한 교육과 훈련을 받지 못하였다. 영국 성직자들 가운데 10%내지 20%만이 대학교육을 받은 분들이었다. 독일에서는 교육받은 성직자들이 절반 가량 되었다. 일반 성도들도 거의 대부분 문맹자들이었기에 성직자들에게 높은 교육을 요구하지도 않았다.

　중세 성직자들은 독신주의 서약을 하고서 성례를 집행하는 자리에 올랐지만, 3분의 1가량은 내연의 처를 갖고 있었다. 이탈리아에서는 성직자들이 아내를 얻는 것을 공공연하게 받아들이고 있었다.

---

[7] J. Eltis, "Tensions between clergy and laity in some western German cities in the late Middle Ages," *Journal of Ecclesiastical History* 43 (1992): 231–48.

종교개혁 이전에 교황 피우스 2세는 당시의 상황을 해결하기 위해서 성직자의 결혼을 긍정적으로 검토하였다.

그렇지만 로마가톨릭교회는 그 방향으로 개선안을 채택하고 바꾸려 하지 않았다. 많은 주교들이 성직자들의 아내들과 불법적으로 출산한 자녀들을 위해서 종교 세금을 더 거둬들이려고 하였다. 도시의 부인들과 여인들은 수도사들에게 위협과 조롱을 가하기 일쑤였다. 여성이 수녀회에 들어가는 이유는 사랑하는 남자를 얻기 위해서라고 생각했다. 티롤에서는 상류층 귀족 여인이 수도회를 창녀촌으로 만들었다가, 강제로 폐쇄되는 일이 발생했다.

로마가톨릭교회가 재정을 확보하기 위해서 벌이는 교회의 조치들 속에는 물욕, 탐욕, 욕심들이 가득히 담겨있다는 점에 대해서는 지방 교구에 이르기까지 모든 사람들이 다 파악하고 있었다. 과연 로마가톨릭교회가 무엇을 잘못하고 있는가에 대한 목록을 만들라고 한다면, 어린 신학생들이라도 쉽게 지적할 수 있을 정도였.

성직매매, 친족등용주의, 장기 부재, 복수 임명제도 등이었다. 성직취임세라고 해서 첫 해 수입은 모두 다 교황에게 바치는 것이 의무화되어 있었다. 어떤 비어있는 자리에 주교나 수도원장을 임명하는 경우에, 교황이 임시직으로 허용하여 정식 임명장이 수여되기까지의 수입을 차지했다.

일반 교구 신부들은 가혹한 세금과 지독한 상납을 평신도들에게 강요했다. 일상적인 교회의 목회사역 활동마다 돈을 요구했다. 결혼식이나 서약, 세례식이나 고해성사, 기름을 바르는 예식, 매장에 이르기까지 모두 다 부과되는 금품요구가 있었다.

이것을 거부하거나 송사를 진행하게 되면, 패망에 이르고 말았다. 만일 신부에 의해서 한 지역 공동체로부터 출교를 당하게 된다면, 그 사람이 가족들은 더 이상 정상적인 생활을 할 수 없게 되었다. 축제 기간에는 특별한 헌금을 요구했고, 성지순례는 영적인 의무로 신실한 자들에게 부과되었는데 역시 순례자들에게도 금품이 부과됐다.

이런 와중에서도 종교개혁의 선구자들이 남긴 희생이 확신과 감동을 불러일으켰다. 영국에서는 성경번역자 위클리프가 1382년 신약성경을 출간했다. 교황청의 특권주의를 공격하였고, 화체설, 공로주의, 수도원주의, 성자 숭배, 미사 등을 비판했다. 사후에 이단으로 정죄를 당해서, 그의 무덤이 파헤쳐졌지만, "롤라드"라고 불리우는 추종자들이 널리 확산되었다.

1458년 보헤미안 후쓰도 체코슬로바키아 지역에서 성경을 강해하다가 죽임을 당했다. 지금도 그가 처형당하는 장면이 프라하 시내 광장에 우뚝 세워져있다. 루터는 후쓰의 프라하에서 멀리 떨어져 있지 않은 곳에서 살았기에 그의 저술들을 읽을 기회가 있었으며, 거의 대부분의 주장들을 받아들였다. 사람들은 교황의 권위에 대해서 불신하게 되었고, 교황이 주장하던 가르침에 대해서도 신뢰가 흔들렸다.

## 5. 지식의 확산

르네상스와 휴머니즘이 지성사회에 새로운 철학적인 전망을 제공했다. 16세기 초엽 휴머니스트들은 "원전으로 돌아가라"는 슬로건을 내세웠다.[8] 고대 헬라어를 공부하여 그리스와 로마의 저술들을 읽게 되었다. 거의 대부분의 종교개혁자들은 학교에서 르네상스 휴머니즘으로 학습을 받았다. 종교개혁자들은 공용어이던 라틴어에 능숙했고, 헬라어와 히브리어를 공부하였다. 에라스무스는 헬라어로 된 신약성경을 편집하여 출판했다. 누구나 그런 고전들을 해석하여 참된 의미를 찾으려는 훈련을 받았었다.

르네상스 휴머니즘은 교육의 중요성을 강조했고, 책을 읽는 학습 방법과 문화적인 환경을 조성해 놓았다.[9] 지성인들의 확산에 결정적인 기여를 한 것은 엄청난 정보를 담고 있는 책이다. 제조기술의 발달과 인쇄술의 향상이 이루어져서, 책이 쉽게 보급되었다. 지식에 굶주린 사람들은 책을 구입하여 탐독하였다.[10]

루터와 칼빈 등은 저명한 저술가로서 독자들의 마음을 사로잡았다. 이들은 독자들이 느끼게 되는 예민한 반응을 계속적인 저술을 제공하면서 이끌어 나갔다. 사람들은 오늘날 매스미디어를 경청하듯이 공개적인 의견을 담고 있는 책들을 탐독하였다. 예전에는 책값

---

8 R. Porter and M. Teich, eds., *The Renaissance in National Context* (Cambridge: Cambridge University Press, 1992).

9 Andrew Pettegree, *The Book in the Renaissance* (New Haven: Yale University Press, 2011).

10 A. G. Dickens, *Reformation And Society In Sixteenth-Century Europe* (Harcourt Brace Jovanovich; 1975).

이 엄청나게 비쌌으나, 구텐베르크의 활자술로 인해서 매우 저렴하게 되었다. 이런 저작물의 영향은 상상을 초월할 정도로 막강했다.

13세기에 유럽에서는 대학교육에 눈을 뜨면서 지식인들이 늘어났다. 이들은 르네상스 휴머니즘을 학습하면서 고전어 해독능력을 갖추었다. 헬라어를 공부하고, 라틴어를 능숙하게 구사하는 인문학이 크게 영향을 끼쳤다. 많은 평신도들이 모국어로 번역된 성경을 읽으면서 로마가톨릭교회에서 가르쳐 주는 기독교 교리에 대해서 맹목적 복종을 거부하는 사람들이 늘어났다. 프랑스에서는 에라스무스와 르페브르의 영향이 매우 컸다.

# 제3장
## 성실한 수도사, 루터

　종교개혁은 루터가 일으킨 것도 아니고, 계획한 일도 아니기 때문에 그를 영웅화하거나, 위대한 인물로 내세울 일은 아니다. 종교개혁은 그의 생애와 연관된 많은 사건들을 통해서 일하시는 하나님의 섭리에 따른 것이다. 하나님께서 사용하신 수많은 사람 중에서 마틴 루터가 그 시대에 쓰임을 받은 것이다. 종교개혁의 선두주자였던 루터를 이해하기 위해서 간략하게 그의 성장과정과 학문적 토대를 살펴보고자 한다.

　앞장에서 살펴본 바와 같이, 종교개혁의 근원을 루터에게서 찾으려는 작업은 별로 성공하지 못한다. 루터의 새로운 통찰력이 종교개혁을 일으키는 결정적 요소가 되었다는 주장이 있지만, 너무나 다양한 요소들이 복합적으로 관련을 맺고 있기 때문이다. 다만, 산발적으로 전개되던 종교개혁의 변환기에 루터가 과연 어떤 과정을 거쳐서 많은 영향을 발휘하게 되었던가를 이해하기 위해서 간략하게 젊은 날의 루터를 살펴보고자 한다.

## 1. 아이스레벤에서 출생하다

마틴 루터는 1483년 11월 10일 한스와 마가렛 루터 사이에서 아이스레벤에서 태어났다. 그리고 다시 이 도시에 돌아와서 생애를 마쳤다. 그 때에 마침 아이스레벤의 통치자들과 교회 지도자들과의 사이에 빚어진 마찰을 해결하고자 고향에 돌아오게 되었는데, 그곳에서 마지막 설교를 한 후에 건강 악화로 쇠약해져서 1546년 2월 18일에 생애를 마쳤다.

발달심리학자로 유명한 에릭 에릭슨(1902-1994) 교수가 정신심리학적 분석에 기초하여 루터가 반항적 기질을 가졌다고 평가한 바 있다.[1] 하바드, 예일, 캘리포니아 버클리대학교에서 심리학과 정신분석학을 가르쳤던 에릭슨의 학설은 프로이드의 정신분석에 따른 발달심리학이다. 어린 시절에 성장과정에서 형성된 기질이 평생 동안 지속된다는 자신의 이론을 루터에게 대입해 본 것이다.

그러나 이미 많은 루터학자들이 이러한 심리학자들의 성장과정 분석에 대해서 비판한 바 있다. 또한 루터는 불만이 많은 아이로 성장하였다기보다는 16세기의 형편에서는 매우 풍요롭게 성장하였다고 할 수 있다. 루터가 불만이 많았다면, 16세기에는 훨씬 더 열악한 형편에서 살았던 자들이 종교개혁을 일으켰을 터이다. 또한 루터의 주변에는 그를 장남으로 인정하고 존중해 준 부모님과 훌륭한 선생님 요한 스타우핏츠, 넉넉한 후원자 프리드리히 3세, 발랄하고 쾌활

---

[1] Erik H. Erikson, *Young Man Luther: A Study in Psychoanalysis and History* (New York: W. W. Norton & Company, 1958; 1993), 9.

한 아내, 영특한 후계자로 그를 존중하고 도왔던 멜랑히톤 등 루터의 주변에는 평생 동안 좋은 사람들이 많았다.

아버지 한스는 부요한 소작농의 둘째 아들로 태어났다. 아들에게 마틴이라는 이름을 지어준 것은 1483년 10월 10일에 태어나서 그 다음 날에 성 베드로 성당에 가서 유아세례를 받았는데, 그 날이 성자 마틴 기념일이었기 때문이다.[2] 그 당시 시골에서는 성자들의 이름을 따라서 자녀들에게도 이름을 지어주던 것이 관행이었다. 성인으로 추앙을 받았던 마틴은 헝가리 파노니아 출신으로 기원후 316년경에 태어나서 자선과 선행을 베풀며 살았다고 알려져 있다.

한스는 그냥 농사꾼으로 남기를 원치 않았고, 자신의 새로운 꿈을 위해 노력했다. 한스의 부모님들은 조상들이 오랫동안 살아오던 뫼라(Möhra)에서 살고 있었다. 투린기언(Thuringian) 산림의 서쪽 기슭에 약 50마일(80킬로미터) 정도 넓게 펼쳐져 있는 자그마한 시골마을이다. 한스의 조상들은 약 백여 년 전에 독일 서쪽 지방에서 살다가 봉건제도 하에서 자유 농업인으로 뫼러 지방에 이사를 오게 되었다.

마틴의 할아버지인 하인리히 루터는 크고 튼튼한 집과 작은 영토를 소유하고 있었기에 상당히 넉넉한 집안이었다. 작센의 법규에 의하면, 부모의 재산은 가장 나이가 어린 막내 자녀가 상속하였다. 이것은 로마법에 따라서 장자상속제가 시행되던 것과는 전혀 반대되는 제도였다. 큰아들이던 한스는 부모의 재산을 상속받지 못하기 때문에 미련없이 고향을 떠났다. 다른 형제들의 후손들은 뫼라에서 지금

---

2  Gordon Rupp, *Luther's Progress to the Diet of Worms* (New York: 1964), 9.

까지 같은 교회에 출석하면서 살아가고 있다.

마틴 루터가 태어난 후에, 한스는 조상들이 대대로 살아오던 터전을 떠나서 새롭게 성장하고 있던 광산업에 참여하라는 제안을 받고 아이스레벤으로 이사를 갔다. 한스가 급속히 성장하던 광산사업에서 성공할 수 있는 아주 좋은 기회가 주어졌다. 잠시 살다가 첫째 아이에게 큰 기대를 걸고 아이스레벤을 떠나서 만스펠트로 이사를 갔다. 물론 그는 열심히 노력해서 자녀들을 잘 기르고 키우려던 당시 일반적인 부모들과 다르지 크게 않았다. 작센 지역의 광산사업에 참여하면서 성공적인 신분상승을 이루게 된 것도 그 도시에서 존경을 받는 집안의 여자와 결혼을 했기 때문이다.[3]

## 2. 만스펠트에서 지역 학교 수학

마틴 루터는 열네 살까지 만스펠트의 지역 학교에서 수학했다. 그 당시의 학교는 즐거움이 전혀 없는 엄격한 곳이었다. 철저히 주입식 방식으로 수업이 진행되었고, 심지어 운동장에서마저도 독일어 대신에 라틴어를 사용해야만 했으니 지금의 초등학교나 중학교와는 완전히 달랐다.

만스펠트에 이사를 오게 된 한스는 점차 성공한 감독이자, 임대업자요, 광산회사의 주주가 되었다. 아들 마틴이 여덟 살이 되었을 때에 상당한 재산을 갖게 되었고, 여덟 명의 자녀들을 모두 다 교육시

---

3 Martin Treu, "Katharina von Bora, the Woman at Luther's Side," *Lutheran Quarterly* vol. 13.2 (1999):156–178.

키는 뒷바라지를 감당했다. 그 후로 이십여 년이 지난 후에는 여섯 개의 광산구와 두 개의 제련소를 소유하게 되었다.

한스는 빈틈이 없이 꽉 찬 사람이었고, 솔직하고 진실한 인격의 소유자로 알려져 있었다. 그는 침착하고 분별력이 있으며, 야심이 큰 사람이어서 근면하게 일하여 재산을 형성하였고, 지역사회에서 상당히 존경을 받아서 시의회 의원으로 선출되었다.

또한 한스는 자신이 다니던 교회에 큰 헌금을 할 정도로 평신도로서 충성을 다했으며, 예민한 감정을 갖고 있었기에 성직자들하고도 매우 친근하게 지냈다. 가정에서 자녀들에을 매우 사랑하여, 자신의 장남에게 국가를 위해서 일할 수 있는 자격을 갖추도록 법학 공부를 지원했던 것이다.

마틴의 어머니 마가리타는 상상력이 풍부한 인격의 소유자이고, 아름다운 목소리로 찬송을 잘 부르던 은사가 있었다. 그녀는 자녀들을 양육하는데 전 생애를 다 바쳤다. 때로는 매우 지나쳐서 한번은 어린 시절에 한스가 호두과자를 훔쳤는데, 피가 날 때까지 매로 때리기도 했다.

훗날 마틴은 부모님께서 자녀교육을 잘 시켰다는 사실에 대해서 큰 존경심을 표현하였다. 한스는 아버지의 체력과 강한 도덕적 힘, 어머니의 음악성과 상상력이 풍성한 은사들을 물려받았다. 마틴은 부모의 이름을 두 명의 자녀에게 그대로 물려주었다. 큰 아들을 한스 (1526 - 1575), 엘리자베스(1527 - 1528), 막달레나(1529 - 1542), 마틴 (1531 - 1565), 바울(1533 - 1593), 마가리타(1534 - 1570) 등이다.[4]

---

4 Susan Lynn Peterson, *Luther's Later Years* (1538 - 1546). http://www.susanlynnpeterson.com/luther/late.html

## 3. 에르푸르트대학교 시절

마틴 루터는 마그데부르그 상급학교에서 1년간 수학했는데, 이 시기에 공동생활형제단을 접촉한 것으로 보인다. 그리고 아이제나흐에서 3년간 성죠지학교에서 문법학자 트레보니우스에게서 가르침을 받았다.

1501년 4월에 18세의 나이에 마틴 루터는 에르푸르트대학교에 아버지가 보내준 학비로 고전적인 인문학을 공부하기 시작했다. 고색창연한 건물들과 조화로운 예배당의 엄숙한 분위기가 상업의 중심도시인 에르푸르트를 대변하고 있는데, 여기에 대학교가 1397년에 세워졌다. 1385년에 세워진 하이델베르그대학교와 1388년에 설립된 쾰른대학교와 함께 독일에서 가장 오래된 대학교들로 손꼽히고 있다.

에르푸르트대학교는 예술과 법학분야가 높은 평가를 받았는데 2천여 명의 학생들이 수학하였다. 1502년 가을에 학사학위를 받았고, 1505년 1월에 석사학위를 받았다. 아리스토텔레스의 형이상학, 자연법 철학, 윤리학과 유명론 신학을 트루트베테르(Jodocus Trutvetter)와 아놀디(Bartholomàus Arnoldi of Usingen)에게서 공부했다.

5월 20일, 마틴은 사회적 공무와 재산을 늘리는 길로 인정을 받았던 법학대학에 진학했다. 성실하게 공부하여 우수한 성적으로 최단기간에 졸업한 후에 전문학위과정에 입학한 것이다. 학교도서관에서 라틴어로 된 성경을 소유하고자 하는 마음을 피력하기도 했었다.

그러나 7월 16일에는 친구들을 초대하여 성대한 이별 파티를 개최하였다. "오늘 나를 본 사람들은, 다시는 만나지 못할거야"라고 갑작스럽게 선언했다. 그리 먼 곳은 아니지만, 어거스틴 수도원으로 들어간다는 것이다.

지금 에르푸르트는 200여개의 다리로 연결된 아름다운 도시로 발전하였다. 이 도시에는 주민 약 20만 명이 살고 있다. 오랫동안 동독에 속해 있었기에 다소 발전이 늦어졌던 대학교에는 5,800명의 학생들과 100명의 교수진이 재직하고 있다.

루터의 아버지 한스가 결혼하기 전까지 살았던 작은 도시 뫼라 (Möhra). 루터의 작은 아버지가 농장을 물려받아서 살았고, 그 후손들이 지금까지 살아가고 있다.

바드 노이쉬타트. 루터의 아버지 한스와 어머니 마가리타 린데만(Margarethe Lindemann)은 동갑 나이로 1479년경에 결혼하여 신혼 초기에 약 3년간 살았다.

루터가 1483년 11월 10일 태어난 곳. 원래 있던 집은 1689년 아이스레벤 지역에 화재가 발생하여 소실되었다. 지금의 건물은 1817년 프러시아 왕 윌리엄 프레데릭 3세가 재단장을 한 것이다.

제3장 | 성실한 수도사 루터

루터가 태어난 집에 대해서 설명한 표지판.

만스펠트. 루터의 아버지가 광산업을 하면서 정착한 도시. 어린 시절 마틴 루터가 초등학교 과정을 이 지역에서 수학하면서 성장했다.

## 4. 어거스틴파 수도원

　루터의 일생을 바꿔놓은 엄청난 사건은 너무나 극적인 드라마와 같다. 기독교인 중에서 루터의 전환점을 모르는 사람이 없을 정도인데, 목회자들이 소명을 강조할 때에 자주 설교의 예화로 사용했기 때문이다.
　어느 날 마틴 루터가 들판을 건너서 친구와 함께 만스펠트에서 에르푸르트로 가고 있었는데, 갑작스럽게 하늘이 어두워지면서 번개가 쳤다. 에르푸르트에서 북쪽으로 1.5킬로미터 떨어진 스토테른하임에서 낙뢰가 떨어져서 큰 나무가 부러지면서 같이 걷던 친구가 다쳤는데, 피를 흘리다가 죽는 끔찍한 사고가 발생했다. 두려움에 휩싸인 루터는 곧 바로 성 안나에게 서원기도를 하게 되었다. 1507년 7월 2일에 벌어진 일이다.
　"성 안나여 나를 도우소서! 나를 살려주시면, 내 일생을 수도사로 바치겠나이다."
　루터가 성 안나에게 기도했는데, 그녀는 마리아의 어머니라고 알려져 있었다. 많은 신자들이 성모상을 만들어 놓은 곳에 가서 모친 마리아에게 인간적인 모성애로 접근하려 했듯이, 또 다른 모성애를 기대하면서 안나를 섬겼던 것이다. 특히 독일에서는 광산을 보호하는 수호 성자로서 알려져 있었다. 어린 시절부터 루터는 성 안나에 대해서 많이 들어왔었던 것이다.
　이 공포스러운 사건을 통해서, 청년 루터에게 어떤 마음의 변화가 일어났는지는 완전히 이해할 수는 없다. 하지만, 성실하고 모범적인 학생으로 살아왔던 루터의 도덕성에 자극적인 두려움이 엄습했을 것

이다. 젊은 청년의 경건한 도덕적 감수성이 발동했을 가능성이 크다.[5]

하나님과의 개인적이 관계에서 자극을 받을만한 나이였다. 그는 경건한 집안에서 성장했기에 마그데부르크의 공동생활형제단을 잘 알고 있었다. 거기서 그는 프란시스코 교단의 후원자 빌헬름 군주가 신앙심으로 깊이 헌신하던 모습을 통해서 감동을 받았었다. 과연 자신이 구원에 이르기에 무엇을 해야만 합당한가를 생각하면서 인생의 방향을 돌이켰을 수도 있다.

1505년 7월 17일, 21세의 마틴 루터는 가장 엄격한 곳으로 알려진 에르푸르트 어거스틴 수도원으로 들어갔다. 이 수도원은 인문주의가 널리 확산되고 있던 시대에 유명한 철학자들의 글을 따라가기 보다는 서방 신학자 어거스틴의 신학을 자랑스럽게 중심으로 삼고 있었다.

결국 어거스틴의 핵심사상은 성경의 권위에 절대적으로 의존하는 특징을 갖고 있었기에, 성실한 수도사로서 훈련을 받은 루터는 온전히 모든 규칙을 지키고자 노력하는 수도사의 길을 진지하게 닦아나갔다. 엄격한 규칙을 철저하게 지키면서, 루터는 가장 모범적인 수도사로 성장하는 과정을 거쳤다. 수도원 규율에 따라서, 기도, 금식, 구걸, 채찍질, 고해성사, 다른 사람을 인도하는 일 등을 완벽하고 부지런히 수행하였다.

부제와 집사를 거쳐서, 마침내 1507년 4월 4일에 24세의 루터는 성직자로서 평생을 가난하고, 순종하며, 선량하게 자선을 베풀기로

---

5 Bernhard Lohse, *Martin Luther's Theology: Its Historical and Systematic Development* (Edinburgh: T&T Clark, 1999), 18-27.

다짐하고 신부직의 서품을 받았다. 다음 달에는 성례를 집례하였다. 거룩한 주님의 몸과 살을 다루는 첫 미사여서 굉장히 떨었다고 루터가 훗날 고백하였다. 이 첫 예식에 참석한 아버지는 어엿한 신부가 된 장남을 위해서 친구 스무 명과 많은 선물들을 가득 싣고 두 대의 마차를 대동했다.

그러나 한 편으로는 매우 화가 나서 돌아갔다. 아들을 변호사로 기르고 싶었는데, 다른 길로 갔기 때문이다. 십계명 중에서 5계명, 네 부모를 공경하라고 했으니, 아버지의 권유를 따라서 직업을 바꿔야만 하는 것이 옳다는 것이다. 아버지의 뜻을 거역한 루터는 항상 마음이 무거웠다. 결코 아버지에게 반항하는 아들로 남고 싶지 않았다.

어거스틴파 수도원에는 약 70여 명이 함께 신학 수업을 했었다. 루터는 그 중에서 가장 뛰어난 학생으로 중세 후기 스콜라주의를 공부했는데, "비아 모데르나"(신학파) 사상을 배웠을 것으로 보인다. "비아 모데르나"는 오캄의 윌리엄(1287-1347)이 주장한 것에 기초를 둔 중세 후기 신학파를 일컫는 단어이다.[6] "비아 모데르나"는 유명론과 유사한 인식론을 갖고 있지만, 구원론에서는 후기 프란시스코 학파와 유사했는데, 하나님과 인간 사이의 언약관계를 핵심사상으로 정립하였다.

"비아 모데르나"는 삐에르 달리와 로버트 홀코트, 가브리엘 비엘과 벤델린 쉬타인바흐는 튀빙겐대학교에서 가르치던 저명한 신학자들이었고, 파리에서는 쟝 부리당과 니콜라스 오레슴, 하이델베르크에서는 잉핸의 마르실리우스 등이 있었다. 튀빙겐대학교에서 유명론자 가브

---

6 Alister McGrath, *Intellectual Origins of the European Reformation* (Oxford: Blackwell, 2003), 67-88.

리엘 비엘의 제자 요한네스 팔츠와 요한네스 나틴에게서 많은 학생들이 배웠다. 루터는 신부 서품을 준비하기 위해서 비엘의 저서, 『미사의 규칙에 대한 해설』(*Exposition on the Canon of the Mass*)을 읽었다. 비엘은 교황청을 철저히 따르는 구파에 속하는 스콜라주의 신학자가 아니었다.

어거스틴파 수도원에서 정서적으로 어떤 상태에 있었을까?

선하고 양심적인 수도사로서 죄를 고백하기 위해서 자주 고해성사를 하러 방문했지만, 하나님의 진노에 대한 압박감을 떨쳐버릴 수 없었다. 장기적인 고통 속에서 병적인 우울증에 시달리는 친구들도 있었다.

수도원장 요한네스 폰 스타우핏츠 (Johannes von Staupitz)를 스승으로 만나게 되면서, 어거스틴의 저술들에 접하게 된다. 유명론의 대가이자, 다소나마 중세 말기에 새로운 길을 제시했던 옥감의 윌리엄 이 남긴 저술들에 대해서도 직접 공부한 적은 없었다.

루터의 스승, 스타우핏츠. 에르푸르트 어거스틴 수도원 원장. 잘스부르크 어거스틴파 수도원에 남아있는 초상화.

에르푸르트의 성 마리아 대성당. 루터가 1507년 4월 4일, 신부로 서품을 받았다.
매년 11월 10일 루터의 생일날에 성대한 추모음악회가 열린다.

에르푸르트수도원. 1505년부터 1511년까지 루터가 여기서 신실한 성직자로서 성장하였다.

13세기에 세워진 어거스틴파 수도원. 전쟁으로 무너져서 다시 증축함. 1505년 수도원에 들어온 루터는 금욕적인 규칙을 엄격하게 준수하면서도, 새롭게 신학을 연구하게 되었다. 인문주의 학풍 속에서 헬라 철학자들의 고전들과 교부들을 읽었으나 흥미가 없었고, 마침내 어거스틴을 통해서 확고한 진리에 도달하게 되었다. 즉, 가장 위대한 권위, 성경으로 다가서게 되었다. 이 수도원에서 루터는 전생애에 결정적인 영향을 미친 스승 스타우핏츠를 만나는 행운을 얻었다.

루터와 스승 스타우핏츠의 발자취가 남아있는 수도원 내부. 에르푸르트 수도원.

세계 제2차 대전을 겪으면서 무너졌다가 복구된 수도원.

## 5. 비텐베르크의 새로운 성경 교수

루터는 성경을 가르치는 동안에 복음에 눈을 뜨게 되면서 새로운 사람으로 완전히 바뀌게 되었다. 1508년 초에 루터는 작센에 새로 세워진 비텐베르크대학교에 교수로 추천을 받아서 옮겨오게 된다. 처음에 맡은 과목은 아리스토텔레스의 니코마코스 윤리학이었다. 그 해 3월에 신학에 관련된 강의를 맡을 수 있는 자격을 부여받았다. 피터 롬바르드의 『명제집』을 가르쳤는데, 어거스틴의 저술들 중에서 중요한 것을 요약한 책이었다.

그때부터 루터는 본격적으로 어거스틴의 저술들을 파고들어 연구하였다. 가르치는 것은 곧 배우는 길이다. 학생들에게 아리스토텔레스의 철학과 스콜라주의를 가르치던 것으로부터 완전히 벗어나서, 어거스틴과 교부들과 성경에 관한 것을 가르치는 신학적 변화가 찾아왔다. 1509년부터 1511년까지 에르푸르트 수도원에서 영광스럽게 가르치는 특권을 감당하기도 했지만, 다시 비텐베르크로 되돌아와서 지속적으로 가르쳤다.

이 무렵에 루터는 중세 어거스틴 전통을 계승한 리미니의 그레고리를 따르는 "스콜라 아우구스티아나 모데르나"(schola Augustiana moderna, 어거스틴을 따르는 신학파)에 영향을 받았던 것으로 추정된다. 젊은 날에 루터가 어떤 신학전통을 따랐는가에 대해서는 아직도 논쟁이 많다.[7] 아마도 인간의 성취와 역할을 강조하던 방식에서 벗어

---

7  Heiko A. Oberman, *The Harvest of Medieval Theology* (Durham: Labyrinth, 1983). 루터와 중세 후기 유명론자들과의 연속성과 불연속성에 대해서는 엄청난 연구가 진행되어왔다. 오버

나 어거스틴의 은총론에 접촉하면서 루터의 칭의에 대한 이해가 급격하게 바뀌는 과정을 거쳤을 것이라 생각된다.

스콜라주의는 칭의를 얻는데 있어서, 인간의 노력과 수고를 개입시켰고, 특별 은총의 도움이 없어도 하나님을 향해서 반응을 일으킬 수 있다는 것이다. 하나님의 의에 대한 인간의 반응이 의롭게 하는 은총의 수여를 위해서 필요한 조건이라고 이해하였던 것이다. 그러나 '비아 모데르나'에서 파생된 15세기 '어거스틴 신학파'는 모든 의로움은 예수 그리스도에게로부터 온다는 메시지를 중요하게 제시하였다.

1510년 후반기에 이탈리아 로마 교황청에 어거스틴파 수도원 건물들을 통합하는 허락을 얻기 위해서 종단의 선임자들이 찾아가야만 했었다. 루터는 거룩한 교황의 도시를 보고자 방문단에 합류하였다. 그러나 교황 율리우스 2세는 로마 교황청을 비우고, 군사들을 격려하기 위해서 외지에 나가있었으므로 만나지 못하고 말았다. 방문단의 목적을 이룰 수 없었다.

더구나 루터는 로마에서 빌라도의 계단이라고 알려진 곳을 무릎으로 기어올라갔다. 그렇게 하면 할아버지를 구원하는 효력이 주어진다고 하여 수많은 순례자들이 고통을 감내하고 실천하는 일과가 되어 있었다. 이렇게 힘든 순례를 다녀왔는데도, 루터에게는 그전이나 아무런 차이가 느껴지지 않았다.

---

만 박사의 연구는 과거에 주로 조직신학과 교의학 위주로 진행되었던 학설들에 대해서 정확한 논점을 제공하여 가히 획기적인 연구 성과로 학계의 인정을 받고 있는데, 이에 대한 반론도 제기되고 있다. A. McGrath, "The Anti-Pelagian Structure of 'Nominalism' Doctrines of Justification," *Ephemerides Theologicae Lovanienses* 57 (1981):107-119.

젊은 수도사 루터가 성장해 나가는 과정에서 일생에 또 한 번의 결정적으로 중요한 사건이 벌어진다. 그가 교수의 직분에 선발되었고, 자신의 직무에 충실하기 위해서 오직 성경을 해석하고 지켜나가겠다는 서약을 하게 되는 것이다.

스승 스타우핏츠의 제안에 따라서, 루터는 성경 과목을 가르치는 교수의 직책을 맡게 된다. 1512년 10월 19일, 성대한 기념식에서 성경을 가르치는 자격을 획득한 자에게 수여되는 신학박사 학위를 받았다. 이때부터 루터는 성경에의 부르심을 결심하게 되었고, 교회학교에서 성경을 가르치는 공적인 직무 수행을 결심하게 된다.

28세가 된 루터는 그로부터 향후 삼십 년에 걸쳐서 일 주일에 두 차례, 월요일과 금요일 오전 6시에 드넓은 예배실에서 성경을 해석하는 직무를 수행하게 되었다.

루터의 성경 해석은 일관되게 신학적이고, 목회적이었다. 언어학적 지식을 추구하거나 문헌학적 것도 아니었고, 철학적인 것은 더더욱 상관이 없었다. 초기 6년간의 교수 사역에서 르네상스 인문주의 과목들을 가르쳤지만, 인간의 잠재성에 대한 낙관론을 강조하지는 않았다. 그는 인문주의와는 거리를 두었고, 아리스토텔레스의 윤리학을 혐오했으며, 구학파 스콜라주의 신학자들에 대해서는 증오할 정도였다.[8]

비텐베르크에서 루터는 1513년부터 1515년까지는 시편 강해를

---

8 R. Marius, *Martin Luther: The Christian Between God and Death* (Cambridge: Cambridge Unversity Press, 1999), 72-73.

집중적으로 실시했고, 그 이후로는 주로 바울서신을 가르쳤다.[9] 시편 찬송은 수도원에서 매일 하루의 일과를 시작하는 순서였다. 학생들에게 시편을 가르치면서 여백에다가 루터의 강의 내용을 기록하도록 했다. 학생들이 받아 적은 강의 노트는 거의 다 남아있다. 따라서 루터가 어떤 부분을 집중적으로 강의했는지 미루어 짐작할 수 있다.

루터는 시편 주석에서는 대체로 중세시대의 교과서를 중심으로 가르쳤다. 롬바르드의 『명제집』, 스콜라주의자들의 학설, 인간에게 있는 기본적 선함과 도덕적 기초, 어거스틴의 가르침 등이 혼합되어 있었다. 이처럼 초기 교수 사역에서 루터의 칭의론은 인간의 자유의지로 하나님을 사랑하는 것들을 선택할 수 있다고 가르쳤다. 1515년 5월에 루터는 주변에 있던 열 두 개의 수도원 학교를 돌보는 책임을 맡게 되었는데, 비텐베르크에서처럼 성경과 어거스틴의 신학을 강의하였다.

1515년 여름부터 1516년 9월까지 루터는 로마서를 가르쳤다. 1517년까지는 갈라디아서를, 1518년까지는 히브리서를 강해하였다. 그 후에도 다시 시편과 갈라디아서를 강해했다. 지금 남아있는 로마서 강해서에는 바울 사도에 대한 이해가 매우 깊어지고 있음을 확인할 수 있으며, 루터의 칭의론에 있어서 중대한 변화가 일어났다고 추정된다.[10] 1515년 로마서 강해에서 루터는 어거스틴의 은총론과 구원에 관한 메시지를 반영하기 시작하였다. 그리스도의 외부적인 의로움을 확실히 설명하였고, 반펠라기우스주의를 배척하였다.

---

9 H. Bornkamm, *Luther and the Old Testament*, tr. E.W. Gritsch & R.C. Gritsch (Philadelphia: Fortress, 1969).

10 W. Pauk, ed., *Luther: Lectures on Romans* (Philadelphia: Westminster Press, 1956).

그전까지는 로마서 1장 17절에 나오는 "하나님의 의"라고 하는 것은 하나님께서 사람에게 능동적이고 정죄하는 율법의 의로움을 달성하라고 명령하신 것이라 생각했었다.

그런데 1516년 전후, 로마서 강해를 하던 시기에 이르면, 루터가 하나님의 의라는 것을 완전히 다르게 설명하였는데, 특히 로마서 3장 24절과 연계시켰던 것이다. 성도들은 하나님의 은혜로 인하여, 예수 그리스도 안에서 값없이 의롭다하심을 얻는다. 하나님께서는 인간에게 그리스도의 의로움이라는 옷을 입혀서 의롭게 하시는 것임을 깨닫게 된 것이다. 인간이 결코 충족할 수 없는 조건들을 하나님께서 친히 채워주신다. 하나님께서는 인간에게 믿음을 선물로 주셔서, 그리스도의 의로움을 신뢰하게 하신다. 1517년에 이르게 되면, 루터는 칭의론에 있어서는 중세 스콜라주의를 완전히 벗어났고, 펠라기우스주의와는 완전히 다른 신학적 성숙을 드러낼 정도로 확실하게 달라져 있었다.

> 의에 대한 놀랍고도 새로운 정의! 이것은 일반적으로 다음과 같이 설명되다. 의란 각자에게 주어지는 덕목이다. 이 말의 신실함은 다음과 같다. 의는 예수 그리스도 안에 있는 믿음이다.[11]

루터는 그리스도 안에서 값없이 주시는 칭의를 성경적으로 확신하게 되었다.

---

11  WA 57.69.14-16.

수도사로서 루터는 몹시 고통스러운 영적인 갈등과 압박을 견뎌 내야만 했다. 그에게는 이단이라는 죄명과 출교라는 공개적 소환장이 제기되어 있었다. 예수 그리스도께서는 "그러므로 하늘에 계신 너희 아버지의 온전하심과 같이 너희도 온전하라"(마 5:48)고 말씀하셨다. 의로우신 하나님의 임재 앞에서 서게 된다는 죄인의 심정으로 살아가는 것이 수도사의 엄격한 삶이었다. 하지만, 인간이 얻게 되는 칭의는 수동적으로 그리스도의 의로우심을 전가받는 것인데, 하나님께서 그리스도를 통해서 인간에게 값없이 내려주시는 것이다.

이제, 루터가 어떻게 해서 종교개혁자로서 선두에 서게 되었는가에 대한 의문이 풀리게 될 것이다. 그는 사람이 자신의 노력과 공로와 수고를 통해서는 결코 하나님의 의로움에 도달할 수 없다는 사실을 깨닫게 되었고, 그리스도를 통해서 주시는 은혜에 의해서만 구원을 얻게 된다는 기독교의 복음의 핵심을 파악하였다.

그래서 로마서 1장 17절을 재발견하였을 때에, 밤낮으로 감격하였다고 한다. 은혜와 긍휼에 풍성하신 하나님께서 믿음을 통하여 예수 그리스도를 받아들인 사람들에게 의롭다는 선포를 하시는 것이다. 구원은 전적으로 하나님에게 달려있는 것이며, 그분은 사랑이시다. 우리에게 자비를 베푸시는 하나님께서는 율법을 통해서 강요하시지 않으시고, 도리어 의로움을 제공하여 주신다. 루터는 의와 믿음을 연결시켰고, 값없이 주시는 은혜를 확신하기에 이르렀다.

제3장 | 성실한 수도사 루터　73

비텐베르크대학교 전경. 선제후 프리드리히가 1502년에 세웠는데, 지금도 사용되고 있다.

루터가 1508년 비텐베르크에 도착하여 살던 집. 이곳에서 2층 위로는 루터와 가족들, 학생들이 함께 살았다.

루터의 방이라고 불리는 곳. 그가 식사시간에 학생들에게 강론하던 식탁(Luther's Table Talks!). 이 방은 거의 원형대로 보존되어 있어서 당시의 숨결을 느끼게 해 준다. 루터는 이곳에서 칭의론의 새로운 지평을 넓혔고, 여러 가지 일들에 대해서 생각하고 결단을 내렸다.

# 제4장
## 개혁의 비전과 성경의 권위 회복

종교개혁자들의 비전과 큰 열망은 가장 성경적인 교회를 세우고 회복시키는데 있었다. 교회의 개혁을 열망한다면, 낡은 관행과 부패한 관습을 과감하게 철폐했던 종교개혁자들의 순수한 업적을 정확히 파악해야 한다. 그들이 역점을 두고 노력하였던 일들과 그들이 성취했던 역사적인 공헌들을 정확하게 파악해야 한다.

종교개혁의 본래 정신은 칭의론을 중심으로 하는 구원론의 성경적인 정립에서 발견된다. 일곱 가지 성례를 통해서 구원에 이르는 은총을 주입받는다고 하는 중세교회의 구원론을 거부했다. 구원의 진리가 회복되면서, 인간에 대한 이해, 성경이 갖는 최종 권위, 교회와 국가와의 관계, 직업의 소명, 사회질서에 대한 이해가 제대로 정립되어질 수 있었다. 성경의 진리들을 깨우쳐야만 희망과 꿈을 간직하고 살아가는 사회가 세워질 수 있다.

종교개혁자들이 가르친 핵심 내용들과 유산들을 살펴볼 때에, 오늘날의 교회가 총체적 개혁하고 갱신해야만 하는 것들을 분별해 볼 수 있다. 지금 한국교회에 가장 필요한 것을 무엇인가를 염두에 두면서, 네 가지 영역을 살펴보고자 한다. 종교개혁의 영향력과 교훈들 속에서 매우 중요하게 다루어진 사항들이었고, 한국교회도 철저히 되새겨야 할 본질적인 가르침이라고 생각한다. 한국교회가 직면한 부패와 무능력을 고치기 위해서는 지난 오백년 동안 계승해 내려온 종교개혁의 핵심적인 교훈들에 대해서 주목하게 된다.

## 1. 하나님의 음성

종교개혁자들의 글과 설교와 삶에서 공통적으로 발견되는 비전들이 있다. 대부분의 종교개혁자들에게 있어서 가장 기본적이며 공감대를 이루고 있는 바는 성경의 최종 권위에 복종하려는 것이요, 인간의 본질적인 부패를 겸허하게 용납하고 수긍하려 했다는 사실이다.

첫째, 종교개혁의 정신은 성경에 근거하여 온전하고 보편적인 기독교 교회를 재건하려 했었다. 종교개혁자들은 오직 성경말씀만을 선포하고, 하나님의 음성이 울려 퍼지게 하려는 열정이 있었다.[1]

> 사람은 "빵으로만 사는 것이 아니라, 하나님의 입으로부터 나오는 말씀으로" 살아간다(마 4:4; 신 8:3).

이런 성경 중심적인 사고방식은 지금도 한국교회를 갱신하고 개혁하는 본질적인 내용이 되어야만 한다. 한국교회의 강단과 예배가 성경의 본질과 가르침으로 되돌아가야만 한다. 이 책에서 11장에서

---

1 Sinclair B. Ferguson, *From the Mouth of God* (Edinburgh: Banner of Truth Trust, 2014), 5.

다시 한번 다루게 될 것이다.

둘째, 종교개혁자들은 인간이란 무엇이며(시 8:4), 과연 사람의 본질은 무엇인가를 성경적으로 심각하게 성찰했다는 공통점이 있다. 로마가톨릭교회에서 가르치는 선행이나 공로가 무익하다는 것을 폭로하기까지, 종교개혁자들은 인간의 본성과 의지에 대해서 어거스틴의 진실한 깨우침을 통해서 정립하게 되었다. 이 책 10장에서 자세히 풀이하였다.

종교개혁자들은 인간의 부패한 본성에 대해서 주목하였다. 우리 한국교회도 겸허하게 하나님 앞에서 무릎을 꿇고, 자신들 돌아보는 성찰의 시간을 가져야만 한다. 교황이나 성직자들이나 수도자들마저도 하나님 앞에서는 별수 없이 죄인이다. 이런 확신을 가지고, 종교개혁자들은 순수한 성경의 가르침을 외치면서, 구원론의 왜곡을 밝혀냈다. 인간의 본질이 무엇이며, 과연 어떤 상태에 놓여있는 존재인가를 정확히 알게 된 후에, 오직 예수 그리스도의 십자가에만 의존하였다.[2] 인간의 본성적 부패에 대한 통렬한 분석은 오직 성경을 통해서만 가능했다.

16세기 종교개혁은 결국 사람들이 성취한 것이 아니라, 성령께서 사람들을 깨워서 일을 도모하도록 도와주셨다. 그들은 자신들이 부패한 존재라는 점을 받아들이고, 단 한 번 완성되는 것이 아니라는 것도 받아들였다. 지상에서는 완벽한 교회가 없기 때문에, 개혁교회는 "항상 개혁하는 교회"(*semper reformanda!*)가 되어야 한다고 확신하였다.

---

2  David H. Kelsey, "Human Being," in *Christian Theology*, ed. P. Hodgson and R. King (Philadelphia: Fortress Press, 1982), 141–67.

하나님의 동산에서 쫓겨난 후에, 엉겅퀴와 가시로 뒤엉킨 세상 속에 교회가 세워진 까닭에, 각 교회가 처한 시대마다 환경의 변화에 따라서 엄청나게 많은 세속의 영향이 들어와 있다. 하나님과 인간 사이에 엄청난 차이가 발생하게 되었고, 하나님을 아는 자연적 지식이 불가능하게 되었다. 땅 위에 살아가는 일반적인 사람은 하나님을 알 수 있는 계시들을 목격하고 있으면서도, 전혀 인식조차 할 수 없게 되었다(롬 1:18-25). 하나님의 음성이 무엇인가에 대해서 정확한 분별력이 필요하며, 갱신을 요구하는 것이다.

종교개혁자들이 추구했던 교회의 갱신과 개혁적인 제안들은 성경의 권위에 철저히 의존하였다. 비록 그들 사이에 서로 해석의 차이점들이 있고, 간혹 대립되는 부분들이 있다하더라도, 로마가톨릭교회의 전통에 따라가지 않았다. 루터를 비롯한 모든 종교개혁자들은 성경에만 의존한다는 정신이 철저했다. 로마가톨릭에서 주장하던 전통이나 교회의 수장, 교황이 권위의 핵심이었으나, 종교개혁자들은 하나님의 말씀으로 최종 권위를 바꾸었다는 점은 획기적인 변화를 초래하였다.[3] 종교개혁자들은 성경에 의해서 모든 교리들을 판단하라고 성도들에게 촉구하였다.[4]

종교개혁 이전에 로마가톨릭 미사의 내용에서는 설교가 없었다.

---

[3] Heiko A. Oberman, *The Reformation: Roots & Ramifications* (Edinburgh: T&T Clark, 1994), 15: "For Luther, the tradition of the Church is not an autonomous court of appeal responsible for determining truth. Scripture is the only authority in matters of truth, since Scripture alone is the Word of God." Euan Cameron, *The European Reformation* (Oxford: Oxford University Press, 1991), 136-9.

[4] Carter Lindberg, *The European Reformations* (Oxford: Blackwell, 1996), 5.

유명한 설교자들과 함께하는 특별한 행사에서만 강연이 있었을 뿐이다. 비로소 종교개혁자들에 이르러서 말씀의 선포가 정규적으로 강조되었고, 성도들의 교화를 이루고자 노력했다. 로마가톨릭에서는 미숙한 대중들이 이해할 수 없는 모호한 토론주제들을 다루었을 뿐이었고, 청중을 잠에 빠져들게 하지 않으려고 달콤한 이야기나 재미있는 생각들을 사용하였다. 성경말씀은 거의 들을 수 없었고, 자신들의 경박한 말을 두둔하려고만 끌어왔을 뿐이다.

루터와 칼빈은 말씀과 연계된 성령의 사역을 강조하였는데, 말씀으로 인해서 믿음을 가지게 되기 때문이다. 성경을 읽거나 가르침을 받는 동안에 그리고 성경을 선포하는 복음을 들을 때에 성령께서 반응을 일으킨다고 강조했다.

루터와 칼빈을 비롯한 거의 대부분의 종교개혁자들은 로마가톨릭의 성직 중심주의에 대해서 강력하게 반발하였다. 로마가톨릭에서는 교회 내에서는 오직 공식적인 대언자의 신분을 가진 자들을 통해서만 어떤 특수한 방식으로 성령이 역사하신다고 주장하였다. 로마가톨릭에 의하면, 이 직분이란 기독교 신앙의 해석자들로서 인정을 받은 주교들의 상하 조직체를 의미한다.[5]

하나님의 말씀의 회복은 초대 교부들의 삼위일체 신론을 회복하게 되는 성과를 가져왔다. 루터와 칼빈과 크랜머 등은 성부와 성자, 특히 성령의 사역에 더 많은 관심을 기울이게 되었다. 로마가톨릭 신부였던 레이몬드 브라운도 종교개혁자들의 강조점에 대해서 인정하

---

5 Raymond E. Brown, "Divers Views of the Spirit in the New Testament," *Worship* 77 (1983), 226.

지 않을 수 없었다. 기독교 교리에서 성령의 사역을 회복하게 되면서, 성경적인 구원론이 정립하게 되었다.

> 종교개혁은 서구 기독교회 사이에서 하나의 전쟁이었다. 서구 교회의 전통을 따라서 성령은 성부와 성자로부터 나오신다는 신앙으로 통일되어 있었으나, 어떻게 성령이 교회 안에서 기능을 감당하느냐를 놓고서는 나뉘어졌다.[6]

칼빈은 죄로 인하여 부패되고 어두워진 인간에게는 오직 "성령의 내적증거"(*Testimonium Internum Spiritus Sancti*)가 함께 하므로써 하나님의 객관적인 말씀에 대해서 믿음을 갖게 되는 것이라고 강조하였다. 로마가톨릭교회 안에서 공적인 지위를 가진 신부가 일곱 가지 성례라는 수단을 진행할 때에 참여하는 자들에게만 은혜가 주입되어 진다고 가르쳤다. 칼빈은 구원의 적용 사역에서 핵심은 성령의 역사 임을 성경대로 회복시켰고, 성령의 주권을 강조하였다.

워필드 박사는 이런 점에서 칼빈을 "성령의 신학자"(The Theologian of the Holy Spirit)라고 특별하게 지칭하였다. 마치 루터를 "칭의의 신학자," 혹은 초대 교부 중에서 아다나시우스를 "성육신의 신학자"라고 부르는 것과 유사하게 칼빈의 공헌은 높이 평가를 받고 있다.[7] 종교개혁 시대의 전환점에 이르게 되면, 영국의 존 오웬이

---

6　Ibid.
7　J. I. Packer, *Keep in Step with the Spirit* (Leicester: IVP, 1984), 235.

제시한 주제별 강해와 설교에는 성령의 인격성, 점진적인 성화의 과정, 성령의 작동들에 관하여 다루었고, 4세기 가이사랴의 바실이 남긴 『성령에 관하여』에 대조되는 기념비적인 저술을 남겼다.[8]

루터의 칭의론은 성경에 무지한 성도들을 깨우쳤다. 루터는 『소요리문답』 서문에서 성경에 대한 무지가 만연했음에 놀라움을 표현한 바 있다. 종교개혁자들이 공통적으로 하나님의 말씀에 대한 절대적 우선성에 공감한 것은 그들의 양심이 참으로 하나님 앞에 있다는 깨우침이 있었기 때문이다.

루터와 칼빈이 서로 얼굴을 마주 대하여 직접 만난 적은 없지만, 이들은 같은 신념과 비전을 공유하고 있었다. 칼빈은 프랑스와 독일 경계선상에 있던 스트라스부르그에서 박해를 피하기 위해서 옮겨와 살고 있던 난민들을 위해서 목회자로 사역하였다. 그는 독일어를 잘 하지 못했지만, 루터의 글을 라틴어로 읽었다. 루터의 계승자 필립 멜랑히톤과는 공적인 회의에서 여러 차례 만났고, 개인적으로 서신을 주고받았다. 칼빈은 루터를 존중하여 여러 차례 존경하는 마음을 표현하였다.

> 하나님께서 루터와 그 외의 사람들을 일으켜 세워서 구원의 길로 우리를 인도하도록 횃불을 들게 하였고, 그들의 사역에 기초하여 우리들의 교회들이 세워지고 지어졌다.[9]

---

8 John Owen, *The Holy Spirit, His Gift and Power: Exposition of the Spirit's Name, Nature, Personality, Operations and Effects* (reprint, Grand Rapids: Kregel, 1967).

9 John Calvin, *Theological Treatises*, ed. J. K. S. Reid (Philadelphia, Westminster Press, 1954), 185.

루터, 칼빈, 불링거 등 종교개혁자들은 성경이 하나님의 말씀이라는 확신에서 비롯되었다.[10] "오직 성경으로만"(sola scriptura)이라는 원리가 가장 중요한 기준이었다.[11] 루터가 로마서 1장 17절과 하박국 2장 4절에서 "의인은 오직 믿음으로 살리라"는 말씀으로 자신의 주장에 대해서 확신할 수 있었다.[12] 그리고 종교개혁의 신념, "오직 믿음"과 "오직 예수 그리스도"가 추가로 세워지게 되었다.

하나님과 인간과 교회와 세상에 대해서 정확한 기준은 오직 하나님의 계시에 의해서만 가능하다. 하나님의 계시는 모든 인간의 지식과 사상을 능가하는 절대적 기준이며, 반드시 하나님의 뜻에 따라서 사람이 자신의 체험이나 지식을 평가해야만 한다. 하나님의 말씀은 궁극적인 진리이며, 사람의 소리는 거짓일 뿐이다.

성경에서 나오는 가르침에서 보면, 사람의 생각은 완전히 두 부류로 나뉘어진다. 한 부류의 사람들은 하나님의 자존하심과 계시하심을 인정하는 사람들로서 성경을 하나님의 말씀으로 받아들인다. 다른 부류의 사람들은 이런 계시의 교훈을 거부한다. 계시의 수용 여부에 대해서 칼빈은 창조주와 피조물 사이의 구분을 강조하지 않을 수

---

10 Alister E. McGrath, *The Reformation Thought: An Introduction* (Oxford: Basil Blackwell, 1988), 104: "there was a consensus that scripture was to be received as if it were God himself speaking."

11 Timothy George, *Theology of Reformers* (Nashville: Broadman, 1988), 314: "The reformers were all convinced of what Zwingli called 'the clarity and certainty of the Word of God.'"

12 Heiko A. Oberman, *Luther: Man Between God and the Devil* (New Haven: Yale University Press, 1989), 151: "For Luther careful heed to the Scripture was the only scholarly basis for theology and thus the reliable standard of truth."

없었는데, 오직 하나님의 계시만이 인간의 윤리와 삶을 설정하는데 있어서 올바른 동기와 목적을 제공하여준다.[13]

그러나 하나님이 사용하신 인간의 용어를 사탄도 같이 사용하기 때문에, 인간들이 점차 성경을 이해하고 받아들이는 데 있어서, 큰 혼란이 초래되고 말았다. 종교개혁자들 사이에서도 미세한 부분에서는 합의된 해석에 이르기 어려웠다. 훗날 기독교와 자유주의신학의 갈등도 이와 마찬가지로, 동일한 언어로 표현되기에 참된 종교를 구별하기 어렵게 되었다.[14]

성경말씀은 살아 움직이면서 사람들의 마음속에 엄청난 역사를 일으켰다. 종교개혁의 상징적인 사건이 되었던 95개 조항은 성경말씀에 따라서 잘못된 것을 루터가 정리한 것이다. 전혀 사람의 계산으로 일어난 사건이 아니었다. 하나님의 섭리 가운데 있었던 일이요, 사람이 의도하지 않았던 사건이기에 "우발적인" 개혁(accidental reformation)운동이 발생하였다고 말할 수밖에 없다. 그 어느 누가 치밀하게 계획하거나 의도한 것이 아니었다.

하나님의 말씀을 따르는 기독교 신앙이 새롭게 꽃을 피우게 되자, 중세 말기 사람들에게 구원과 생명의 교훈을 제시하여 새로운 세계를 열어주는 일대의 사건들이 벌어졌다. 그 당시 사람들은 변화의 열망을 가지고 있었지만, 중세 말기의 교회는 권위주의를 내세우면서

---

13 Cornelius Van Til, *The Defense of Faith* (Phillipsburg: P&R, 1963), 32. cf. John Frame, *Van Til, the Theologia* (Phillipburg: Pilgrim publishing Company, 1976), 37. idem, *Cornelius Van Til: An Analysis of His Thought* (Phillipsburg: P&R, 1995), 135.

14 J. Gresham Machen, *Christianity and Liberalism* (Grand Rapids: Eerdmans, 1923), 2.

아무런 변화도 허락하지 않으려 했다. 로마가톨릭교회의 강압적인 조치를 발동하여, 그 어느 누구도 성경을 모국어로 읽는 것조차 금지시켰다.

성경의 가르침들은 연속된 토론들과 사건들을 통해서 개혁신앙의 주제가 되었다. 이를 알리는 계기가 주어졌고, 그 때마다 루터의 주장들이 모든 사람들에게 공감을 얻게 되어졌다. 인쇄술을 발달과 함께 비텐베르크출판사는 즉각 루터의 논문과 설교를 발간해냈고, 전 유럽에 널리 알려졌다.

대학교육의 확대로 지성인들이 늘어났고, 라틴어를 소화해낸 신흥 지도층들은 열열이 지원을 표명했다. 이제 루터의 주장들은 덮어지거나, 말살될 수 없게 확산되어 나갔던 것이다. 도저히 거스를 수 없는 흐름으로 유럽 각 도시마다 호응하는 운동들이 일어났고, 점차 변화를 되돌릴 수 없게 되었다.

루터가 새로운 교회를 세우자고 주장한 것도 아니요, 로마 교황에 맞서서 싸우려 한다는 선전포고를 한 것도 아니었다. 교회의 권위에 대항하는 반항적 행동을 한 것도 결코 아니었다. 죄사함을 받는 원리가 무엇인가를 놓고서, 적어도 면죄부를 구입하는 선행을 통해서는 얻을 수 없다는 점과 사면권의 원칙을 자신이 가르치는 학생들과 토론하기 위해서였다.

하지만 루터가 제기한 질문들과 그를 제압하려는 과정에서 일어난 토론들은 엄청난 파급효과를 불러 일으켰다. 꺼지지 않는 요원의 불길이 막 지피는 것과 같이, 종교개혁의 서막이 열렸던 것이다.

면죄부 판매를 거부하는 루터의 반론이 나오기까지, 중세 말기에 유럽 기독교는 여러 차례 큰 변화를 겪고 있었다.[15] 종교개혁은 진공상태에서 갑자기 영웅 한 명이 뛰어나와 사람들을 이끌고 나간 것이 아니다.

그 배면에는 14세기에 로마가톨릭교회의 수장이 두 사람이나 되는 교황권의 갈등 양상이 나타나서 공동체의 균열이 있었다. 교황권의 절대 권위는 땅에 떨어지고 말았다. 교황 선거의 부패상과 교황 주변의 추문들은 새로운 사회를 갈망하는 강력한 흐름을 만들어냈다. 영국의 위클리프가 성경을 영어로 번역하려 했으나 금지당했다. 보헤미안 후쓰는 교황권에 저항하다가 화형을 당했다. 여러 지역에서 로마가톨릭에 저항하는 여러 흐름들이 변화를 갈망하고 있었다.

## 2. 부패한 본성과 하나님의 칭의

기독교가 모든 인간에게 가장 정확한 진리와 판단력을 제시하고 있는 것은 바로 인간의 본질에 대한 교훈이다. 종교개혁은 하나님의 말씀을 통해서 적나라한 인간성의 부패와 타락후 왜곡된 본성을 재발견하였다. 인간은 의롭지 못하다는 진실한 양심의 목소리와 성경의 가르침을 겸허하게 받아들였다. 오직 은혜로우신 하나님이 그리스도 안에서 의롭다고 선포하시는 바를 믿음으로 소중하게 받아들였다.

---

15  C. Scott Dixon, *The Reformation in Germany* (Oxford: Blackwell, 2002), xi.

종교개혁은 로마가톨릭의 선행과 공로사상에 맞서서 칭의 교리를 확정하였다. 루터를 비롯한 종교개혁자들은 사람이 스스로 성취하는 것이 아니라, 의로우신 하나님께서 법정적으로 믿는 자를 의인이라고 선언하신다는 점에 주목했다. 로마가톨릭의 선행론에 근거한 칭의 개념에 대립하여, 값없이 은혜로 주시는 믿음으로 의롭다 하심을 얻게 되었다는 구원론을 정착시켰다.

루터의 칭의 교리와 인간론은 매우 긴밀하게 연계되어 있음에 주목해야만 한다.[16] 어거스틴의 영향으로 대부분의 종교개혁자들은 사람의 본성적 부패성을 철저히 인정하는 교리적 반성에 공감했다. 로마가톨릭에 속한 수도원에서 주로 받아들였던 반펠라기우스(semi-pelagianism)는 인간의 노력과 하나님의 은총을 혼합하는 신인협력설이었다.[17] 펠라기우스가 원죄를 부정하게 된 것은 신플라톤주의자들의 영향 때문이었다. 육적인 인간이 타락하였지만, 영적인 부분은 하나님을 향해가는 고상한 인간적 성질을 갖고 있다고 생각했던 것이다.

루터는 사도 바울의 교훈을 되새기면서, 총체적이며 전인격적으로 죄악된 의지의 본질에 대해서 살펴볼 수 있었다. 인간은 한 사람이기에 영적이면서도 육적이고, 의로우면서도 죄인이고, 선하면서도 악하다는 점에 주목했다. 결국, 인간은 결코 자신을 스스로 의롭게 만들 수 없다. 인간의 의지가 원천적으로 죄의 노예상태에 있기 때문이다.

---

16　Alister McGrath, *Iustitia Dei: A History of the Christian Doctrine of Justification* (Cambridge: Cambridge University Press, 2005), 188-240.

17　J. Pelikan, *The Christian Tradition, 1: The Emergence of the Catholic Tradition* (100-600) (Chicago: The University of Chicago Press, 1971), 314-315.

종교개혁자들은 한결같이 어거스틴의 인간론에서 큰 영향을 받았다. 하지만, 한걸음 더 나아가서, 인간은 구원을 얻기 위하여 자기 자신의 내부에 가진 것이 전무하다는 것을 고백한다. 하나님의 의로우심은 외부에서 주어지는 법정적 선포이다. 의롭다하시는 핵심적인 요소는 예수 그리스도의 대속적 희생을 확실하게 붙잡는 믿음이다. 그리스도의 의로우심을 붙잡는 자에게 주시는 것이기 때문에, 내재적인 의가 아니라 외래적인 의로움이다.

> 믿음에 의해서 파악되는 것이고 가슴 속에서 살아있는 그리스도만이 성도가 가진 의로움이며, 그것 때문에 하나님께서는 우리를 의롭다고 여겨주셔서 우리에게 영생을 주신다.[18]

성도의 봉사와 사회적 책임을 다하기 위해서, 인간의 부패한 본성에 대해서 성경의 선언을 겸허하게 받아들여야만 한다. 우리 인간은 그 누구도 예외 없이 죄를 범하였고, 부패와 오염에서 벗어날 수 없다. 인간의 본질을 말씀과 성령으로 갱신하고 고쳐나가지 않는다면, 사울 왕이나 다윗 왕이라도 결국에는 망하고 만다.

루터는 사도 바울의 가르침과 복음의 정수를 깨닫고서 인간이란 하나님 앞에서 "죄인이자 동시에 의인이다"는 역설적인 설명을 제시했다. 전혀 어울리지 않는 두 가지 대립적인 개념을 묶어놓았다. 루터는 1515년부터 1516년 사이에 로마서를 가르치면서 복음의

---

18 *D. Martin Luthers Werke: Kritische Gesamtausgabe* (Weimar: Böhlau, 1883–), 40:1,229.

정수를 다시금 깨닫게 되었다.[19] 로마서 4장 7절에 대한 설명에서 확실하게 루터가 의미하는 "죄인이자 의인이다"는 의미가 확실하게 드러난다.

> 의사가 회복될 것이라고 약속한 것을 믿는 환자의 경우와 비슷하다. 그래서 환자는 한동안 의사가 지시한 바에 따라서 복종할 것이다....
> 이제 그 환자는 완쾌되었을까?
> 사실 그 환자는 동시에 아프기도 하고, 점차 나아지고 있다고도 말할 수 있다. 사실 그 사람은 아프다. 하지만 그 사람은 의사의 약속을 확신하고 있기 때문에 좋아지고 있다. 그는 이미 치료를 했다고 말하는 의사의 약속을 확실하게 신뢰하고 있기 때문에 나아졌다고도 말할 수 있다. 왜냐하면 결코 그 환자가 죽지 않고 살 것이라고 단언했기 때문에 이미 그 사람에게는 치유가 시작되었다고 말할 수 있는 것이다.
> 이와 똑같은 방식으로 그리스도께서는 우리들 사마리아인들, 절반쯤은 죽은 사람들을 여관으로 데리고 가셔서 돌보아 주셨는데, 이미 치유를 시작하신 것이다. 영생에 이르도록 가장 완벽한 치유를 약속하셨기 때문이다. 주님은 죽음에 이르는 사악한 욕망들로 가득 차 있는 자들에게 자신의 죄악들이라고 말씀

---

19  Richard Marius, *Martin Luther: The Christian between God and Death* (Cambridge, MA: Belknap Press of Harvard University Press, 1999). Martin Brecht, *Martin Luther*, tr. James L. Schaaf, 3 vols. (Minneapolis: Fortress, 1993).

하지 않는다. 도리어 약속된 회복의 희망 가운데서 치유하신다
고 말씀하였다.

그렇다면, 이제 그 사람이 완벽하게 의롭다고 할 수 있을까?
아니다. 그 사람은 동시에 죄인이자 의인이기 때문이다. 사
실 그 사람은 죄인이다. 그러나 확실한 하나님의 약속과 전가
에 의해서 의인이라고 할 수 있다. 하나님께서는 그를 완전하
게 치료하실 때까지 지속적으로 죄에서 구출할 것이기 때문
이다.[20]

타락한 이후에 에덴동산에서 추방된 인간은 본질상 진노의 자식
이다. 타락한 인간의 자유의지에 대해서 루터는 철저하게 죄의 노예
가 되었다고 주장하였다. 타락한 인간의 자유의지에 대한 설명에서
루터는 어거스틴의 가르침과 크게 다르지 않았다.

1525년 루터는 에라스무스에 맞서서, 『의지의 노예』를 발표했다.
루터가 가졌던 가장 중요한 성경적 인간론은 인간 이성의 무한한 발
전 가능성에 대한 낙관론과는 정면으로 대립될 수 밖에 없었다. 루터
는 에라스무스와는 전혀 다른 해결책을 제시하였다. 이 책 10장에서
더 자세하게 이 논쟁을 다루게 될 것이다.

중세시대에는 칭의가 발생하는 방식에 대해서 강조하면서, 인간
이 의롭게 만들어져 나가는 과정을 중시했다. 칭의를 따로 구별하지
않고, 중생과 성화의 개념을 포괄적으로 혼합한 것이다. 특히 트렌

---

20 *D. Martin Luthers Werke: Kritische Gesamtausgabe* (Weimar: Böhlau, 1883-), 56:272,3-
21. 영어 번역본을 참고할 것, *Luther's Works* (St. Louis: Concordia, 1974), 25:260.

트 회의에서 선포한 갈라디아서 5장 6절에 대한 해석에서 완전히 드러난다. 로마가톨릭에서는 "사랑으로 역사하는 믿음"을 강조하였는데, 이것은 완전히 잘못된 성경해석이었다.[21] 칭의란 인간이 선행을 통해서 의롭게 되어져가는 과정이 아니다. 종교개혁자들은 중세 신학과는 완전히 다르게 하나님의 은총의 선언이라는 점에 주목했다 (창 15:6; 롬 1:17; 4:3-5).

인간의 본성이 악하다는 점에 주목했던 칼빈은 "전적 부패"를 강조하면서, 의로움은 오직 밖에서 우리를 위해서 죽으신 그리스도의 의로움에서만 주어진다고 역설하였다.[22] 칼빈은 칭의라고 하는 것은 믿음으로 성령을 통하여서 그리스도와의 연합됨이라고 강조하였다. 성도들이 그리스도와의 접붙임의 결과로 칭의와 성화를 얻는다. 칼빈은 인문주의 기독교와는 전혀 다른 방향을 제시하여 혼란스러운 칭의론에 큰 공헌을 남겼다. 에라스무스의 인문주의에 영향을 깊이 받은 츠빙글리와 마틴 부써는 강력한 도덕주의 칭의론으로 발전하였다.[23]

칼빈은 루터와 똑같이, 믿음이란 그리스도를 받아들이는 그릇과 같다고 보았다. 이 그릇은 그 안에 담긴 보물과는 비교할 수 없다. 가치가 큰 것은 그릇 안에 담긴 그리스도이다. 믿음은 칭의의 도구이자 수단적인 요소이다. 칭의는 그리스도에 의한 것이요, 그리스도와의

---

21  Moises Silva, *Interpreting Galatians* (Grand Rapids: Baker, 2001), 165-67.

22  Calvin, *Institutes of the Christian Religion*, III.xi.7.

23  Alister McGrath, "Human Elements in the Early Reformation Doctrine of Justification," *Archive für Reformationsgeschichte* 73(1982): 5-30.

연합에서 나오는 필연적인 결과이다.[24]

종교개혁자들의 칭의론을 목회적으로 쉽게 적용하면 어떤 교훈을 얻을 수 있을까?

첫째, 우리들은 하나님의 의로우심을 엄중하게 인식하는 마음을 가지게 된다. 다시 말하면, 내가 하나님 앞에서 얼마나 중한 죄를 범했으며, 그 범위가 어디까지 이르렀는지에 대한 깨달음을 갖게 되는 것이다. 자신의 죄를 너무나 가볍게 생각하던 마음을 반성하고 회개하게 된다. 칭의론에 대해서 필요성조차도 못 느끼면서 신앙생활하던 우리들이 이 교리를 통해서 큰 깨우침을 얻게 되는 것이다.

둘째, 하나님의 의로움을 얻게 되었다는 확신은 좋지만, 이것이 지나치게 되면 바리새인들과 같은 도덕적 우월주의자가 될 수 있다는 점에 유의해야 한다.

남에 대해서 개혁을 외치면서, 남에게 돌을 던지는 자는 과연 얼마나 순수하고 의로운 자인가?

그런 자격을 갖춘 사람이 과연 지구상에 있을까?

개혁주의 정신을 가졌다고 자부하면서도, 다른 교단이나 다른 목회자들에게 대해서 비판에만 열을 올리는 것은 우월주의적인 태도에 빠져버린다. 자신의 수준 높은 영적 성취를 과신하는 성도는 바리새인들의 심리구조와 동일하게 다른 사람에 대해서 정죄하고, 심판적이고, 판단을 내리는 자리에 서게 된다.

이런 태도는 성경에 따라서 공개적으로 논의하고 고쳐나가려는

---

[24] J. Todd Billings, *Union with Christ: Reforming Theology and Ministry for the Church* (Grand Rapids: Baker, 2011), 95.

개혁주의 정신과는 다른 것이다. 그런데도 한국교회 일부 지도자들, 목회자들, 성도들은 자기 자신에 대해서 철저하게 반성하는 일은 도외시하고, 명예욕과 물질욕에 빠져있음에 대해서는 도외시해 버린다. 교회들마다 지나친 세속화된 경쟁의식에 휩싸여 있으며, 개교회주의에 빠져있는 것도 의식하지 못하고 있다. 각 교회가 전도와 양육 활동을 하거나 예배와 선교사역 등 핵심적인 목양활동들을 전개하면서도 이기적인 양적 성장에만 초점을 맞추고 있는 것이다.

셋째, 인간 본성의 부패상을 뼈저리게 깨우치지 못하게 되면, 결국 성경적인 메시지가 사라지고 자기만의 성취에 도취해 버린다. 개교회주의 빠져서 자기 교회만을 최고라고 내세우려고 하고, 자신의 입장을 정당화하려고 하며, 목회적 성공을 추구하는 상업주의마저도 분별하지 못한다.

한국교회 성도들은 종교개혁자들의 메시지에 경청해서 과연 우리가 누구인가를 겸허하게 되돌아보아야만 한다. 부패한 인간의 본성에 대해서 예민하게 제시했던 종교개혁의 정신에 귀 기울여야 한다. 그 어느 누구도 예외적일 수 없다는 개혁자들의 성경적인 인간론을 뼈저리게 받아들여야만 한다. 종교개혁은 성직자 중심주의와 성례주의의 허상을 깨고, 인간의 본성과 본질에 대한 엄숙한 재발견이었다.[25]

16세기 유럽의 종교개혁은 기독교 신앙의 갱신만이 아니라, 삶에 엄청난 변화를 가져왔다. 죽은 것과 다름이 없던 중세 로마가톨릭교

---

25  J. Stafford Carson, "Pastoral Implications of the Doctrine of Justification," in *Justified in Christ*, ed. K. Scott Oliphint (Ross-shire: Mentor, 2007), 177-178.

회로부터 기독교 신앙을 되살려내었고, 이로 인해서 민주주의와 자본주의 정신이 발현되게 하는 등 인류 역사의 대전환이 일어났다. 처음에는 무수한 박해 속에서 순교자들이 속수무책으로 짓밟혀서 거의 소멸되어지는 것 같았다. 그러나 종교개혁자들은 수난을 당하면서도 포기하지 않았고, 그들이 부르짖은 진리가 살아서 성도들의 심령 속에 새 힘을 불어넣었다.

## 3. 건강한 가정의 회복

종교개혁의 첫 세대는 엄청난 박해와 오해가 난무하는 가운데, 종교적인 관행과 사회적인 관습을 혁파하는 개혁을 감행했다. 그 누구도 잘못을 인정하지 않으려 했으나, 루터는 하나님의 말씀 앞에서 기존 질서의 허망한 속내를 파헤쳤다. 독신주의를 철폐하고, 새로운 세상으로 개혁하는 변화의 상징이 바로 성직자들의 결혼이었다. 루터가 성직자로서 처음 결혼한 사람은 아니다. 비텐베르크에서 그의 동료들이 먼저 결혼하기 시작했다. 다시 말하면, 루터와 종교개혁자들은 사회혁신을 일궈낸 인물들이었다.

하나님의 말씀이 선포되고 들려져야 하는 곳은 오직 교회 안에서만이 아니다. 가정의 회복과 가정 내에서도 하나님의 음성이 울려 퍼져야만 한다. 성경에 따르기보다는 유명한 성자들이 세운 엄밀한 독신주의는 오랫동안 거룩함과 성화의 비결이라고 주장하였다. 결혼을 금지하고, 독신주의와 금욕주의를 강조한 것은 중세 로마가톨릭교회가 율법적인 구원론에 매달려있었기 때문이다. 곧 예수 그리스도의 복음을 오해하고, 곡해하였던 것이다.

믿음의 눈으로 바라보면, 그리스도는 어두움의 권세를 이기신 승리자이다. 에덴동산에서 실패한 아담으로 인해서 사망이 왔지만, 예수 그리스도 안에서는 생명과 부활이 주어졌다. 예수 그리스도 십자가는 사람이 생각하던 모든 것들과 정면으로 배치되는 길이다. 반대로 유대인들에게는 율법에 따라서 모든 행위를 유지해 나간다면 구원을 얻게 되리라고 강조한다. 그러나 예수 그리스도의 복음은 사람의 행위와 선행에 좌우되는 것이 아니라는 값없이 주신 믿음으로 인해서 그리스도의 의로움을 성도의 것으로 전가받는다고 가르쳤다.

결혼과 건전한 가정은 성경 전체에 풍성하게 담겨있다. 남녀를 지으신 하나님의 뜻은 에덴동산에서 이미 강조된 바 있다. 수도원의 독신주의와 금욕주의가 성경에서 나온 것이 아니라는 사실을 루터는 철저히 파헤쳤고, 모범적인 결혼생활로 입증했다. 독신주의와 금욕주의 등 엄격한 생활규칙만으로는 사회적으로도 유익한 봉사를 할 수 없다는 것을 깨우쳤다.

비텐베르크 어거스틴파 성직자들과 동료 교수들이 결혼식을 올리는 사람들이 점차 늘어났지만, 루터는 결혼할 생각이 없었다. 그는 1521년에 보름스의회에서 이단으로 정죄를 당했기에 불명예스러운 죽음을 맞이할 것이라고 예상하고 있었다. 독일에서는 농민들의 반란이 확산되고 있어서, 혼란스러웠다. 여성을 유괴하는 것은 법으로 금지하고 있었지만, 수녀원에서는 많은 여성들이 사라지고 있었다.

루터는 뜻밖의 사건에 연루되었고, 결국 계획에도 없었던 결혼을

제4장 | 개혁의 비전과 성경의 권위회복   95

루터의 아내, 캐터린 폰 보라. 크라낙의 그림, 누렘베르크에 소장되어있음

루터의 친필 글씨, 레스투루스 목사에게 보냄, 1524년. 결혼해서 가정을 꾸려야 하는 가에 대해 논의함. 원본은 미국 필라델피아 프레데릭 드리어가 소장하고 있음.

하게 된다. 1523년 부활절 저녁이었다.

시토 수녀회에 소속된 마리엔트론 수녀원을 탈출하려는 여성들을 만나게 된 루터는 자신의 마차에 숨겨서 독신주의의 굴레를 벗어나 자유롭게 살아가도록 도와주었다. 구출된 수녀들은 모두 아홉 명이 었는데, 그 중 여덟 명이 비텐베르크로 찾아왔다. 그녀들은 시당국의 협조 하에 한명만 남기고 모두 결혼하게 되었다.

아직 결혼하지 않고 남아있던 수녀 한 사람은 암스도르프에게 소개되었고, 루터는 처음부터 전혀 결혼할 의사가 없었다.

로마가톨릭에서 정죄당한 루터가 결혼을 하게 된다면, 평생 낙인이 찍혀서 어려움을 겪게 될 것이었다. 그들은 마귀의 앞잡이라고 비난하려들 것이다. 그러나 그 수녀가 처음 시도했던 결혼 과정에서 실패하게 되자, 잘 보살핌을 받은 것에 대한 감사를 표현하고자 했다. 당시 이런 과정을 곁에서 지켜보았던 비텐베르크 성 마리아 교회의 목회자 요한네스 부겐하겐은 엄청나게 힘든 과정이었다고 증언하였다.

비텐베르크대학교에서 1508년부터 가르친 이후로, 루터는 자신의 주변에서 벌어지고 있는 성직자들의 이야기들을 아버지에게 자주 상의 드렸다. 결혼문제에 대해서도 역시 아버지에게 찾아가서 신속하게 상의를 드렸다. 그런데 루터의 아버지 한스는 아들의 이야기를 들은 다음에, 심각하게 결혼을 서둘러서 하라고 적극적인 격려를 아끼지 않았다. 이에 따라서 루터는 결혼에 대해 긍정적으로 마음을 바꾸게 되었다.

1525년 6월 27일, 42세의 신랑 루터와 26세의 수녀 카타리나 폰 보라(Katherina von Bora)가 성 마리아 교회에서 예식을 올렸다. 이 두 사람은 행복한 가정생활을 유지하다가, 같은 해에 하나님의 부르심을 받아서 사망했다. 활기차고 잘 인내하며 매우 능력이 넘쳤던 카타리나는 행복한 가정을 만들어낸 현명한 여인이었다. 후대의 개신교 목회자들이 영향을 받을 만한 모범된 가정생활을 꾸렸다.

마틴 루터 부부는 여섯 자녀를 낳으며 매우 행복하게 살았는데, 그 중에 두 명은 어려서 사망했다. 네 명의 자녀들이(막달레나, 폴, 엘리자베스, 한스) 생존했다. 루터의 아내는 집안에 찾아오는 방문자들과 친구들과 학생들을 위해서 많은 수고를 감당하여 항상 식탁의 즐거움을 나눴다. 이 두 사람은 성직자들의 강요된 독신주의가 왜곡된 것임을 생활로서 입증했다.

비텐베르크에서 수도사와 수녀의 결혼이 시작된 것은 많은 의미를 함축하고 있다. 로마가톨릭에서는 종교개혁자들이 결혼하기 위해서 전통교회를 이탈한 것이라고 비난하고 있다. 그러나 독신주의를 고집하는 로마가톨릭교회의 성직자들이 동성애를 한다거나, 청소년들을 성적인 노리개로 삼아서 욕망을 채우는 일들로 인해서 비극적인 결과들이 빚어지고 있다. 루터와 그의 동시대의 종교개혁자들은 낡은 관행과 잘못된 관습을 과감하게 수정하고, 하나님께서 아담과 이브에게 주셨던 가정을 회복하였다.

낡은 관행을 혁파하는 루터의 고뇌에 찬 행동들을 몇 가지 예로 들어서 설명했다. 집요한 로마교황청의 압박에도 불구하고, 종교개혁자들은 결코 굴복하지 않았다. 때로는 희생적인 신앙생활을 지속하였다. 루터는 외부에서 밀려들어오는 비난과 가정 내부에서 겪는 아픔도 이겨내야 했다. 1542년 큰 딸 막달레나의 죽음으로 깊은 마음의 상처를 입었다. 그 후로 자신의 건강이 매우 악화되었다.

그렇다면, 우리 한국교회는 지금 어떠할까?

무감각하게 반복하는 관행들이 없는가?

총회와 교단들을 통해서 집행되는 각종 조직들과 기금들을 철저히 반성해야만 한다. 한국교회의 세속화된 타락상이 자주 매스컴에 보도되고 있기 때문이다.

개인적인 비리와 윤리적 부도덕함이 지속적으로 고발되고 있는데도, 전혀 아랑곳 하지 않고 있는 일부 지도자들은 과연 기독교인이라고 할 수 있을까?

회개하지 않는다면, 어찌될까 두렵기만 한다.

사도 바울은 디모데에게 "전심전력하여 성숙함을 모든 사람에게 나타내라"(딤전 4:5)고 강조하였다. 성숙한 지도자의 모습은 "먹을 것과 입을 것이 있은즉 족한 줄로 아는 것"(딤전 6:8)이다. 돈을 사랑하지 않고, 높은데 마음을 두지 않으며, 흠도 없고, 책망 받을 것도 없는 일군이 되어서 명령을 준수하는 것이다(딤전 6:14). 성도들이 마음에 불편하게 생각하는 목회자의 일탈 행동들이나, 교회 재정의 잘못된 집행 등이 가능하게 된 것은 왜곡된 관례에서 빚어진 일들이라고 할 것이다.

# 제5장
## 만성절과 미신적인 기적 신앙

중세 말기의 로마가톨릭은 부패한 관습과 거짓된 관행으로 점철되어 있었다. 그 어둠이 짙어져서 도저히 무엇이 참이고 무엇이 거짓인지 구별조차 할 수 없게 되었다. 로마 교황청에서 시행하는 기독교적인 행사들과 업무들은 모두 다 세속적인 이익에만 몰두한 것들이었다. 타락하고 방탕하게 흐르고 있던 관행들에 대해서 루터는 심각한 문제 의식을 표출하게 된 것이다.

루터가 95개 조항을 내게 된 것은 만성절(All Saints' Day, 모든 성자들의 날)과 관련되어져 있다. 루터가 살던 시대에, 이 만성절 날은 로마가톨릭에서 성자들의 유품과 유물에 대해 합당한 존경을 표시하면, 기적적인 사건이 벌어진다면서, 신비적인 치유에 대해 강조하는 날이었다. 심지어 지금까지도 대부분의 가톨릭 국가에서는 별다른 생각 없이, 11월 1일을 국가 공휴일로 성대하게 지키는 큰 절기이다. 지금도 프랑스와 이탈리아 등 가톨릭이 국교처럼 오랫동안 영향력을 발휘하고 있는 나라와 영국성공회를 신봉하는 국가에서는 공휴일로 지키고 있다. 루터파교회에서도 만성절은 지켜내려 오고 있다.

## 1. 근거 없는 기적 신앙

만성절은 전혀 성경적인 근거가 없는 날이다. 그러기에 궁색하게도 성경에 나오는 기적 이야기를 인용하여서 이 날의 미신적인 관행을 정당화하려고 하였다. 로마가톨릭에서는 요한복음 5장에 나오는 베데스다 못에서 일어나는 기적을 예로 들었다. 예루살렘에 가면 두 개의 연못이 있었다. 하나는 실로암 못이고, 다른 하나는 베데스다이다. 두 개의 샘물 중에서 베데스다는 성 안과 밖으로 오가면서 기르던 동물들에게 물을 먹이는 장소였다. 여기에는 가끔 벌어지는 기적 때문에, 갖가지 병자들도 모여 들었다.

> 이는 천사가 가끔 못에 내려와서 물을 움직이게 하는데 움직인 후에 먼저 들어가는 자는 어떤 병에 걸렸든지 낫게 되었다 (요 5:4).

하나님의 직접적인 간섭과 은혜를 체험하려는 사람들이 모여 있던 곳이었다. 예수님 당대에도 베데스다 연못에서는 기적적인 일이 일어났듯이, 로마가톨릭에서는 현세 교회에서도 벌어진다고 선전하였다. 그런 기적이 벌어지는 날이 바로 11월 1일이라고 가르쳐 온 것이다. 성경에 나오는 베데스다의 기적 이야기와 11월 1일은 아무런 연관성이 없다.

그러나 가난하고 병든 자들, 육신의 문제로 신음하는 자들은 기적을 꿈꾸며 앞 다투어 교회당으로 몰려들었다. 기적은 그냥 일어나는 것이 아니라, 성자들에게 찾아가서 맨 먼저 기도해야만 일어난다고 가르쳤다. 각 지역교회마다 기적의 도구들이 있으니 우리 교회당으로 오라고 자랑했다. 자기 교회만이 가지고 있는 성자들의 유물과 유품들을 보관하고 있다고 앞 다투어 홍보했다. 각 교회마다 자랑하는 가짜 유물과 성자들의 유품들이 무려 수만 종류에 이르렀다.

신통력과 기적에의 헛된 소망을 불어넣은 만성절은 성경에 전혀 그 근거가 없다. 예루살렘 양문 밖 베데스다 못에서 일어난 기적과 같은 것이 일어난다고 하는 로마가톨릭의 주장은 아무런 비판도 제약도 없이 시행되어졌다. 천사가 가끔 내려와서 물을 동하게 만들면, 가장 먼저 들어가는 자에게 치유의 기적이 일어났다.

이처럼 기적을 체험하려면 다른 사람보다 더 먼저 교회당 안에 들어와야 한다고 가르쳤다. 먼저 성당 안에 들어가서 유물 앞에서 기적을 기도하는 자에게 기적적인 해결의 축복을 주신다는 것이다. 그러나 성경에 나오는 이야기는 이와는 달랐다. 즉, 장애를 가진 성도가 다른 사람들보다 행동이 느려서 물속에 미처 뛰어들어가지 못하였더라도, 예수님을 만나서 병을 고침받았다는 말은 설명하지 않았다.

지금도, 기독교인들은 하나님의 기적과 치유와 초자연적인 간섭을 믿는다. 하지만, 하나님의 초자연적 개입으로 발생하는 기적적인 사건들이 어느 한 날짜에 맞춰서 일어난다는 것은 기계적인 발상이다.

어떻게 전능하신 하나님의 권능을 어느 날짜에만 한정시킬 수 있을까?

이런 생각들은 별로 반성 없이 관행적으로 내려오고 있었다. 결국 성경적으로 생각하지 않았던 사람들의 맹신주의가 빚어낸 일이다.

또한 그 어디에도 만성절의 역사적 근거가 확실하게 나오지 않았다. 누가 어디서 어떻게 이 날을 지켜왔는지에 대해서 알려주는 자료가 분명치 않다. 9세기경에 순교자들을 기리는 날로 지켰다는 것인데, 그것도 확실한 자료는 없다. 따라서 이런 날에 기적이 발생한다고 말하는 것은 믿기 어려운 일이다.

모든 성자들의 날이란 사실상 아무런 의미도 없는 날이었다. 성경에서도 전혀 근거를 찾아볼 수 없고, 유대교적인 배경에서 나온 신앙적인 전통에서도 찾아볼 수 없었다. 예수님과 제자들을 조각해 놓고 섬기던 것도 아니고, 마리아의 동상을 만들어 놓고 "아베 마리아"라고 하면서 자비를 구하는 것도 전혀 성경에서 찾아볼 수 없는 미신 숭배이다.

종교개혁 시대를 살았던 프리드리히 미코니우스는 『종교개혁의 역사』라는 책에서, 루터의 공헌에 대해서 극찬하였다. 마치 하늘에서 천사들이 나와서 95개 조항을 독일 전 지역으로 빠르게 확산시켰다고 증언한 바 있다. 루터 자신도 이들 95개 조항들이 다른 어떤 자신의 책들보다 널리 전파되었음에 놀라워했다. 한 달 안에 거의 유럽의 전 지역으로 널리 퍼졌다.

## 2. 성자들의 유품에서 나오는 신통력?

만성절에 대한 역사적 근거는 매우 모호하고 불분명하다. 이날을 기념하여 거행하는 형식도 동방정교회, 슬라브정교회, 로마가톨릭교회, 영국성공회, 루터파교회가 각각 다르다. 대체로 만성절은 순교자들에 대한 기념축일이 변질된 것으로 추정된다. 초대교회는 기원후 4세기경부터 디오클레시안 황제의 박해로 인해서 순교한 분들에 대해서 기념하는 절기를 지켜왔다.[1] 기원후 397년 가이사랴의 바실이 본투스 지방의 감독들에게 순교자들의 축일을 추천하였다.

순교자들을 기념하는 감사의 기도와 함께, 차츰 축일의 형태가 지역적으로 발전해 나갔다. 크리소스톰의 설교에서는 오순절 성령강림 주일 바로 다음 금요일이나, 혹은 주일에, 5월 13일에 지켰다고 한다. 8세기경, 동방정교회에서는 이날 밤에 무덤에 찾아가서, 촛불을 환히 밝혀놓기도 했다.

그러나 만성절을 완전히 새롭게 탈바꿈 한 사람은 교황 그레고리 3세(Pope Gregory III, 731-741)였다. 그는 날짜를 바꿔서 11월 1일로 옮기고, 대폭적으로 내용도 추가했고, 새로운 의미를 부과했다. 그레고리 3세는 이 만성절 날을 사도들과 모든 성자들과 순교자들과 의로운 신앙고백자들의 유품들이 전 세계에 남아 있는 성도들에게 의로움을 가져다주는 날이라고 선포했다.[2]

루터는 교황 그레고리 3세의 선포와 그 후에 발전된 관행들이 허망한 것임을 깨닫게 되었다. 죄의 문제를 해결하기 위해서 성경의 교훈들과 씨름해오던 젊은 수도사 루터가 그냥 넘어갈 수 없었던 사건

---

1 Martin E. Marty, *Lutheran questions, Lutheran answers: exploring Christian faith* (Minneapolis: Augsburg Fortress, 2007), 127: "All Lutherans celebrate All Saints Day, and many sing, 'For all the saints, who from their labors rest…'"
2 "All Saints' Day," *The Oxford Dictionary of the Christian Church*, 3rd edition, ed. E. A. Livingstone (Oxford: Oxford University Press, 1997), 41-42.

이 눈앞에서 벌어졌다. 1517년 10월 31일 날, 자신이 교수로서 가르치던 곳에서 면죄부 판매가 엄청나게 성업하고 있었던 것이다. 그날 엄청난 사람들이 몰려들어와서, 바로 그 다음 날 일찍 교회당에 들어오려고 운집해 있었다.

매년 10월 31일 날에는 엄청난 사람들이 비텐베르크대학교의 "성벽교회" 앞에서 모여들었다. 중세시대 로마가톨릭교회는 매년 11월 1일, 만성절을 매우 중요한 날로 지켜왔다. 가장 먼저 11월 1일에 벌어질 기적을 맛보기 위해서는 하루 전날부터 예배당 입구에서 기다려야만 가능한 일이라서 한꺼번에 몰려온 엄청난 인파가 모여들었다.

그렇다면 왜 하필이면 이 날에 엄청난 사람들이 모여들었던가?
과연 이날이 어떤 날이었던가?

그레고리 3세의 선언에 따라서, 중세 로마가톨릭교회에서는 매년 11월 1일을 만성절로 지켰다. 루터가 섬기고 있던 비텐베르크대학교 교회에도 그 전날에 엄청난 사람들이 모여들었다. 모든 성자들의 날에 아침 일찍 예배당에 들어가서 진열된 성자들의 유품과 유물을 대면하여 기도를 하고 있으면, 신통한 기적이 이루어진다는 미신적인 신앙이 널리 퍼져있었기 때문이다. 만성절 날에 먼저 들어가고자 사람들을 앞을 다투어 하루 전날부터 교회 앞마당에 몰려들었다.

로마가톨릭에서 11월 1일을 만성절이라고 해서 기다렸던 것은 성자들의 유품과 유물들이 신통력을 발휘하여 특별한 기적이 일어나는 날이라고 가르쳤기 때문이다. 로마가톨릭교회에서는 성자들과 순교자들의 유물과 유품이 신통력을 발휘한다는 미신적인 기적신앙

이 퍼져나갔다.³

프리드리히 3세는 비텐베르크 성벽교회당에다가 수많은 유품들을 모았으며, 남달리 신통력이 있다는 특별한 유품 목록을 자랑스레 선전하였다. 이처럼 여러 유품들에 대한 홍보 및 과시 현상은 당시 어느 가톨릭교회당에서나 동일했다. 필자가 비텐베르크대학교교회에서 가져온 자료에 의하면, 루터가 95개 조문을 내걸던 당시에 자랑하던 유품목록이 있었다.

예수님의 유품들은 세 가지가 있다고 하였는데, 예수님이 베들레헴에서 태어나자마자 입었던 옷조각, 누워있던 구유에 묻어있던 밀겨 조각, 십자가에 달릴 때에 양손과 양발을 포개어서 모두 3개의 못이 사용되었는데, 그중에 하나다. 동정녀 마리아의 유물로는 머리카락 3개와 모유가 있다고 홍보했다. 성자들의 유품 중에서는 성 히에로니무스(제롬)의 이빨 1개, 모세의 떨기나무의 한 가지, 성 안나의 엄지손가락 등이다.

1518년까지 프리드리히는 이런 유품들을 무려 19,000여 점이나 수집했다.⁴ 돈을 들여서 귀하게 이 유품들에 공경을 표시하면, 경건하고 부지런한 성도들에게는 고해성사와 같이 간주되었다. 면죄부를 구매해서 연옥으로부터 구출되는 효력을 얻을 수 있다는 것이다.⁵

---

3  Helen Parish and William G. Naphy, eds., *Religion and superstition in Reformation Europe* (Manchester and New York: Manchester University Press, 2002).

4  Martin E. Marty, *Martin Luther: A Life* (N,Y.: Penguin, 2008), 18.

5  Geoffrey Parker & Caleb Carr, "Martin Luther Burns at the Stake, 1521," in Robert Cowley. *The collected What if ?: eminent historians imagining what might have been* (New York: G. P. Putnam's Sons, 2001), 511.

만성절을 지키기 위해서 많은 시골 사람들이 교회 앞마당으로 모여들었다. 약 2천여 명이 살던 비텐베르크에는 무려 6천여 명이 몰려들었다. 수많은 사람들이 운집하자, 마치 백화점이나 시장처럼 분비는 것처럼 그런 복잡함 속에서 테첼(Johann Tetzel)이 열렬하게 면죄부를 판매하고 있었다. 교회의 앞마당과 같은 거룩한 장소에서 아예 판을 크게 벌려놓고 사람들을 속이고 있었다.

루터는 어리석은 성도들에 대한 동정심과 연민을 금할 수 없었다. 그는 성경적으로 모순된 주장을 하는 면죄부 판매의 허상을 낱낱이 지적할 수 있게 되었다. 그야말로 루터는 목회적 동기에서 성도들을 염려하는 마음으로, 그리고 학생들을 바르게 지도할 목적으로 95개 조항의 조항을 가지고 토론하려고 제시하였다.

## 3. 면죄부 판매의 가증스러운 실상

중세 말기에 확산된 면죄부 발행과 판매는 서서히 오염물질에 물들어가면서 부패된 음식과 같았다.

어떻게 돈을 받고 면죄부를 공공연히 판매할 정도였을까?

면죄부를 거래할 정도로 교회가 왜곡될 수 있었을까?

그런 일이 지금도 어느 곳에서 일어나는 것은 아닐까?

오늘날의 관점에서 보면, 다소 나아지리라 생각되지만, 여전히 로마 바티칸에서 들려오는 소식들은 의문점이 많다. 면죄부를 쉽게 이해하도록 돕기 위해서 한국사회에 비쳐서 설명하자면, 마치 부적이나, 마귀를 퇴치하는 물품이나 물건을 사는 심리와 같은 일이다. 중세시대에 수백 년에 걸쳐서 점점 더 변질되고, 관행으로 굳어지다가 점차 더 타락하고 말았다.

면죄부 제도는 1343년 교황 클레멘트 6세가 발표한 교서(*Unigenius*)를 통해서 합법화되었다. 그 이전부터 시행되어 오던 것을 합법화하는 발표문이었다. 즉, 경건한 기독교인들이 교회가 베풀어 주는 자선에 대해 고마움을 표시하고자 드리는 일종의 감사 표시라고 규정되어있다.

면죄부 제도는 한걸음 더 악용되는 쪽으로 변질되어갔는데, 1476년 라이문드 페라우디가 죽어서 연옥에 있는 사람들에게도 효력이 발생한다고 이용 가능성을 확장시켰다. 당시 교황은 이를 받아들여서 연옥과 면죄부를 연결시키는 조서를 발표했다. 처음에는 연옥과 면죄부는 아무런 상관이 없던 곳이었는데, 이 교서가 발표된 이후로 폭발적으로 면죄부가 판매되었다.

레오 10세가 1515년에 발표된 교서(*Sacrosanctis*)에 의해서 다시 한번 합법적으로 공포되었다. 이탈리아와 프랑스는 말할 필요도 없고, 독일이나 영국에서도 교회기관이나 병원들은 면죄부 판매금액이 없이는 운영이 불가능할 정도였다. 결국 면죄부의 정당성은 교황권의 권위에 관련되어 있었다. 교황 무오설을 주장하는 한, 로마가톨릭의 교황은 마치 전능자의 지위에 올라있은 자가 되어서 무엇이든지 할 수 있고, 얼마든지 가능하다.

로마서를 통해서 사도 바울은 값없이 주시는 하나님의 은혜로 용서함을 받은 죄인이라고 설명해 주었다. 루터는 바울의 칭의론에서 큰 감동을 받았고, 어거스틴의 은총론을 통해서 확신을 갖게 된다. 루터는 거짓된 면죄부 설교에 대해서 강력하게 반론을 제기하였다. 낡은 관행과 굳어진 관습의 진상을 밝히게 된 배경에는 핵심적인 개혁 세 가지 역사적인 요소들이 연관되어 있었다.

첫째, 유럽 전 지역에서 면죄부가 광범위하게 판매된 이유는 로마에 성 베드로 대성당을 거대하고 화려하게 건축하는 자금이 필요했기 때문이다. 13세기부터 유럽에서는 예배당 신축공사가 많아서 목수와 석수들이 넘치고 있었다. 교회의 건축은 중세시대에는 국가적으로 중대한 최대 역점 사업이요, 군주들과 귀족들의 중요한 재정확충 방안이요 권력의 신장을 과시하는 수단이었다.

교황 레오 10세(1475-1521)는 로마의 베드로 대성당에 연계된 외곽 회랑을 거대하게 증축해서 자신이야말로 그리스도의 지상 대리자로서 더욱 영광스러운 지위를 확보하려고 했다. 건물을 짓는 데 필요한 비용은 당시에도 엄청난 금액이었다. 이것을 마련하기 위해서 면죄부를 발행을 권장하고, 매관매직을 서슴지 않았으며, 심지어는 비밀리에 수익금의 일부를 지역 판매자에게도 나눠주기로 했다.

둘째, 독일 비텐베르크 지역에서는 면죄부 판매 이권을 놓고서 보이지 않는 경쟁과 갈등이 표출되었다. 비텐베르크의 선제후라는 정치적 지위를 소유하고 있던 프리드리히 3세는 작센지방에서 작은 영지를 지배하고 있었다. 그는 큰 지역을 지배하던 강력한 경쟁자들, 마그데부르크의 대주교 알브레이히트와 그의 형제인 브란덴부르크 후작 가문과 대립하고 있었다.

1514년 선제후가 될 수 있는 마인쯔의 대주교 자리가 공석이 되었다. 이곳에 군주와 대주교직을 차지하게 되면, 황제를 선출할 수 있으며 고문으로 취임하여 막강한 영향력을 행사할 수 있게 된다. 이런 야망을 달성하기 위해서 알브레히트는 면죄부 판매를 통해서 막대한 자금을 모아서 교황에게 지불하고 정치적 거래를 성사시키려 했다. 면죄부 판매에 탁월한 설교자들을 동원했다.

셋째, 루터를 격분시킨 것은 테첼의 일행이 벌이는 교묘한 설교 행태였다. 만성절을 지키기 위해서 사람들이 많이 모여들자, 그들의 군중심리를 활용하여 면죄부를 판매하는 변칙된 상업행위가 버젓이 진행되었다. 테첼이 비텐베르크에 나타났는데, 그는 사람들의 마음을 흥분시켜서, 앞 다투어 면죄부를 구입하게 하였다. 루터가 가장 고뇌하던 부분이 바로 돈으로 사면권을 구입한다는 허황된 신앙의 확산이었다. 그는 테첼이 면죄부를 판매하면서 사람들의 심리상태를 움직이는데 탁월한 솜씨를 발휘하고 있음에 탄식하였다.

수천 명의 군중을 사이로 다니면서, 테첼은 죽음에 대한 불안과 연옥을 벗어나는 방법에 대한 묘사를 통해서 군중심리를 움직이는 능력이 매우 탁월했다. 테첼의 "땡그랑! 돈이 떨어지는 소리가 들르는 즉시, 연옥에 있던 영혼이 하늘나라로 튀어 오른다"라는 설교는 공포심을 조장하여 설득하는 기교를 발휘하면서, 면죄부 판매 수익금은 훨씬 늘어났다.

성도의 선행과 공로에 대해서 강조하는 구원론과 교황의 사면권을 옹호하는 교회론이 뒤엉켜서 혼돈의 극치를 이루고 있다. 루터는 구절을 95개 조항에서 인용하여 비판하였다. 성경에는 전혀 근거가 없는 교황의 사면권은 이처럼 엉터리 설교사들의 판촉 수단으로 변질되어 버렸다. 95개 조항에서 지적된 것들은 훗날 루터가 작성한 스말칼트(Smalcald Articles, 1537) 신앙고백에서도 더 분명하게 비판되어있다. 그는 "인간의 어떤 선행이나, 율법이나, 공로에 의해서 얻어질 수 없다는 점을 분명히 믿어야만 한다"고 주장했다.

> 교황이 판매하는 면죄부를 포함해서, 어떤 인간의 공로라 하더라도 죄를 감소시켜 주거나, 하나님의 면전에서 인간에게 호의를 베풀 만큼의 가치 있는 것으로 간주될만한 것은 없다.

한 걸음 더 나아가서, 이 신앙 조항이야말로 "하늘과 땅, 그리고 그밖에 것들이 멸망되더라도 결코 포기되거나 타협할 수 있는 대상이 아니다.... 이 조항 위에서 교황과 사탄과 세상에 저항하는 우리의 모든 가르침이 기초하고 있다. 따라서 우리는 조금이라도 이 점에 대해서 확신을 가져야 하고, 의심해서는 안된다. 그렇지 않으면, 모든 것이 실패할 것이요, 교황과 마귀와 우리의 모든 대적들이 다시 승리할 것이다"고 단호히 선포하였다.[6]

---

6  Roger E. Olson, *The Story of Christian Theology: Twenty Centuries of Tradition and Reform* (Downers Grove: InterVarsity Press, 1999), 377.

제5장 │ 만성절과 미신적인 기적 신앙  111

루터가 95개 조항을 부착한 비텐베르크대학교 성벽교회 출입문. 루터가 생존하던 시절에는 광고판으로 사용되었는데, 폐쇄하고 95개 조항을 동판으로 새겨넣었다. 십자가의 왼편에 루터가, 오른편에는 멜랑히톤이 받들고 있다.

선제후 프리드리히 3세가 자신의 통치에 대한 자부심으로 야심차게 건축한 이 예배당의 원래 이름은 "모든 성자들 교회"이다.
그런데, 마치 성벽과 같이 높은 첨탑의 위용을 갖추고 있어서, 지금까지도 '성벽교회'라고 불리고 있다. 왼쪽에서 세번째 기둥 아래
출입문에 루터가 95개조항을 내걸었다.

제5장 | 만성절과 미신적인 기적 신앙  **113**

비텐베르크 성벽교회 내부 모습. 정면 중앙에 예수님, 베드로, 바울의 동상을 세워놓았다.
정면에서 왼쪽으로 맨 앞에는 프리드리히 3세가 앉았던 거대한 의자가 놓여있고, 맨 앞줄 양 옆으로 루터와 멜랑히톤의 석관이 안치돼 있다.

비텐베르크 중앙광장. 루터와 멜랑히톤의 동상이 서있다.
오른쪽 높은 첨탑은 루터의 동지였던 요한네스 부겐하겐이 설교하던 성 마리아 교회.
부겐하겐의 도움으로 루터가 이곳에서 결혼식을 올렸다.

# 제6장
## 루터의 95개 조항

　1517년 10월 31일, 정오쯤에 비텐베르크대학교 성벽교회 출입문 광고판에 루터가 95개 조항으로 된 논의 제목들을 꽂아놓은 이유는 지극히 목회적 동기에서 출발한 것이다. 이렇게 조항을 내걸어놓는 것은 토론을 위해서 자주 하던 일이었다. 95개 조항은 교황에 대한 불만을 표출한다거나 대외에 자극적으로 가톨릭교회를 비난하려는 홍보수단으로 선택한 것이 아니다.

　95개 토론 주제들이 기독교 교리를 전체적으로 요약한 것도 아니었다. 가장 핵심은 면죄부의 남용과 오용에 대한 개선책을 강력하게 제안하는 내용이었다. 95개 조항에는 훗날 개신교의 최우선 교리로 강조되는 것들이 나열되어 있지도 않았다. 종종 반박문이라고 표현되는데, 전혀 그런 강력한 비판을 담고 있는 조항들이 아니었다.

　그리고 이런 토론 주제를 알려 주는 것은 학자들 사이에 익숙했던 방법이었고, 전혀 새로운 혁명적 방식이 전혀 아니었다. 루터는 이미 비슷한 조항들을 작성하여 토론한 적이 있었다. 아주 비슷한 글을 쓴 적이 있었다. 1517년 9월 4일, 교수회의 의장으로서 루터는 프란츠 귄터라는 학생에게 "스콜라주의 신학에 반대하는 토론"을 위해서 97개 조항을 발표했었다.[1] 많은 사람들은 이런 글을 루터가 발표한 사실에 대해서 간과해 버린다. 이 글에서 루터는 스콜라신학에 반대하는 입장을 확고하게 표명하였다. 어거스틴의 은총론에 근거하여 루터는 펠라기우스가 강조하던 인간의 의지에 의존하는 구원론을 비판하였다. 이 조항들을 통해서, 루터는 당대 보편적이던 로마가톨릭 신학에 반기를 들었다. 이 글보다는 나중에 나온 95개 조항은 훨씬 부드러운 것이었다. 이 조항들은 이미 루터가 전통적인 신학과 근본적으로 결별했음을 보여주는 결정체이기도 했다.

다시 발표된 95개 조항의 내용을 보면, 그를 이단으로 정죄할 만큼 과격한 내용이란 별로 없다. 로마가톨릭 교단 내부에는 다양한 그룹들이 있었고, 서로 다른 주장들을 놓고서 논쟁을 하곤 했었다. 탁발수도회나 프란시스코 종단에서는 이상주의적인 종말관을 갖고 있었다. 도미니크파와 어거스틴 수도회는 매우 대립되는 입장이었다. 반체제적인 수도사들은 일반 사제들에 비교해 보면, 훨씬 과격하고 위험한 선언을 하였다. 어거스틴파 수도사 루터가 95개 조항에서 주장하는 것들은 그리 엄청나게 새로운 신학사상이 포함되어 있지 않았다.

중세시대 말기에 유럽에서 면죄부 판매는 상당히 오래된 관행이었듯이, 그것을 반대한 사람도 루터가 처음은 아니었다.[2] 면죄부 판매에 반론을 제기한 신학자들이 많았다. 독일에서 경건운동을 주도

---

1 Luther, *Disputation Against Scholastic Theology*, WA, 1:224–28. Lohse, Martin Luther, 30. Henry Eyster Jacobs, *Martin Luther, the Hero of Reformation*, 1483–1546 (N.Y.: Putnam's Sons, 1898), 54–56. W. Robert Godfrey, *Reformation Skeches* (Phillipsburg: P&R, 2003), "The Forgotten 97 Theses," 35–38.

2 Diarmaid MacCulloch, *The Reformation: A History* (N.Y.: Penguin books, 2005), 122.

한 베젤의 요한, 갠스포르트가 면죄부의 오용을 논박했고, 매우 존경을 받았다. 츠빙글리의 스승이자 바젤대학교 교수이던 토마스 비텐바흐 역시 면죄부를 거부했다.[3] 1515년 이후로는 많은 신학자들이 면죄부 판매에 반대하는 입장을 발표하였다.

하지만, 독일 작센에는 새로운 군주가 들어섰고, 루터에게는 평신도 후원자들이 호응하고 동조하게 되면서 그 이전과는 양상이 완전히 달라졌다. 담대하고 힘차게 설교하는 루터는 논쟁에 적극적으로 참여하여 즉각적인 논박과 대응을 주저하지 않았고, 출판을 통해서 자신의 주장에 공감하는 사람들을 설득하였다.[4]

95개 조항은 일부나마 기독교의 가르침을 회복시켰고, 인류 역사의 방향을 바꾸는 계기를 제공했다.[5] 루터는 진정한 회개를 호소하면서, 면죄부의 허상을 고발하고 비판했다. 양심의 호소는 엄청난 파장을 불러일으켰고, 로마가톨릭교회가 자랑하던 교황의 권세가 무너지는 단초가 되었다.

---

3 W. D. J. Cargill Thompson, "Seeing the Reformation in medieval perspective," *Journal of Ecclesiastical History* 25 (1974): 299.

4 Bernd Moeller, "What was Preached in German Towns in the Early Reformation?," in *German Reformation*, ed. by C. Scott Dixon (Oxford: Blackwell, 1999), 33-52. Andrew Pettegee, *Brand Luther* (N.Y.: Penguin, 2015), 53-86.

5 Martin E. Marty, *October 31, 1517: Martin Luther and the Day that Changed the World* (Massachusetts: Paraclete Press, 2016).

## 1. 루터의 95개 조항 전문

진리에 대한 사랑과 열정으로부터 그리고 그것을 밝게 드러내려는 열망에서 아래의 조항들은 문학 석사인 마틴 루터에 의하여 비텐베르크에서 공개적으로 논의될 것이다. 루터는 그곳에서 이 주제들에 대하여 강의를 하도록 공식적으로 임명받은 바 있다. 그는 직접적으로 토론에 참여할 수 없는 자들에게는 서신으로 토론하기를 요청한다. 우리 주 예수 그리스도의 이름으로. 아멘.[6]

1

라 Dominus et magister noster Iesus Christus dicendo 'Penitentiam(Matth. 4, 17) agite c.' omnem vitam fidelium penitentiam esse voluit.

독 Da unser Herr und Meister Jesus Christus spricht : Tut Busse usw.(Matth. 4, 17), hat er gowollt, dass alles Leben der Glaeubigen Busse sein soll.

영 1. When our Lord and Master Jesus Christ said, "Repent" (Mt 4:17), he willed the entire life of believers to be one of repentance.

한 우리들의 주님이시며 선생이신 그리스도께서 회개하라…(마4:17)고 말씀하셨는데 이는 신자들의 전 생애가 참회가 되어야 한다는 것을 의미한다.

---

6 95개 조항을 비교하여 보기 위해서 네 가지 언어로 살펴본다. 1.라틴어 원본: *Disputatio pro declaratione virtutis indulgentiarum*. 1517. (Weimarer Ausgabe, I, S). 233-238. 2. 독일어 번역본: *Die 95 Thesen*. Georg Buchwald, Doktor Matin LUTHER Ein Lebensbild fuer das deutsche Haus. (Leipzig und Berlin: Druck u. Verlag von B. G. Tuebner, 1914), 103-110. 3. 영어 번역본: *An English Translation of the Ninety-five Theses*. (Luthers Ninety-five Theses. (St. Louis, Mo. : concordia Publishing Houres, n.d), 17-35. 4. 한글어 번역은 필자가 이미 출판되어있는 여러 번역들을 참고하여, 현대적 용어로 작성하였음. 영어 번역으로 참고한 곳. 3. 영어 번역본: http://www.luther.de/en/95thesen.html. 4. 한글어 번역은 필자 자신의 것임.

## 2

Quod verbum de penitentia sacramentali (id est confessionis et satisfactionis, que sacerdotum ministerio celebratur) non potest intelligi.

Dies Wort kann nicht von der sakramentlichen Busse verstanden werden, d.h. von dem Akt der Beichte und Genugtuung, der durchs Amt der Priester begangen wird.

This word cannot be understood as referring to the sacrament of penance, that is, confession and satisfaction, as administered by the clergy.

이 말씀은 고해성사, 즉 사제들이 집행하므로 시행되는 죄의 자복과 사면으로 이해되어서는 안된다.

## 3

Non tamen solam intendit interiorem, immo interior nulla est, nisi foris operetur varias carnis mortificationes.

Doch meint es auch nicht nur die innerliche Busse, vielmehr ist keine innerliche Busse denkbar, die nicht zugleich nach aussen wirke allerlei Ertoetung des Fleisches.

Yet it does not mean solely inner repentance; such inner repentance is worthless unless it produces various outward mortification of the flesh.

그러나 이 말씀은 다만 내적인 회개만을 뜻한 것은 아니다. 그럴 수도 없다. 그같은 심적 회개가 육체의 여러 가지 정욕을 외적으로 죽이지 못한다면 그런 회개는 무가치한 것이다.

## 4

Manet itaque pena, donec manet odium sui (id est penitentia vera intus), scilicet usque ad introitum regni celorum.

Daher waehrt auch die goettliche Strafe so lange, als der Mensch an sich selbst Gericht uebt (das ist die waher innere Busse), naemlich bis zum Eingang ins Himmelreich.

The penalty of sin remains as long as the hatred of self (that is, true inner repentance), namely till our entrance into the kingdom of heaven.

자기 자신을 미워하는 기간만큼이나 오랫동안 형벌이 지속될 것이니, 따라서 참된 내적 참회라고 하는 것인데, 이것은 우리가 천국에 들어갈 때까지 지속할 것이다.

**5**

**Papa non vult nec potest ullas penas remittere preter eas, quas arbitrio vel suo vel canonum imposuit.**

Der Papst will und kann keine andern Suendenstrafen erlassen als die, welche er nach seinem oder nach der kirchlichen Satzungen Besinden aufgelegt hat.

The pope neither desires nor is able to remit any penalties except those imposed by his own authority or that of the canons.

교황은 그가 그 직권 혹은 교회법의 위세로 부과한 형벌을 제외하고는 그 어떤 형벌이든지 용서할 권한도 없고, 의지도 없는 것이다.

**6**

**Papa non potest remittere ullam culpam nisi declarando et approbando remissam a deo Aut certe remittendo casus reservatos sibi, quibus contemptis culpa prorsus remaneret.**

Der Papst kann keine Suendenschuld anders erlassen, als indem er erklaert und bestaetigt, dass sie von Gott erlassen sei; ausserdem kann er erlassen in den ihm vorbehaltenen Faellen; denn wollte man in diesen ihn verachten, so bliebe die Schuld voellig unvergeben.

The pope cannot remit any guilt, except by declaring and showing that it has been remitted by God; or, to be sure, by remitting guilt in cases reserved to his judgment. If his right to grant remission in these cases were disregarded, the guilt would certainly remain unforgiven.

교황은 하나님께서 죄를 사하셨다는 것을 선언하거나 혹은 시인하는 이 외에는 어떤 죄든지 용서할 수 있는 권한이 없다. 기껏해야 그는 그 자신에게 주어진 사건들만을 사면할 수 있을 뿐이다. 이런 경우에 있어서도 만일 그의 사죄하는 기능이 업신여김을 당하게 될 때, 죄책은 확실히 그대로 남아 있을 것이다.

**7**

**Nulli prorsus remittit deus culpam, quin simul eum subiiciat humiliatum in omnibus sacerdoti suo vicario.**

Gott vergibt durchaus keinem die Schult, den er nicht zugleich dahin bringt, sich demuetig Gottes Stellvertreter, dem Priester, zu unterwerfen.

God remits guilt to no one unless at the same time he humbles him in all things and makes him submissive to the vicar, the priest.

하나님께서 누구의 죄든지 사면하시면 그 사람으로 하여금 반드시 모든 일에서 겸손하게 만들고 복종하게 하여서, 하나님을 대표하는 권위에게, 즉 성직자에게 지도를 받게 하신다

| | |
|---|---|
| 8 | **Canones penitentiales solum viventibus sunt impositi nihilque morituris secundum eosdem debet imponi.**

Die kirchlichen Bestimmungen betreffs aufzulegender Bussen sind allerin den Lebenden gegeben; nichts darf laut derselben den Sterbenden aufgelegt werden.

The penitential canons are imposed only on the living, and, according to the canons themselves, nothing should be imposed on the dying.

죄를 용서하는 교회법은 오직 살아있는 사람에게만 부과되는 것이며, 사망한 사람에게는 어떤 부담이든지 부과되어서는 안된다. |
| 9 | **Inde bene nobis facit spiritussanctus in papa excipiendo in suis decretis semper articulum mortis et necessitatis.**

Daher tut uns der heilige Geist im Papste darin wohl, dass er in seinen Dekreten stets den Fall des Todes und der aeussersten Not ausnimmt.

Therefore the Holy Spirit through the pope is kind to us insofar as the pope in his decrees always makes exception of the article of death and of necessity.

그러므로 교황 안에서 역사하시는 성령께서는 우리를 위해서 일하시는데, 죽음과 곤궁의 조항을 항상 예외적으로 만드시고, 그의 작정하심 가운데서 자비를 행하신다. |
| 10 | **Indocte et male faciunt sacerdotes ii, qui morituris penitentias canonicas in purgatorium reservant.**

Ohne Verstaendnis und uebel handeln daher diejenigen Priester, welche Sterbenden kirchliche Bussen noch fuers Fegefeuer vorbehalten.

Those priests act ignorantly and wickedly who, in the case of the dying, reserve canonical penalties for purgatory.

그들 사제들이, 사망한 자의 경우에도 연옥에서의 교회법적인 고해성사들을 내세우는 것은 잘못된 것이며 무지하고 어리석은 짓이다. |

|    | |
|----|--|
| 11 | **Zizania illa de mutanda pena Canonica in penam purgatorii videatur certe dormientibus episcopis seminata.**<br><br>Dies Unkraut, dass man kanonische Bussen in Fegefeuerstrafen verwandelt, ist augenscheinlich gesaet worden, da die Bischoefe schliefen.<br><br>Those tares of changing the canonical penalty to the penalty of purgatory were evidently sown while the bishops slept (Mt 13:25).<br><br>교회법적인 형벌들을 연옥의 형벌로 변경시키는 잡초들은 확실히 주교들이 잠을 자는 동안에 심어진 것이라고 보인다(마 13:25). |
| 12 | **Olim pene canonice non post, sed ante absolutionem imponebantur tanquam tentamenta vere contritionis.**<br><br>Dorzeiten wurden kanonische Bussen nicht nach, sondern vor der Absolution aufgelegt, um die Aufrichtigkeit der Reue daran zu pruefen.<br><br>In former times canonical penalties were imposed, not after, but before absolution, as tests of true contrition.<br><br>교회법상에서 내려지는 형벌들이 이전에는 확고하게 먼저 부과되어서, 죽은 후에 부과하지 않고, 진실한 통회를 하게 한 것이다. |
| 13 | **Morituri per mortem omnia solvunt et legibus canonum mortui iam sunt, habentes iure earum relaxationem.**<br><br>Die Sterbenden werden durch ihren Tod von alle dem frei und sind den Forderungen der kirchlichen Satzungen alsbald abgestorben, indem ihnen von Rechtswegen diese Strafen erlassen sind.<br><br>The dying are freed by death from all penalties, are already dead as far as the canon laws are concerned, and have a right to be released from them.<br><br>죽는 사람은 이 세상에서 받을 모든 형벌들을 죽음으로서 다 지불하는 것이며, 교회 법령의 벌칙에서 완전히 자유롭게 해방된다. |

| | |
|---|---|
| 14 | **Imperfecta sanitas seu charitas morituri necessario secum fermagnum timorem, tantoque maiorem, quanto minor fuerit ipsa.**<br><br>Ist ein Sterbender von seinen Suenden nur unvollkommen genesen oder ist seine Liebe nur unvollkommen, so empfindet er notwendigerwiese grosse Furcht, und zwar um so groessere, je geringer jene ist.<br><br>Imperfect piety or love on the part of the dying person necessarily brings with it great fear; and the smaller the love, the greater the fear.<br><br>죽는 사람의 불완전한 경건과 자애심은 더 큰 공포를 반드시 불러오는데, 그 자애심이 약할수록 그 공포도 더욱 심해진다. |
| 15 | **Hic timor et horror satis est se solo (ut alia taceam) facere penam purgatorii, cum sit proximus desperationis horrori.**<br><br>Diese Furcht und dieses Grauen sind an sich selbst hinreichend (um von anderem zu schweigen), um die Pein des Fegefeuers zu bereiten, da sie dem Grauen der Verzweiflung ganz nahe kommen.<br><br>This fear or horror is sufficient in itself, to say nothing of other things, to constitute the penalty of purgatory, since it is very near to the horror of despair.<br><br>이 불안과 공포만으로도, 다른 것은 말하지 않는다 하더라도, 연옥의 고통을 충분하게 구성한다. 그런데 그 고통은 절망의 공포에 매우 가까운 것이다 |
| 16 | **Videntur infernus, purgatorium, celum differre, sicut desperatio prope desperatio, securitas differunt.**<br><br>Wie mich duenkt,unterscheiden sich Hoelle, Fegefeuer, Himmel genau so wie verzweifeln, und des Heiles gewiss sein.<br><br>Hell, purgatory, and heaven seem to differ the same as despair, fear, and assurance of salvation.<br><br>지옥, 연옥, 천국이 각각 다르게 나타나는데, 혹은 절망으로, 혹은 절망에 아주 가까운 상태로, 그리고 구원의 확신으로 나타난다. |

## 17

**Necessarium videtur animabus in purgatorio sicut minui hoarorem ita augeri charitatem.**

Augenscheinlich buduerfen die Seelen im Fegefeuer Minderung des Grauens und Mehrung der Liebe.

It seems as though for the souls in purgatory fear should necessarily decrease and love increase.

연옥에 있는 영들에게 있어서는 자선이 증가되어질 때에 공포가 감소될 것은 사실일 것이다.

## 18

**Nec probatum videtur ullis aut rationibus aut scripturis, quod sim extra statum meriti seu augende charitatis.**

Auch scheint mir weder durch Vernunft noch durch Schriftgruende erwiesen zu sein, dass sie sich ausserhalb des Standes des Verdiestes und der Zunahme an Liebe befinden.

Furthermore, it does not seem proved, either by reason or by Scripture, that souls in purgatory are outside the state of merit, that is, unable to grow in love.

연옥에 있는 영들이 공로의 영역 밖에 있다거나, 자선행위를 증진시키는 권역 밖에 있다는 것은 그 어떤 논증으로나 성경으로나 결코 증명될 수 없을 것이다.

## 19

**Nec hoc probatum esse videtur, quod sint de sua beatitudine certe et secure, saltem omnes, licet nos certissimi si nus.**

Aber ebenso scheint mir auch das unerwiesen zu sein, dass sie oder wenigstens sie alle, ihrer Seligkeit gewiss und versichert seien, ob wir schon an derselben keinen Zweifel haben.

Nor does it seem proved that souls in purgatory, at least not all of them, are certain and assured of their own salvation, even if we ourselves may be entirely certain of it.

연옥에 있는 영들이, 자기네들이 가진 축복을 이해하며 확신하고 있는지, 우리는 그것을 아주 확신하고 있다 할지라도, 드러내어 증명할 수는 없다.

| | |
|---|---|
| 20 | **Igitur papa per remissionem plenariam omnium penarum non simpliciter omnium intelligit, sed a seipso tantummodo impositarum.**

Wenn der Papst daher "vollkommenen Erlass aller Strafen" verleiht, so meint er damit nicht schlechthin alle, sondern nur die, die er selber auferlegt hat.

Therefore the pope, when he uses the words ``plenary remission of all penalties,'' does not actually mean ``all penalties,'' but only those imposed by himself.

그러므로 교황이 모든 죄의 형벌들을 완전하게 사면한다고 말할 때, 단순히 모든 죄의 용서를 뜻하는 것이 아니고, 다만 그 자신에 의해서 부과된 것에 대한 사면일 뿐이다. |
| 21 | **Errant itaque indulgentiarum predicatores ii, qui dicunt per pape indulgentias hominem ab omni pena solvi et salvari.**

Daher irren alle die Ablassprediger, welche verkuendigen, dass durch des Papstes Ublass der Mensch von aller Strafe los und selig werde.

Thus those indulgence preachers are in error who say that a man is absolved from every penalty and saved by papal indulgences.

그리하여 교황의 사면증에 의해서 사람이 모든 형벌로부터 해방되며 구원받을 수 있다는 것을 선포하는 면죄부의 설교자들은 모두 오류에 빠져 있는 것이다. |
| 22 | **Quin nullam remittit animabus in purgatorio, quam in hac vita debuissent secundum Canones solvere.**

Vielmehr erlaesst er keine einzige Strafe den Seelen im Fegefeuer, die sie in diesem Leben nach den kirchlichen Satzungen haetten buessen muessen.

As a matter of fact, the pope remits to souls in purgatory no penalty which, according to canon law, they should have paid in this life.

사실 교황은 연옥에 간 영혼들의 죄를 사면할 수 없다. 이는 그 영혼들이 이 세상에 살아있을 때 교회 법령에 따라서 죄에 대한 배상을 했어야만 했다. |

| | |
|---|---|
| 23 | Si remissio ulla omnium omnino penarum potest alicui dari, certum est eam non nisi perfectissimis, i. e. paucissimis, dari.<br><br>Wenn ein Erlass absolut aller und jeglicher Strafen einem gegeben werden kann, dann sicherlich nur denen, welche ganz vollkommen sind d. h. den allerwenigsten.<br><br>If remission of all penalties whatsoever could be granted to anyone at all, certainly it would be granted only to the most perfect, that is, to very few.<br><br>만일 어떤 사람의 모든 형벌들을 완전히 용서해 줄 수 있다면, 그런 죄 사함을 받을 사람은 가장 완전한 사람이라야 할 것이다, 그러나 그런 사람은 거의 없다. |
| 24 | Falli ob id necesse est maiorem partem populi per indifferentem illam et magnificam pene solute promissionem.<br><br>Darum muss der groesste Teil des Volkes betrogen werden durch jenes unterschiedslose und vollkommende Versprechen, dass sie ihrer Strafe ledig geworden seinen.<br><br>For this reason most people are necessarily deceived by that indiscriminate and high-sounding promise of release from penalty.<br><br>그래서 대부분의 사람들은 모든 형벌로부터 해방된다는 무차별적이고 허울 좋은 약속에 의하여 속임을 당하고 있는 것이다. |
| 25 | Qualem potestatem habet papa in purgatorium generaliter, talem habet quilibet Episcopus et Curatus in sua diocesi et parochia specialiter.<br><br>Dieselbe Gewalt, die der Papst uebers Fegefeuer insgemein hat, hat jeder Bischof und Seelsorger fuer seinen Sprengel oder seine Pfarre insonderheit.<br><br>That power which the pope has in general over purgatory corresponds to the power which any bishop or curate has in a particular way in his own diocese and parish.<br><br>연옥에 대한 교황의 권세는 일반적으로 모든 주교들도 교구 내에서 가질 수 있는 권한이고, 특별히 자기 구역 내에서는 모든 사제가 가질 수 있는 것이다. |

| 26 | **Optime facit papa, quod non potestate clavis(quam nullam habet) sed per modum suffragii dat animabus remissionem.**

Der Papst tut sehr wohl daran, dass er nicht in Kraft seiner Schluesselgewalt(die sich nicht so weit erstreckt), sondern nur fuerbittweise den Seelen Nachlass gewaehrt.

The pope does very well when he grants remission to souls in purgatory, not by the power of the keys, which he does not have, but by way of intercession for them.

교황이 연옥에 있는 영혼들에게 죄를 용서해 주는 일을 가장 바르게 하는 것은, 그가 가지고 있지도 않는 천국의 권세로 하는 것이 아니라, 그들을 위한 공적인 기도의 방법에 의하여 하는 것이다. |

| 27 | **Hominem predicant, qui statim ut iactus nummus in cistam tinnierit evolare dicunt animam.**

Menschenlehre predigen die, welche sagen, sobald der Groschen im Kasten klingt, die Seele aus dem Fegefeuer auffahre.

They preach only human doctrines who say that as soon as the money clinks into the money chest, the soul flies out of purgatory.

연보궤 안에 던진 돈이 딸랑 소리를 내자마자 영혼이 연옥에서 벗어나 나온다고 말하는 것은 인간의 교리를 설교하는 것이다. |

| 28 | **Certum est, nummo in cistam tinniente augeri questum et avariciam posse : suffragium autem ecclesie est in arbitrio dei solius.**

Das ist gewiss, dass, wenn der Groschen im Kasten klingt, Gewinn und Geiz zunehmen koennen; der Erfolg der Fuerbitte der Kirche aber steht in Gottes Wohlgefallen.

It is certain that when money clinks in the money chest, greed and avarice can be increased; but when the church intercedes, the result is in the hands of God alone..

돈이 연보궤 안에서 딸랑 소리를 낼 때에 이득과 탐욕이 증가한다는 것은 틀림없는 사실이다. 성직자의 대행적 기도의 응답 여부는 하나님의 선한 뜻에만 달려 있다. |

## 29

**Quis scit, si omnes anime in purgatorio velint redimi, sicut de s. Severino et Paschali factum narratur.**

Wer weiss denn auch, ob alle Seelen im Fegefeuer von uns losgekauft werden wollen, wie es nach der Legende mit St. Severin und Paschalis sich zugetragen hat.

Who knows whether all souls in purgatory wish to be redeemed, since we have exceptions in St. Severinus and St. Paschal, as related in a legend.

연옥에 있는 모든 영혼이 그곳으로부터 구속받기를 원하는지 그 누가 알 것인가. 성 세베린과 파스칼리스에 관한 이야기들이 전해 내려오고 있다.

## 30

**Nullus securus est de veritate sue contritionis, multominus de consecutione plenarie remissionis.**

Niemand ist sicher, ob seine Reue wahrhaftig sei, wie viel weniger, ob er vollkommenen Ablass erlangt hat.

No one is sure of the integrity of his own contrition, much less of having received plenary remission.

그 누구라도 각자 자기 자신의 참회에 대한 진실성을 알 수 없거든, 어찌 자기가 완전히 용서를 받았는지 알 수 있으랴.

## 31

**Quam rarus est vere penitens, tam rarus est vere indulgentias redimens, i. e. rarissimus.**

Wie selten die sind, die wahrhaftig reuig sind, so selten sind auch die, welche wahrhaftig Ablass erwerben, d. h. ihrer sind sehr wenige.

The man who actually buys indulgences is as rare as he who is really penitent; indeed, he is exceedingly rare.

참으로 회개하는 사람이 아주 흔치 않듯이, 또 참으로 회개를 하고 면죄부를 사는 사람도 드물다.

| 32 | Damnabuntur ineternum cum suis magistris, qui per literas veniarum securos sese credunt de sua salute.

Wer durch Ablassbriefe meint seiner Seligkeit gewiss zu sein, der wird ewiglich verdammt sein samt seinen Lehrmeistern.

Those who believe that they can be certain of their salvation because they have indulgence letters will be eternally damned, together with their teachers.

누구든지 사면증을 통해서 그들이 구원을 받았다고 확신하는 사람들은 그 사람들의 선생들과 다함께 영원히 저주를 받을 것이다. |
|---|---|
| 33 | Cavendi sunt nimis, qui decunt venias illas Pape donum esse illud dei inestimabile, quo reconciliatur homo deo.

Vor denen wolle man sich wohl hueten, die da sagen, der Ablass des Papstes sie jene unschaetzbare Gabe Gottes, durch welche der Mensch Gott versoehnt werde.

Men must especially be on guard against those who say that the pope's pardons are that inestimable gift of God by which man is reconciled to him..

교황의 사면들을 가리켜서 인간이 하나님과 화해함으로 측량할 수 없는 하나님의 선물을 가지게 된 것이라고 말하는 자들에 대해서 우리는 특별히 경계하지 않으면 안된다. |
| 34 | Gratie enim ille veniales tantum respiciunt penas satisfactionis sacramentalis ab homine constitutas.

Denn jene Ablassgnaden beziehen sich nur auf die von Menschen aufgesetzten Strafen sakramentlicher Genugtung.

For the graces of indulgences are concerned only with the penalties of sacramental satisfaction established by man.

왜냐하면 이런 사면들에 의해서 전달되는 은총이란 인간에 의하여 규정된 성례전적 만족의 형벌들에 대해서만 적용되기 때문이다. |

| | |
|---|---|
| 35 | **Non christiana predicant, qui docent, quod redempturis animas vel confessionalia non sit necessaria contritio.**

Die fuehren unchristliche Predigt, welche lehren, dass denen, welche Seelen aus dem Fegefeuer loskaufen oder Konfessionalien (d.i. die Genehmigung, sich nach eigenem Belieben einen Beichtvater zu waehlen) kaufen wollen, Reue nicht noetig sei.

They who teach that contrition is not necessary on the part of those who intend to buy souls out of purgatory or to buy confessional privileges preach unchristian doctrine.

연옥으로부터 영혼들을 구출하는 속량을 구매하거나 혹은 고백의 증서들을 구매하는 사람은 참회할 필요가 없다고 가르치는 자는 기독교 교리를 설교하는 자가 아니다. |
| 36 | **Quilibet christianus vere compunctus habet remissionem plenariam a pena et culpa etiam sine literis veniarum sibi debitam.**

Jeglicher Christ hat, wenn er in aufrichtiger Reue steht, vollkommenen Erlass von Strafe und Schuld, der ihm auch ohne Ablassbriefe gebuehrt.

Any truly repentant Christian has a right to full remission of penalty and guilt, even without indulgence letters.

진심으로 자기 죄에 대해서 뉘우치고 회개하는 모든 그리스도인은 면죄의 증서가 없다고 하더라도 형벌과 죄책에서 완전히 용서를 받는다. |
| 37 | **Quilibet verus christianus, sive vivus sive mortuus, habet participationem omnium bonorum Christi et Ecclesie etiam sine literis veniarum a deo sibi datam.**

Jeder wahre Christ, ob lebend oder tot, hat Anteil an allen geistlichen Guetern Christi und der Kirche; Gott hat ihm diesen auch ohne Ablassbriefe gegeben.

Any true Christian, whether living or dead, participates in all the blessings of Christ and the church; and this is granted him by God, even without indulgence letters.

모든 참된 그리스도인은, 죽은 자든지 살아있는 자이든지, 면죄 증서들이 없이도 하나님께서 주시는 그리스도와 교회의 모든 혜택들을 함께 나누어 가진다. |

| 38 | **Remissio tamen et participatio Pape nullo modo est contemnenda, quia (ut dixi) est declaratio remissionis divine.**

Doch soll man darum den Erlass und den Anteil, den der Papst verleiht, keineswegs verachten, weil es (wie gesagt) die Erklaerung der goettlichen Vergebung ist.

Nevertheless, papal remission and blessing are by no means to be disregarded, for they are, as I have said (Thesis 6), the proclamation of the divine remission.

그럼에도 불구하고 교황이 주는 사면과 그의 축복을 결코 무시해서는 안된다. 왜냐하면 내가 이미 말한 바와 같이(제6조 참조), 그것은 하나님의 사면의 선언이기 때문이다. |

| 39 | **Difficillimum est etiam doctissimis Thoelogis simul extollere veniarum largitatem et contritionis veritatem coram populo.**

Es ist ueber die Massen schwer auch fuer die gelehrtesten Theologen, gleichzeitig vor dem Volke die reiche Fuelle des Ablasses und die Pflicht wahrhaftiger Reue zu ruehmen.

It is very difficult, even for the most learned theologians, at one and the same time to commend to the people the bounty of indulgences and the need of true contrition.

면죄부의 위대한 풍성함과 참된 통회의 필요성을 동시에 사람들에게 권장한다는 것은 박식한 신학자에 있어서도 가장 어려운 일이다. |

| 40 | **Contritionis veritas penas querit et amat, Veniarum autem largitas relaxat et odisse facit, saltem occasione.**

Wahrhaftige Reue begehrt und liebt die Strafen, dagegen erlaesst die Ablassfuelle Strafen und schafft Widerwillen gegen dieselben, bietet wenigstens Gelegenheit dazu.

A Christian who is truly contrite seeks and loves to pay penalties for his sins; the bounty of indulgences, however, relaxes penalties and causes men to hate them -- at least it furnishes occasion for hating them.

그리스도인은 자신의 죄악들에 대해서 참된 통회를 추구하며 형벌을 달게 받는다. 그러나 사면을 관대하게 하는 것은 형벌을 등한시하게 하고, 사람들로 하여금 그것을 싫어하게 만드는 원인이 될 수 있으며, 설혹 그렇지 않다 하더라도 그와 같은 기회를 주는 것이다. |

41

**Caute sunt venie apostolice predicande, ne populus false intelligat eas preferri ceteris bonis operibus charitatis.**

Vorsichtig soll man den apostolischen Ablass predigen, damit das Volk nicht die falsche Meinung fasse, als wenn derselbe den andern guten Werken christlicher Liebe vorzuziehen sei.

Papal indulgences must be preached with caution, lest people erroneously think that they are preferable to other good works of love.

사도적 계승의 사면권은, 사람들이 결코 그것을 사람의 다른 선한 일보다 더 중요한 것같이 오해하지 않도록, 신중하게 설교하지 않으면 안된다.

42

**Docendi sunt christiani, quod Pape mens non est, redemptionem veniarum ulla ex parte comparandam esse operibus misericordie.**

Man lehre die Christen, dass des Papstes Meinung nicht sei, das Ablassloesen irgendwie den Werken der Barmherzigkeit gleichzustellen.

Christians are to be taught that the pope does not intend that the buying of indulgences should in any way be compared with works of mercy.

교황의 마음 속에는 면죄부의 구입이 일종의 자선의 행동을 하는 것으로 판단하지 않는다는 것을 그리스도인들에게 가르쳐야만 한다.

43

**Docendi sunt christiani, quod dans pauperi aut mutuans egenti melius facit quam si venias redimeret.**

Man lehre die Christen, dass, wer dem Armen gibt oder dem Beduerftigen leiht, besser tut, als wenn er Ablass loesen wollte.

Christians are to be taught that he who gives to the poor or lends to the needy does a better deed than he who buys indulgences.

가난한 사람을 도와주고 필요한 사람에게 꾸어주는 것이 면죄부를 사는 것보다도 선한 일이라는 것을 그리스도인들에게 가르쳐야 한다.

| | |
|---|---|
| 44 | **Quia per opus charitatis crescit charitas et fit homo melior, sed per venias non fit melior sed tantummodo a pena liberior.**

Denn durch Leibeswerk waechst die Liebe, und der Mensch wird besser, aber durch Ablass wird er nicht besser, sondern nur freier von Strafen.

Because love grows by works of love, man thereby becomes better. Man does not, however, become better by means of indulgences but is merely freed from penalties.

왜냐하면 자선행위에 의해서는 사랑을 베푸는 일이 증가하고, 그 선을 행하는 사람은 보다 나은 자가 되어가지만, 면죄부라는 수단에 의해서는 인간이 선하게 되지 못하고, 다만 정죄로부터 자유롭게 되는 것 뿐이다. |
| 45 | **Docendi sunt christiani, quod, qui videt egenum et neglecto eo dat pro veniis, non indulgentias Pape sed indignationem dei sibi vendicat.**

Man lehre die Christen, dass, wer einen Beduerftigen sieht und des ungeachtet kein Geld fuer Ablass hingibt, nicht Papstes Ablass, wohl aber Gottes Zorn sich damit erwirbt.

Christians are to be taught that he who sees a needy man and passes him by, yet gives his money for indulgences, does not buy papal indulgences but God's wrath.

가난한 사람을 보고도 그냥 본체만체 지나쳐 버리면서(요 3:17참조), 면죄부를 위해서는 돈을 바치는 사람은 교황의 사면증을 사는 것이 아니라, 오히려 하나님의 진노를 사는 것이라는 점을 그리스도인들에게 가르쳐야만 한다. |
| 46 | **Docendi sunt christiani, quod nisi superfluis abundent necessaria tenentur domui sue retinere et nequaquam propter venias effundere.**

Man lehre die Christen, dass, wenn sie nicht ueberfluessiges Gut reichlich besitzen, sie verpflichtet sind, das, was zur Notdurft gehoert, fuer ihr Haus zu behalten und mit nichten fuer Ablass zu verschwenden.

Christians are to be taught that, unless they have more than they need, they must reserve enough for their family needs and by no means squander it on indulgences.

풍부한 재산의 여유를 가지지 못한 자라면, 자기 가족을 위하여 필요한 것을 저축할 의무가 있으며(딤전 5:8), 결코 면죄부 때문에 낭비해서는 안된다는 것을 그리스도인들에게 가르쳐야만 한다. |

### 47

**Docendi sunt christiani, quod redemptio veniarum est libera, non precepta.**

Man lehre die Christen, dass das Kaufen von Ablass eine freie, nicht aber eine gebotene Sache ist.

Christians are to be taught that they buying of indulgences is a matter of free choice, not commanded.

면죄부를 사느냐에 대해서는 그들에게 전적으로 자유로운 일이며, 결코 그렇게 하라고 강요된 것이 아니라는 것을 그리스도인들에게 가르쳐야만 한다.

### 48

**Docendi sunt christiani, quod Papa sicut magis eget ita magis optat in veniis dandis pro se devotam orationem quam promptam pecuniam.**

Man lehre die Christen, dass der Papst bei der Gewaehrung von Ablass mehr bedarf und daher auch mehr Verlangen traegt nach ihrem andaechtigen Gebet als nach dem Gelde, das sie herbeibringen.

Christians are to be taught that the pope, in granting indulgences, needs and thus desires their devout prayer more than their money.

교황이 사면증을 줄 때, 더욱 더 기도에 힘쓰는 사람이 되기를 요구하여야 하는 것이지, 돈을 요구해서는 안된다는 것을 그리스도인들에게 가르쳐야만 한다.

### 49

**Docendi sunt christiani, quod venie Pape sunt utiles, si non in eas confidant, Sed nocentissime, si timorem dei per eas amittant.**

Man lehre die Christen, dass des Papstes Ablass nuetzlich ist, wenn man kein Vertrauen auf ihn setzt, aber hoechst schaedlich wird, wenn man um seinetwillen die Furcht Gottes verliert.

Christians are to be taught that papal indulgences are useful only if they do not put their trust in them, but very harmful if they lose their fear of God because of them.

교황의 면죄부는 사람들이 만일 그것에 신뢰를 두지 않는다면, 유익할 수 있을 것이다. 그러나 그것 때문에 사람들이 하나님께 대한 두려움을 잃어버리는 일이 있다면 매우 해로운 일이라는 것을 그리스도인들에게 가르쳐야만 한다.

| 50 | **Docendi sunt christiani, quod, si Papa nosset exactiones venialium predicatorum, mallet Basilicam s. Petri in cineres ire quam edificari cute, carne et ossibus ovium suarum.**

Man lehre die Christen, dass, wenn der Papst den Schacher der Ablassprediger wuesste, er lieber den Dom St. Petri wuerde zu Asche verbrennen lassen, als dass derselbe von Haut, Fleisch und Knochen keiner Schafe sollte erbaut werden.

Christians are to be taught that if the pope knew the exactions of the indulgence preachers, he would rather that the basilica of St. Peter were burned to ashes than built up with the skin, flesh, and bones of his sheep.

만일 교황이 면죄부의 설교자들에 대한 행동을 안다면, 성 베드로 대성당을 불에 태워버릴지언정 자신의 양들의 가죽과 살과 뼈로서 그 성당을 짓는 것은 원치 않을 것이라는 점을 그리스도인들에게 가르쳐야만 한다. |
|---|---|
| 51 | **Docendi sunt christiani, quod Papa sicut debet ita vellet, etiam vendita (si opus sit) Basilica s. Petri, de suis pecuniis dare illis, a quorum plurimis quidam concionatores veniarum pecuniam eliciunt.**

Man lehre die Christen, dass der Papst, wir es ihm gebuehrt, gern bereit waere, selbst wenn er dazu St. Peters Do mverkaufen muesste, von seinem eigenen Gelde mitzuteilen, deren vielen jetzt etliche Ablassprediger ihr Geld ablocken.

Christians are to be taught that the pope would and should wish to give of his own money, even though he had to sell the basilica of St. Peter, to many of those from whom certain hawkers of indulgences cajole money.

만일 교황이 면죄부의 설교자들이 받은 돈에 대해서 파악한다면, 성 베드로 대성전을 팔든지 혹은 자기의 사재로서 기꺼이 면죄부 산 사람들의 돈을 반환할 것이라는 점을 그리스도인들에게 가르쳐야만 한다. |

| 52 | **Vana est fiducia salutis per literas veniarum, etiam si Commissarius, immo Papa ipse suam animam pro illis impigneraret.**

Das Vertrauen durch Ablassbriefe selig zu werden, ist eitel, wenn auch schon der Ablasskommissar, ja der Papst selbst fuer solche seine Seele zum Pfande setzen wollte.

It is vain to trust in salvation by indulgence letters, even though the indulgence commissary, or even the pope, were to offer his soul as security..

면죄의 증서를 통해서 구원에의 희망을 갖는 것은 헛된 것이다. 비록 판매 위탁자가, 아니, 교황 자신이 그 증서에 대해서 자기 영혼으로 보증한다 하더라도 헛된 것이다. |
|---|---|
| 53 | **Hostes Christi et Pape sunt ii, qui propter venias predicandas verbum dei in aliis ecclesiis penitus silere iubent.**

Das sind Feinde Christi und des Papstes, die um der Ablasspredigt willen das Wort Gottes in anderen Kirchen gaenzlich verstummen machen.

They are the enemies of Christ and the pope who forbid altogether the preaching of the Word of God in some churches in order that indulgences may be preached in others.

면죄부의 설교가 선포되도록 하기 위하여, 하나님의 말씀을 저주하고 그들의 교회 안에서 아주 잠잠해지도록 만든 사람들은 그리스도와 교황의 대적자들이다. |
| 54 | **Iniuria fit verbo dei, dum in eodem sermone equale vel longius tempus impenditur veniis quam illi.**

Dem Worte Gottes geschieht Unrecht, wenn in derselben Predigt ebensoviel oder gar noch mehr Zeit auf den Ablass als auf jenes verwendet wird.

Injury is done to the Word of God when, in the same sermon, an equal or larger amount of time is devoted to indulgences than to the Word.

하나님의 말씀을 설교하는 데 있어서, 면죄부에 대해서 시간을 할애하거나 혹은 그것에 대해서 더 긴 시간을 쓰는 것은 그 말씀에 대하여 부정을 행하는 것이다. |

**55**

Mens Pape necessario est, quod, si venie(quod minimum est) una campana, unis pompis et ceremoniis celebrantur, Euangelium (quod maximum est) centum campanis, centum pompis, centum ceremoniis predicetur.

Des Papstes Meinung ist selbsverstaendlich, dass, wenn man den Ablass, als der nur geringen Wert hat, mit einer Glocke, mit einfachem Gepraenge und Feierlichkeit begeht, man das Evangelium, als welches den hoechsten Wert hat, mit hundert Glocken, hundertfachem Gepraenge und Feierlichkeit ruehmen soll.

It is certainly the pope's sentiment that if indulgences, which are a very insignificant thing, are celebrated with one bell, one procession, and one ceremony, then the gospel, which is the very greatest thing, should be preached with a hundred bells, a hundred processions, a hundred ceremonies.

교황의 생각에 면죄부가 그다지 중요하지 않다면, 그것을 축하하는 데에는 종 하나만 울리고 행렬도 한번만 하고, 성례도 한 차례만 시행해야 할 것이다. 그 반면에 복음이 매우 중요하다고 한다면, 종을 백 번 울리고, 행렬을 백 번 인도하고, 축하 예식도 백 번 집전해서 전파해야만 할 것이다.

**56**

Thesauri, ecclesie, unde Papa dat indulgentias, neque satis nominati sunt neque cogniti apud populum Christi.

Der "Schatz" der Kirche, aus dem der Papst Ablass austeilt, ist dem christlichen Volke nicht genau genug bezeichnet und bekannt gemacht.

The true treasures of the church, out of which the pope distributes indulgences, are not sufficiently discussed or known among the people of Christ.

교황이 면죄부를 발행하는 교회의 보화들은 그리스도의 백성들 가운데서 충분히 표시되어지지도 않았고, 알려지지도 않은 것이다.

**57**

Temporales certe non esse patet, quod non tam facile eos profundunt, sed tantummodo colligunt multi concionatorum.

Dass es sich hier nicht um zeitliche Schaetze handelt, ist klar; denn man weiss von vielen Predigern, dass sie diese Art Schaetze nicht so leicht austeilen sondern nur zu sammeln lieben.

That indulgences are not temporal treasures is certainly clear, for many indulgence sellers do not distribute them freely but only gather them.

그 보화라는 것들은 적어도 세상의 임시적인 재물들이란 있을 수 없다는 것이 분명하다. 만일 있다면, 언제든지 써버릴 것이다. 많은 설교자들은 나누어주려고 하지 않고, 보물을 거기에 쌓아놓기만 하고 있다.

### 58

**Nec sunt merita Christi et sanctorum, quia hec semper sine Papa operantur gratiam hominis interioris et crucem, mortem infernumque exterioris.**

Aber es sind auch nicht Christi und der Heiligen Verdienste; denn diese wirken bestaendig, auch ohne Zutun des Papstes, Gnade fuer den innerlichen Menschen, Kreuz, Tod und Hoelle fuer den aeusserlichen Menschen.

Nor are they the merits of Christ and the saints, for, even without the pope, the latter always work grace for the inner man, and the cross, death, and hell for the outer man.

그 보화들은 그리스도와 성도들의 공로가 있는 것도 아니다. 교황과도 독립적으로, 이것들이 항상 사람의 마음 속에 은혜를 베풀고 십자가의 효력을 나타내고 죽음과 지옥을 면케한다고 말한다.

### 59

**Thesauros ecclesie s. Laurentius dixit esse pauperes ecclesie, sed locutus est usu vocabuli suo tempore.**

St Laurentius nannte die Armen in der Gemeinde die Schaetze der Kirche, aber da hat er das Wort genommen, wie er zu seiner Zeit braeuchlich war.

St. Lawrence said that the poor of the church were the treasures of the church, but he spoke according to the usage of the word in his own time.

성 로렌스는 가난한 사람들이 교회의 보배라고 말했지만, 그러나 그는 그가 살던 시대의 사용된 어법에 따라 말한 것이다.

### 60

**Sine temeritate dicimus claves ecclesie (merito Christi donatas) esse thesaurum istum.**

Mit gutem Grunde sagen wir, dass die Schluessel der Kirche (die uns Christi Verdienst geschenkt hat) jenen Schatz bilden.

Without want of consideration we say that the keys of the church, given by the merits of Christ, are that treasure.

그리스도의 공로를 통해서 주어진 교회의 열쇠들이 곧 교회의 보화라고 말해도 과언이 아니다.

| | |
|---|---|
| 61 | **Clarum est enim, quod ad remissionem penarum et casuum sola sufficit potestas Pape.**<br><br>Denn es ist klar, dass zum Nachlass von Strafen und zur Absolvierung in vorbehaltenen Faellen des Papstes Gewalt an sich ausreichend ist.<br><br>For it is clear that the pope's power is of itself sufficient for the remission of penalties and cases reserved by himself.<br><br>왜냐하면 형벌들의 사면과 미결된 사건들을 위해서는 교황의 권능만으로도 충분하다는 것이 명백한 일이기 때문이다. |
| 62 | **Verus thesaurus ecclesie est sacrosanctum euangelium glorie et gratie dei.**<br><br>Der wahre Schatz der Kirche ist das allerheiligste Evangelium der Herrlichkeit und Gnade Gottes.<br><br>The true treasure of the church is the most holy gospel of the glory and grace of God.<br><br>교회의 참된 보화는 하나님의 은총과 영광의 거룩한 복음이다. |
| 63 | **Hic autem est merito odiosissimus, quia ex primis facit novissimos.**<br><br>Dieser Schatz steht aber naturgmaess in geringem Ansehen; denn er macht ja, dass Erste Letzte werden.<br><br>But this treasure is naturally most odious, for it makes the first to be last (Mt. 20:16).<br><br>하지만, 이 보화가 먼저 된 것을 나중 된 것으로 만들기 때문에, 가장 증오를 받는 것은 당연한 일이다(마 19:30; 20:16; 눅 13:30 참조). |
| 64 | **Thesaurus autem indulgentiarum merito est gratissimus, quia ex novissimis facit primos.**<br><br>Dagegen steht der Schatz der Ablaesse naturgemaess in hoechstem Ansehen; denn er macht ja, dass Letzte Erste werden.<br><br>On the other hand, the treasure of indulgences is naturally most acceptable, for it makes the last to be first.<br><br>그러나 면죄부의 보화는 나중 된 것을 먼저 될 것으로 만드는 원인이기 때문에, 가장 애호를 받는 것은 당연한 일이다. |

| | |
|---|---|
| 65 | **Igitur thesauri Euangelici rhetia sunt, quibus olim piscabantur viros divitiarum.**<br><br>Darum sind die Schaetze des Evangeliums die Netze, mit denen man vorzeiten die reichen Leute gefischt hat.<br><br>Therefore the treasures of the gospel are nets with which one formerly fished for men of wealth.<br><br>그러므로 복음의 보화들은 그들이 돈 많은 사람들을 낚던 오래된 그물이었다. |
| 66 | **Thesauri indulgentiarum rhetia sunt, quibus nunc piscantur divitias virorum.**<br><br>Die Schaetze der Ablaesse sind dagegen die Netze, mit denen man jetzt den Reichtum der Leute fischt.<br><br>The treasures of indulgences are nets with which one now fishes for the wealth of men.<br><br>면죄부의 보화들은 오늘날도 그것을 가지고 사람의 재산을 낚는 그물이다. |
| 67 | **Indulgentie, quas concionatores vociferantur maximas, gratias, intelliguntur vere tales quoad questum promovendum.**<br><br>Die Ablaesse, welche die Ablassprediger als "groesste Gnaden" ausrufen, sind freilich dafuer zu erachten, insofern sie ihnen viel Geld einbringen.<br><br>The indulgences which the demagogues acclaim as the greatest graces are actually understood to be such only insofar as they promote gain.<br><br>설교자들이 면죄부가 가장 큰 은혜라고 대대적으로 선전하는 것은 순전히 이익을 증대시키기 위한 행위이다. |

| 68 | **Sunt tamen re vera minime ad gratiam dei et crucis pietatem comparate.**

In Wahrheit jedoch sind sie die allergeringsten Gnaden, verglichen mit Gottes Gnade und der Gottseligkeit des Kreuzes.

They are nevertheless in truth the most insignificant graces when compared with the grace of God and the piety of the cross.

그렇지만 하나님의 은총과 십자가의 경건에 비하면 그것들은 실재에 있어서 하찮은 은총인 것이다. |

| 69 | **Tenentur Episcopi et Curati veniarum apostolicarum Commissarios cum omni reverentia admittere.**

Bischoefe und Seelsorger sind verpflichtet, die Kommissare des apostolischen Ablasses mit aller Ehrerbietug zuzulassen.

Bishops and curates are bound to admit the commissaries of papal indulgences with all reverence.

주교들과 교구 사제들은 사도적 계승을 가진 사면의 대리자들로서 모든 경의를 가지고 존중을 받아야만 한다. |

| 70 | **Sed magis tenentur omnibus oculis intendere, omnibus auribus advertere, ne pro commissione Pape sua illi somnia predicent.**

Aber noch viel mehr sind sie verpflichtet, Augen und Ohren offen zu halten und aufzupassen, dass jene nicht statt des Auftrags des Papstes ihre eigenen Traeume predigen.

But they are much more bound to strain their eyes and ears lest these men preach their own dreams instead of what the pope has commissioned.

그러나 그들은 한층 더 눈을 활짝 뜨고 귀를 바짝 기울여서 교황의 위임에 대신해서 자기들 자신들의 꿈을 설교하지 않도록 주의하지 않으면 안된다. |

### 71

**Contra veniarum apostovicarum veritatem qui loquitur, sit ille anathema et maledictus.**

Wer gegen die Wahrheit des apostolischen Ablasses redet, der sei verbannt und verflucht.

Let him who speaks against the truth concerning papal indulgences be anathema and accursed.

사도적 계승의 사면권의 진리에 반대하여 말하는 자는 추방과 저주를 받을지어다.

### 72

**Qui vero contra libidinem ac licentiam verborum Concionatoris veniarum curam agit, sit ille benedictus.**

Wer aber gegen die mutwilligen und frechen Reden der Ablassprediger auf der Wacht steht, der sei gesegnet!

But let him who guards against the lust and license of the indulgence preachers be blessed.

그러나 다른 한편으로, 사죄를 설교자들이 하는 해롭고 뻔뻔스런 말에 관해서 심각하게 염려하는 자에게는 복이 있을지어다.

### 73

**Sicut Papa iuste fulminat eos, qui in fraudem negocii Veniarum quacunque arte machinantur.**

Wie der Papst diejenigen billing mit dem Bannstrahl trifft, die zum Nachteil des Ablasshandels allerlei listige Kunst truegerisch handhaben.

Just as the pope justly thunders against those who by any means whatever contrive harm to the sale of indulgences.

면죄부 매매에 기만적 수단을 써서 그 사면을 방해하는 것을 엄금하는 것은 교황이 정당하게 하는 것이다.

| | |
|---|---|
| 74 | **Multomagis fulminare intendit eos, qui per veniarum pretextum in fraudem sancte charitatis et veritatis machinantur.**<br><br>So will er die noch viel mehr mit dem Banne treffen, die unter dem Deckmantel des Ablasses zum Nachteil der heiligen Liebe und Wahrhaftigkeit ihre Kunst brauchen.<br><br>Much more does he intend to thunder against those who use indulgences as a pretext to contrive harm to holy love and truth.<br><br>누구든지 면죄부를 발부하여 준다는 미명하에 거룩한 자선과 진리를 기만수단을 쓰는 자들에 대해서는 교황이 절대로 용납할 수 없는 것이다. |
| 75 | **Opinari venias papales tantas esse, ut solvere possint hominem, etiam si quis per impossibie dei genitricem violasset, Est insanire.**<br><br>Des Papstes Ablass so gross achten, dass er auch einen Menschen absolvieren koenne, selbst wenn er–was doch unmoeglich ist–die Mutter Gottes geschaendet haette, das heisst unsinnig sein.<br><br>To consider papal indulgences so great that they could absolve a man even if he had done the impossible and had violated the mother of God is madness.<br><br>교황의 면죄부는 엄청난 능력을 갖고 있어서, 불가능한 말이기는 하지만, 하나님의 어머니를 능욕한 인간까지라도 용서할 수 있다고 생각하는 것은 광기의 극치다. |
| 76 | **Dicimus contra, quod venie papales nec mimimum venialium peccatorum tollere possint quo ad culpam.**<br><br>Dagegen behaupten wir, dass paepstlicher Ablass auch nicht die kleinste laessliche Suende aufheben kann, soweit es die Schuld derselben belangt.<br><br>We say on the contrary that papal indulgences cannot remove the very least of venial sins as far as guilt is concerned.<br><br>이와 반대로, 우리가 확신하는 것은 교황의 면죄부는 죄 중에서도 제일 가벼워서 그 죄의 책임을 묻지 않을 만치 작은 죄라하더라도 사할 수 없다. |

### 77

**Quod dicitur, nec si s. Petrus modo Papa esset maiores gratias donare posset, est blasphemia in sanctum Petrum et Papam.**

Dass man sagt, auch St. Petrus koenne, wenn er jetzt Papst waere, keine groesseren Gnaden verleihen, das ist Laesterung gegen St. Petrus und gegen den Papst.

To say that even St. Peter if he were now pope, could not grant greater graces is blasphemy against St. Peter and the pope.

만일 성 베드로가 오늘날의 교황이었다 할지라도, 면죄 이상의 큰 은총들을 줄 수 없다고 말하는 것은, 성 베드로에게나 교황에게나 신성모독이다.

### 78

**Dicimus contra, quod etiam iste et quilibet papa maiores habet, scilicet Euangelium, virtutes, gratias curationum &c. ut 1. Co. xii.**

Wir behaupten dagegen, dass auch der jetzige Papst gleich jedem andern Papste noch ueber weit groessere Gnaden als den Ablass verfuegt, naemlich ucbei das Evangelium, ueber die charismatischen Kraefte, die Gabe gesund zu machen usw, wie 1. Kor. 12 lehret.

We say on the contrary that even the present pope, or any pope whatsoever, has greater graces at his disposal, that is, the gospel, spiritual powers, gifts of healing, etc., as it is written. (1 Co 12[:28])

우리가 확신하는 것은, 현재 교황이나 혹은 다른 어느 교황이든지간에 그보다 더 큰 은혜를 베풀 수 있으니 곧 복음, 능력, 병을 고치는 은사 등이다(고전 12장).

### 79

**Dicere, Crucem armis papalibus insigniter erectam cruci Christi equivalere blasphemia est.**

Zu sagen, dass das Ablasskreuz, weiches mit des Papstes Wappen geschmueckt und in den Kirchen aufgerichtet wird, gleichen Wert wie Christi Kreuz habe, ist Gotteslaesterung.

To say that the cross emblazoned with the papal coat of arms, and set up by the indulgence preachers is equal in worth to the cross of Christ is blasphemy.

교황의 팔에 다른 휘장들과 같이 장착되어 있는 십자가가 그리스도의 십자가와 같은 능력을 가졌다고 선포하는 면죄부 설교자들은 주님을 모독하는 것이다.

|    | |
|----|---|
| 80 | Rationem reddent Episcopi, Curati et Theologi, Qui tales sermones in populum licere sinunt.

Die Bischoefe, Seelsorger und Theologen, die da zulassen, dass man solche Reden vor den Gemeinden fuehrt, werden dafuer einmal Rechenschaft geben muessen.

The bishops, curates, and theologians who permit such talk to be spread among the people will have to answer for this.

이와 같은 가르침이 사람들 가운데 선포되는 것을 묵인하는 감독들과 교구 목사들과 신학자들은 이에 대한 책임을 져야만 한다. |
| 81 | Facit hec licentiosa veniarum predicatio, ut nec reverentiam Pape facile sit etiam doctis viris redimere a calummis aut certe argutis questionibus laicorum.

Solche freche Ablasspredigt macht, dass es auch gelehrten Maennern schwer faellt, die dem Papste schuldige Ehrfurcht zu verteidigen gegen die boese Nachrede oder gegen die unzweifelhaft scharfen Einwendungen der Laien.

This unbridled preaching of indulgences makes it difficult even for learned men to rescue the reverence which is due the pope from slander or from the shrewd questions of the laity.

사면권의 설교에 있어서, 이런 평신도들의 날카로운 질문이 제기되어지는데, 교황에 대한 존경을 수호하기란 제아무리 박식한 사람에게 있어서도 쉬운 일이 아니다. |

82

Scilicet. Cur Papa non evacuat purgatorium propter sanctissimam charitatem et summam animarum necessitatem ut causam omnium iustissimam, Si infinitas animas redimit propter pecuniam funestissimam ad structuram Basilice ut causam livissimam?

Zum Beispiel: Warum befreit denn der Papst nicht aus dem Fegefeuer rein aus dem Drange heiliger Liebe und bewogen von der hoechsten Not der Seelen–das waere doch billig Ursache genug fuer ihn!–, wenn er doch unzaehlige Seelen erloest um elenden Geldes willen zum Bau der Peterskirche gegeben, also um einer so leichtwiegenden Ursache willen?

Such as: "Why does not the pope empty purgatory for the sake of holy love and the dire need of the souls that are there if he redeems an infinite number of souls for the sake of miserable money with which to build a church?" The former reason would be most just; the latter is most trivial.

예를 들어보자. 어찌하여 교황은 거룩한 자선의 시행을 위해서, 그리고 영혼들에게 최고로 필요한 것을 채워주기 위하여 연옥을 비우지 않는가?
그는 대성당의 건설을 위해서 막대한 금전들을 거둬들임으로서, 수없이 많은 영혼을 구원하고 있다고 말할 것이다. 영혼들의 끔찍한 필요를 채워주는 것은 합당한 것일진대, 돈을 거둬들이는 것은 추잡한 짓이다.

83

Item. Cur permanent exequie et anniversaria defunctorum et non reddit aut recipi permittit beneficia pro illis instituta, cum iam sit iniuria pro redemptisorare?

Desgleichen : Warum haelt man denn noch Exequien und Jahrestage der Verstorbenen, und warum gibt der Papst nicht alles gestiftete Geld zurueck oder laesst es zuruecknehmen, das fuer jene an Kirchen uebergeben ist, da es doch Unrecht ist, fuer schon aus dem Fegefeuer Erloeste noch weit er Gebete zu sprechen?

Again, "Why are funeral and anniversary masses for the dead continued and why does he not return or permit the withdrawal of the endowments founded for them, since it is wrong to pray for the redeemed?"

또한 이미 구속함을 받은 사람을 위한 기도는 부당한 일인데, 무엇 때문에 죽은 사람의 장례식이나 추도미사를 계속하는가? 또 무엇 때문에 교황은 그런 목적으로 교회에 바친 기부금을 돌려주지 않으며 혹은 그 기부금의 취소를 허락하지 않는가?

84

Item. Que illa nova pietas Dei et Pape, quod impio et inimico propter pecuniam concedunt animam piam et amicam dei redimere, Et tamen propter necessitatem ipsius met pie et dilecte anime non redimunt eam gratuita charitate?

Desgleichen : Was ist das fuer eine neue Froemmigkeit Gottes und des Papstes, dass sie dem Gottlosen und Feinde um Geld gestatten eine fromme und von Gott geliebte Seele zu erloesen und doch dieselbe nicht um der grossen Not derselben frommen und geliebten Seele willen aus Liebe ohne Entgelt erloesen?

Again, "What is this new piety of God and the pope that for a consideration of money they permit a man who is impious and their enemy to buy out of purgatory the pious soul of a friend of God and do not rather, beca use of the need of that pious and beloved soul, free it for pure love's sake?"

다시 한번 질문한다. 돈을 받아내려는 목적으로 불량한 한 자와 하나님의 원수가 되는 자들에게 하나님에 의해서 사랑을 받는 경건한 영혼을 구원을 베푸는 것과 같은 일을 허용하도록 허락하면서, 하나님에 의해 사랑받는 이 경건한 영혼 자신의 필요를 채워주기 위해서, 자유로운 선행의 마음으로 그를 구해내지 않는 것은 도대체 하나님과 교황의 어떤 새로운 종류의 거룩함이 있다는 말인가?

85

Item. Cur Canones penitentiales re ipsa et non usu iam diu in semet abrogati et mortui adhuctamen pecuniis redimuntur per concessionem indulgentiarum tanquam vivacissimi?

Desgleichen : Warum werden die alten Bussassungen, die doch tatsaechlich und durch Nichtgebrauch schon laengst abgeschafft und tot sind, dennoch wieder mit Geldzahlungen abgeloest aus Gunst des Ablasses, als wenn sie noch vollstaendig in Kraft waeren?

Again, "Why are the penitential canons, long since abrogated and dead in actual fact and through disuse, now satisfied by the granting of indulgences as though they were still alive and in force?"

다시 한번 더 묻는다. 참회에 관한 교회의 법규들은 사실상 오랫동안 사용치 않았기 때문에 폐지되고 사문화되었는데, 왜 아직도 돈으로 인한 면죄부를 수여함으로서 구속해내는 것은 여전히 시행해야 하는가?

제6장 | 루터의 95개 조항

86

Item, Cur Papa, cuius opes hodie sunt opulentissimis Crassis crassiores, non de suis pecuniis magis quam pauperum fidelium struit unam tantummodo Basilican sancti Petri ?

Desgleichen : Warum erbaut der Papst, dessen Vermoegen heutigen Tages fuerstlicher ist als das der reichsten Geldfuersten, nicht lieber von esinen eigenen Geldern, als vondenen armer Glaeubigen, wenigstens diese eine St. Peterskirche ?

Again, "Why does not the pope, whose wealth is today greater than the wealth of the richest Crassus, build this one basilica of St. Peter with his own money rather than with the money of poor believers?"

다시 한번. 오늘날 최고 갑부의 재산보다도 더 많은 재산을 가진 교황이 가난한 신자의 돈으로 시행하려 하는가, 그 대신에 차라리 자기의 돈으로 성 베드로의 대회랑을 지을 수 있지 않는가?

87

Item. Quid remittit aut participat Papa iis, qui per contritionem perfectam ius habent plenarie rimissionis et participationis ?

Desgleichen : Was gibt der Papst denen Ablass und Anteil an geistlichen Guetern, die durch ihre vollkommene Reue ein Anrecht haben auf vollkommenen Erlass und Anteil ?

Again, "What does the pope remit or grant to those who by perfect contrition already have a right to full remission and blessings?"

다시 한번: 교황은 완전한 통회를 통해서 충분한 사면과 속죄에 합당한 권리를 가진 사람들에게 면죄부를 주어서 무엇을 사게 하려고 하는가?

88

Item. Quid adderetur ecclesie boni maioris, Si Papa, sicut semel facit, ita centies in die cuilibet fidelium has remissiones et participationes tribueret ?

Desgleichen: Was koennte der Kirche groesseres Gut widerfahren, als wenn der Papst, wie er's nun einmal tut, so taeglich hundertmal jedem Glaeubigen solchen Erlass und Anteil zuwenden wollte ?

Again, "What greater blessing could come to the church than if the pope were to bestow these remissions and blessings on every believer a hundred times a day, as he now does but once?"

또한 교황이 각 신자에게 사면과 은총의 참여를 지금 하루에 단 한차례만 주는 대신에, 만일 하루에 백 번 준다고 한다면 교회는 얼마나 더 큰 축복을 얻게 되겠는가?

### 89

Ex quo Papa salutem querit animarum per venias magis quam pecunias, Cur suspendit literas et venias iam olim concessas, cum sint eque efficaces ?

Da es doch dem Papste beim Ablass mehr um der Seelen Heil als ums Geld zu tun ist, warum hat er denn jetzt die frueher bewilligten Briefe und Ablaesse ausser Kraft gesetzt, da diese doch ebenso wirksam sind ?

"Since the pope seeks the salvation of souls rather than money by his indulgences, why does he suspend the indulgences and pardons previously granted when they have equal efficacy?"

교황이 면죄부를 수여하는 것은 그 목적이 돈에 있는 것이 아니라 영혼의 구출을 위하는 것이라고 한다면, 오래 전에 주었던 증서나 사면증을 왜 무효가 되게 만드는 것인가? 그것이 면죄부와 같이 동일하게 죄를 면할 수 있을 것인데 말이다.

### 90

Hec scrupulosissima laicorum argumenta sola potestate compescere nec reddita ratione diluere, Est ecclesiam et Papam hostibus ridendos exponere et infelices christianos facere.

Derartige bedenkliche Gegengruende der Laien nur mit Gewalt daempfen und nicht vielmehr durch Angabe von Gruenden heben zu wollen, heisst die Kirche und den Papst dem Gespoett der Feinde preisgeben und die Christen unglueclich machen.

To repress these very sharp arguments of the laity by force alone, and not to resolve them by giving reasons, is to expose the church and the pope to the ridicule of their enemies and to make Christians unhappy.

평신도들이 이러한 질문과 반론을 제기하는데, 이론적으로는 증명을 하지 못하고 다만 권력으로만 억압하는 것은 교회와 교황을 원수들의 비방거리가 되게 할 것이고, 그리스도인들도 불행하게 만드는 것이다.

## 91

Si ergo venie secundum spiritum et mentem Pape perdicarentur, facile illa omnia solverentur, immo non essent.

Wenn also Ablass nach dem Geist und Sinn des Papstes gepredigt wuerde, wuerden leicht alle jene Bedenken gehoben, ja sie wuerden gar nicht vorhanden sein.

If, therefore, indulgences were preached according to the spirit and intention of the pope, all these doubts would be readily resolved. Indeed, they would not exist.

만일 면죄부에 대하여 교황의 마음과 정신을 가지고 설교한다면, 이런 모든 문제는 쉽게 저절로 해결되었을 것이다. 아예 그런 문제가 존재하지도 않았을 것이다.

## 92

Valeant itaque omnes illi prophete qui dicunt populo Chisti 'Pax pax', et non est pax.

Hinweg also mit alle den Propheten, die dem Volke Christi sagen : Friede, Friede, und ist kein Friede (Hesek. 13: 10, 16).

Away, then, with all those prophets who say to the people of Christ, "Peace, peace," and there is no peace! (Jer 6:14)

그리하여, 그리스도의 백성을 향하여 평안도 없는데, 평안하라 평안하라고 부르짖는 예언자들은 다 물러가라(겔 13:10,16; 렘 6:14; 8:11; 살전 5:3).

## 93

Bene agant omnes illi prophete, qui dicunt populo Christi 'Crux crux', et non est crux.

Alle den Propheten aber muesse es wohlergehen, die Christi Volk sagen : Kreuz, Kreuz und ist kein Kreuz.

Blessed be all those prophets who say to the people of Christ, "Cross, cross," and there is no cross!

그리스도의 백성을 향하여 십자가, 십자가하고 부르짖는 모든 예언자들에게는 축복이 있을지어다. 그리고 거기에는 십자가는 없다.

> **94**
> Exhortandi sunt Christiani, ut caput suum Christum per penas, mortes infernosque sequi studeant.
>
> Man ermahne die Christen, dass sie ihrem Haupt Christus durch Strafen, Tod und Hoelle nachzufolgen sich befleissigen.
>
> Christians should be exhorted to be diligent in following Christ, their Head, through penalties, death and hell.
>
> 그리스도인들은 고통, 죽음, 지옥을 통하여서 그들의 머리되신 그리스도를 부지런히 따르도록 훈계 받아야 한다.

> **95**
> Ac sic magis per multas tribulationes intrare celum quam per securitatem pacis confidant.
>
> Und also mehr ihr Vertrauen darauf setzen, durch viele Truebsal ins Himmelreich einzugehen, als durch die Vertroestung : "Es hat keine Gefahr."
>
> And thus be confident of entering into heaven through many tribulations rather than through the false security of peace(Acts 14:22).
>
> 그리고 이같이 하여, 그리스도인들로 하여금 평안의 보장에 의해서보다는 오히려 많은 고난을 통하여 하늘나라에 들어가는 데 더욱 깊은 신뢰를 가지게 하라(행 14:22).

## 2. 중심주제 8가지 분석

95개 조항의 원제목은 "면죄부의 능력과 효용성에 관한 토론"이다.[7] 전체 내용들은 8가지 핵심사항들로 재구성해 볼 수 있다. 중심인

---

[7] 95개 조항은 "면죄부의 권능과 유효성에 대한 토론"(*A Disputation on the Power and Efficacy of Indulgences*)이다. Timothy Lull, ed. *Martin Luther's Basic Theological Writings* (Minneapolis: Fortress, 2005), 40.

주제 여덟 가지를 각각 다시 나누어서 반복하면서도, 예리한 분석과 탁월한 비판을 가한 것들이다.

### 1) 속죄 규정들의 문제점들(1-4조)

1조에서 루터는 진정한 회개와 고해성사의 차이를 밝혔다. "우리 주님 예수 그리스도께서 회개하라고 말씀하셨고(마 4:17), 그분은 신자들의 전 생애에서 회개가 지속되기를 원하셨다"라고 시작한다.

2조에서 "이 말씀은 고해성사로 이해되어서는 안 될 것이니, 성직자들에 의해서 집행되어지는 고백과 속죄이기 때문이다"라고 하였다.

고해성사가 무엇이기에, 예수님이 강조하시는 회개하라는 가르침을 왜곡하였는가?

13세기 중엽부터 로마가톨릭교회는 토마스 아퀴나스가 정립한 7성례를 강조하였다. 일곱 가지 생활의 영역에서 기독교 신자들은 선행의 공로를 세워야 한다는 것이다. 7성례 중에서 가장 강조되는 성만찬과 고해성사는 거듭 반복되는 성례들이다. 그런데 고해성사를 하게 되면 반드시 미사에서 해결책을 찾도록 성만찬에 참여해야만 되는 것으로 연계시켰다. 종교개혁 직후에 루터는 한동안 고해성사를 완전히 폐지시키지 않고 죄를 고백하는 제3의 성례라고 시행을 했을 만큼 강조한 바 있었다.

루터의 기본적인 인식은 아주 단순했다. 성도들이 진정한 회개를 하고 그 표시로서 돈을 주고 면죄부를 구매하여, 자신의 죄가 용서받았다고 생각하였다면 문제가 없다. 그러나 전혀 진심어린 회개를 하지 않은 자가 돈으로 면죄부를 산다는 것은 있을 수 없는 일이다. 하나님의 은총을 돈으로 사거나 팔수도 없는 것이다. 먼저 마음의 변화가 필요하다는 점을 역설하였다.

### 2) 교황의 사죄권과 한계점(5-7조)

사면권은 오직 하나님께 속해 있다. 교황이나 교회의 성직자들은 단순히 자신에게 주어진 권한과 규정 내에서만 용서를 선포할 뿐이다. 사면권이란 어떻게 죄를 사면받는가에 대한 것인데, 돈을 받고 면죄부(혹은 사면부) 를 발행하는 교황에게는 그런 권한이 없음을 지적한 것이다. 루터는 로마 교황권의 본질에 대해 강력한 불신을 제기한다.[8]

### 3) 속죄의 권한과 연옥에 있는 영혼의 구원 문제들(8-29조)

면죄부를 정당화하고자 로마가톨릭에서는 연옥(purgatory)을 각인시켰다. 로마가톨릭의 연옥설은 사망 직전에 신부의 종부성사를 받지 못한 자들이 거처하는 임시 처소다. 성경에는 전혀 근거가 나오지 않는다.[9]

---

8 신약교회에서 교황권에 대한 근거는 전혀 찾아볼 수 없다. cf. Gerald Bray, *The Church: A Theological and Historical Account* (Grand Rapids: Baker, 2016), 35.

9 Robert L. Millet, *By what Authority?: The Vital Question of Religious Authority in Christianity* (Mercer University, 2010), 66.

이 조항을 쓸 때까지는 루터가 연옥의 존재 자체에 대해서는 전혀 비판하지 않았다. 단지, 연옥에서는 구출을 보장하는 면죄부에 대한 비판을 했을 뿐이다. 1530년에 이르러서야 성경에 나오지 않는 허구라는 사실을 확실하게 깨닫게 되어서, 연옥설에 대한 반론을 펴게 된다. 그 후로는 루터가 자신의 모든 저술에서 연옥설에 대한 과거 입장을 전부 다 수정하였다.

22조에서 루터는 교황이 죽은 자들이 연옥에 있는데 그들에 대해서 속죄권을 행사할 수 없다는 논리를 제기하였다.

"교황이 연옥에 간 영들의 죄를 사면할 수 없다. 이는 그 영들이 이 세상에 살아 있을 때 교회법대로 속죄 행위를 했어야 할 것이었다."

루터 당시에 매우 심각한 왜곡은 연옥에 머무는 귀족들을 위해서 성지순례를 다녀오게 되면 사함을 받는다고 가르쳤다. 순례 여정에서 말에서 굴러 떨어지거나 다쳤거나 더 이상 갈 수 없다고 한다면, 돈으로 면죄부를 구입하면 된다고 가르쳤다. 이런 왜곡에 대해서 루터는 목회적으로 그리고 개인적으로 의문을 제기하게 되었다. 루터는 어느 경우에든 연옥에 있는 영혼들을 위해서 면죄부를 구매하는 것이 가치가 없다는 점을 주장한다.[10]

연옥설은 면죄부 판매의 근간을 이루는 교리이므로, 조금 더 살펴볼 필요가 있다. 지금까지 나와있는 문서로는 1274년에 가톨릭교회에서 정식 문서로 채택했지만, 성도들에게 가르치기 시작한 것은 그

---

10 루터의 소요리문답, 201문항. *Luther's Small Catechism with Explanation* (St. Louis: Concordia Publishing House, 1991).

이전 100여 년 전부터이다.[11] 어린아이들의 죽음, 전염병의 유행, 전쟁에서 전사한 병사들 등 실재적 이유로 죽은 사람들을 위로하기 위한 필요성에 의해 만들어진 교리이다. 로마의 주교 힐데브란드가 목회적 목적으로 사용했었다. 루터를 정죄하는 트렌트선언문(1563)은 연옥설을 옹호하였다. 동방정교회에서는 연옥설을 거부했다. 칼빈은 재세례파의 영혼 수면설에 대해서도 반대했고, 로마가톨릭의 연옥설도 거부했다.[12]

결국 염려와 걱정으로 휩싸인 후손들을 상대로 하여, 로마가톨릭은 이미 죽은 자를 위한 기도, 죽은 자들을 연옥에서 구해주는 면죄부, 죽은 자를 위한 미사를 홍보하였다.

연옥설이 확산되는 근거는 단지 마카비 2서 12장 42절에서 44절의 "죽은 자들을 위해 기도하고 평화의 헌금을 하면 그들이 구원받는다"는 구절뿐이다. 또한 연옥설 주장자들은 고린도전서 3장 12절에서 15절을 주로 참고하여, "각 사람의 공적이 나타날 것이요, 공적에 따라서 상급이나 형벌을 받는다"고 하는 구절을 강조한다. 아무리 찾아보아도 고린도전서 3장에서는 연옥이란 단어가 전혀 나오지 않는다. 공로주의와 선행을 강조하려는 로마가톨릭이 확대하

---

[11] Jerry L. Walls, *Purgatory: The Logic of Total Transformation* (Oxford: Oxford University Press, 2012), 10–17.

[12] John Calvin, Psychopannychia (1545), tr. H. Beveridge, in *Tracts and Treatises of the Reformed Faith* (Grand Rapids: Eerdmans, 1958), III:413–90; "As long as (our spirit) is in the body it exerts its own powers; but when it quits this prison-house it returns to God, whose presence it meanwhile enjoys, while it rests in the hope of a blessed Resurrection. This rest is its paradise. On the other hand, the spirit of the reprobate, while it waits for the dreadful judgment, is tortured by that anticipation." Anthony A. Hoekema, *The Bible and Future* (Grand Rapids: Eerdmans, 1994), 92–108.

고 부풀린 것이다. 1992년에 나온 로마가톨릭 교리문답서에 연옥에 대해서 여전히 두 가지로 설명하고 있다.[13] 물론, 최근에는 연옥에 대해서 강조하지는 않는다. 죽은 자를 위한 기도와 미사만 강조할 뿐이다.

95개 조항에서 중반부에 나오는 지적들은 거의 대부분 루터와 테첼과의 싸움이라고 해도 과언이 아니다. 도미니크 종단 신부 테첼(Johann Tetzel)은 루터의 교구에 인접한 곳에서 가장 뛰어난 면죄부 판매상이었다. 그는 사람들에게 극적인 장면을 설명하면서 면죄부를 구매하게 하였다.

"땡그랑 하고 동전이 떨어지는 소리가 나는 순간에, 연옥에 있던 영혼이 천국으로 뛰어오른다."

이런 테첼이 도미니크 종단에 속해 있었다는 점은 매우 중요한 의미가 있다. 이 당시 로마가톨릭은 여러 종단으로 분리되어서 서로 다른 규칙을 따르고 있었다. 엄격한 규칙을 준수하기로 했던 도미니크 종단에 속한 테첼은 충격적인 설명을 서슴지 않았다.

"한 사람이 성모 마리아와 간음을 했다 하더라도, 나의 면죄부들 중에 하나가 속량해 줄 것이다."

테첼은 비록 예민함이나 영특함은 없었다 하더라도 당시의 성도들에게는 널리 알려진 인물이 되어버렸다. 요즈음 인기 연예인이라고 말해야 할 것이다. 루터의 후견인 프리드리히 3세도 역시 테첼을 불러들여서 자신의 지역에서 면죄부를 판매하게 허용하였다. 루터는 강 건너 쪽에서부터 활약하던 테첼이 비텐베르크에서 남다른 선전을

---

13 *Catechism of the Catholic Church*, 210문항과 211문항, sections 1020–1032.

하고 있음에 주목하고 있었다. 그가 주장하는 설명에 대해서 루터는 거듭 생각해 보았으나, 누구든지 약간의 돈을 내기만 하면 하나님의 용서를 획득할 수 있다는 말은 도저히 받아들일 수 없었다.

이미 오랫동안 루터는 죄에 대해서 깊이 생각하는 시간들을 가졌었다. 중세교회에서는 사람이 태어나는 순간에 약간의 상처를 입은 것뿐이며, 인간의 자유의지는 약간의 장애와 손상을 갖게 된 것 뿐이라고 가르쳤다. 완전히 거룩한 삶을 사는데 손상을 입었을 뿐이라고 가르쳤다.

루터에게 있어서 죄는 사망이었다. 죽은 사람은 달릴 수도 없고, 걸어갈 수도 없다. 그러나 테첼은 죽은 사람이 다시 부활해서 할 수 있는 것들을 약간의 돈을 지불하면 된다고 가르쳤다. 테첼이 설교하던 구절이 핵심을 이루고 있는 표현이 27조에 나온다.

"연보궤 안에 던진 돈이 딸랑 소리를 내자마자 영혼은 연옥에서 벗어 나온다고 말하는 것은 인간의 학설을 설교하는 것이다."

28조의 설명은 지금도 교회가 받아들이는 모든 헌금이나 기부금이나 교회 소속 재산들을 취급할 때에 들어야 할 경구이다.

> 돈이 연보궤 안에서 딸랑 소리를 낼 때 이득과 탐욕이 증가한다는 것은 틀림없다. 동시에 성직자의 대행기도의 응답 여부는 하나님의 선한 뜻에만 달려 있는 것이다.

### 4) 면죄부와 사죄권의 문제점들(30-40조)

면죄부 판매에 반대 이론을 펴내게 된 것은 루터가 성경의 가르침에 근거하여 죄의 문제를 가지고 깊이 고민했기 때문이다. 그래서 그는 인간의 공로나 선행으로 우리가 의롭다함을 얻을 수 없고, 오직 믿음으로 얻는다는 칭의론에서 해결책을 터득하게 되었다. 오직 믿음으로 얻는 칭의론이 루터의 핵심사상이다.[14]

비텐베르크에서 교수로 재직하면서 루터는 집중적으로 시편과 로마서를 강의했었다. 그가 하박국 2장 4절과 그것을 인용한 로마서 1장 17절에 대해서 확신을 가지게 된 것은 결코 우연이 아니다. 종교개혁의 조항들은 이런 깊은 성경연구에서 비롯된 것이다. 로마 가톨릭의 구원론 교리를 아예 전체적으로 그 구조 자체를 부정하는 글을 발표하게 되었다.

루터가 이미 1509년에 강의한 자료를 살펴보면, 중세시대에 정통으로 퍼져있던 피터 롬바르드의 문제점들을 지적하고, 어거스틴의 은총론을 중심으로 가르쳤다. 이것은 그가 에르푸르트 어거스틴파 수도원에서 만난 요한 스타우핏츠의 영향으로 보인다.

루터는 집중적으로 기독교인의 거룩한 생활을 위해서 과연 면죄부라는 것들이 유효한가를 거론한다. 30조부터 40조까지는 면죄부에 대한 상세한 분석들이 돋보인다. 죄에 대한 용서는 하나님께서만 진심으로 회개하는 자에게 내리시는 일이다.

---

14 Robert Kolb, *Martin Luther as Prophet, Teacher, and Hero: Images of the Reformer, 1520-1620* (Grand Rapids: Baker, 1999), 40.

31조에서 루터는 진정한 회개만을 강조한다.

"진실로 회개한 사람이 드문 것같이 면죄부를 진심으로 사는 사람도 드물다. 말하자면 그러한 사람은 거의 없는 것이다."

32조에서 강력하게 면죄부를 신뢰하는 미신적 행동을 질타한다.

"면죄증서에 의하여 자신의 구원이 확실하다고 스스로 믿는 사람은 그것을 가르치는 사람들과 함께 영원히 저주를 받을 것이다."

루터는 면죄부를 구매하고자 돈을 지불하는 것은 돈을 낭비하는 일이라고 확실하게 지적한다.

### 5) 면죄부의 구입과 사면권의 남용(41-52조)

로마 교황 레오 10세는 베드로 대성당을 재건축하는 비용을 마련하기 위해서, 한동안 덮어두었던 면죄부를 발행하여 돈을 모았다. 건물 보수와 군사력 확충, 각동 정치자금에 돈이 필요한 사람은 단지 교황 레오 10세만이 아니었다. 루터가 살고 있던 작센지방을 다스리던 마인쯔의 알브레흐트도 더 많은 주교좌를 장악하기 위해서 돈이 필요했다.

그러나 이것은 공식적으로 법이 금지하는 일이었다. 교황은 마인쯔의 알브레흐트에게 교구 내에서 면죄부 판매를 허용하였다. 이에 따라서 알브레흐트는 교황에게도 일부 자금을 상납할 수 있었고, 고리 대금으로 이자를 받고 자금을 빌려주는 일도 할 수 있었다. 이런 자금의 흐름을 따라서 상납을 받아 혜택을 누리는 자들은 행복했다. 몇 사람들에게 면죄부 판매의 책임을 부여했다.

루터는 테첼 일행이 교회 앞마당에서 극적으로 심리전을 펼치면서 연옥에 있는 자들에게 면죄부의 효력이 있음을 설득하는 호객행위를 잘 알고 있었다.

52조에서 증서 남용의 비극을 질타한다.

"면죄부에 교황이나 혹은 어떤 감독이 보증을 선다 하더라도 그것으로서 구원 얻을 가망은 없는 것이다."

### 6) 면죄 설교의 문제점과 복음 설교의 비교(53-80조)

루터는 기독교 신자가 해결할 수 있는 것은 결국 죄의 본질에 관련된 것이 아니라는 것을 발견했고, 예수 그리스도 안에서 발견되는 은총과 만족이라고 이해하였다.

1513년에서 15년까지는 비텐베르크대학교에서 시편을 강의했다. 루터는 계속해서 성경을 깊이 연구하여 아퀴나스의 스콜라주의와 오캄의 유명론에서 벗어났음을 보여준다. 1516년부터 그 다음해 까지는 갈라디아서를 강의했었고, 10월경에 루터는 면죄부에 반대한다는 설교를 한 바 있었다.

루터는 술을 마시는 것에 대해서 반대하는 경고의 설교를 했었다. 로마가톨릭교회에서는 어떤 성도가 술 취한 죄를 회개한다면서 자신의 잘못에 대한 대가를 치르기 위해서 면죄부를 구입하면 용서를 받는다고 가르쳤다. 이런 방식은 십자군 원정대들이 활동하던 시기에 고해성사를 통해서 해결을 받는 가장 흔한 죄사함의 사례로 나타났었다.

사면권을 옹호하는 자들은 성경을 선포하지 않고 있으며, 더 많은 시간을 면죄부 판매의 정당성에 부여하고 있음을 고발한다. 이들의 설교는 하나님께 대한 모독이요, 가장 소중한 보배가 되는 예수 그리스도를 무시하는 행동이다.

### 7) 면죄부 남용에 따른 질문들과 시행에 대한 논박들(81–91조)

중세 말기에 가장 왜곡된 일은 돈으로 면죄부를 구매하여, 하나님께 선행이 부족하거나, 죄를 회개하지 못하였거나 고해성사를 다하지 못하여 연옥에서 고통을 당하는 자들을 돕도록 하였다. 면죄부 판매자들은 죄를 회개하라고 자극을 하거나, 어찌하든지 면죄부를 많이 사도록 죄책감을 자극했다.

그러면 죄값을 치르는 면죄부를 많이 판매하게 되었다. 면죄부는 명복을 빌기 위한 연보를 드리는 것에 해당한다. 죽은 자의 영혼을 위해서 혹은 살아있는 자의 미사를 위해서 돈을 내는 것은 우울한 문제였다.

루터는 어찌하여 교황은 돈을 받아야만 사면권을 행하느냐고 반박한다. 82조는 루터의 파문에 빌미를 제공한 조항이다. 직접적으로 교황을 공격했다는 것이다. 하나님을 전혀 공경하지도 않는 자들이라 하더라도, 무죄건 면죄부만 구입하면 죄사함을 얻을 수 있다는 교황권의 행사는 무의미하다는 것이다(84조).

### 8) 십자가의 신학과 그리스도교인의 생활에 관한 교훈들(92-95조).

끝부분에 나오는 조항들은 루터의 초기 개혁사상의 핵심이라고 할 수 있는 그리스도의 십자가 신학이 반영되어있다. 루터는 영광의 신학에 대조되는 개념으로 십자가의 신학을 지속적으로 강조하였다. 십자가의 신학이란 예수 그리스도의 고난과 죽으심을 따라가는 길이다. 92조부터는 마치 설교와 같고, 안타까운 절규와 같다.

> 그리스도의 사람들에게 평안하라 평안하라고 말하지만 진정한 평안이 없는 선지자들은 다 떠나라고 말씀하였다(겔 13:10, 16; 렘 6:14, 8, 11; 살전 5:3). 그러나 그리스도의 백성을 향하여 십자가, 십자가를 지라고 부르짖는 모든 예언자들은 축복을 받을지어다(93조).

마지막 두 조항은 생활 속에서 그리스도인들의 훈련과 고난을 강조한다. "그리스도인은 형벌이나 죽음이나 지옥을 통하여서 머리되신 그리스도를 부지런히 따르도록 훈계 받아야 한다"(94조).

이같이 하여 역시 면죄부를 구입한 자들에게 평안의 위안으로 만족하지 말라고 경고한다.

> 그리스도인으로 하여금 위안에 의해서보다 오히려 많은 고난을 통하여 하늘나라에 들어가는 데 더욱 깊은 신뢰를 가지게 하라 (95조, 행 14:22).

소속 종단에 대한 책임감과 의무감에서 루터는 95개 조항을 브란덴부르크의 대주교 알베르트에게 발송했다. 면죄부를 판매하는 일은 해악을 끼치는 일이므로 중단하도록 청원을 하였다. 알베르트 대주교는 답변을 보내지 않았고, 마인츠대학교 신학교수들에게 검토하도록 지시하였다. 2주 후, 대주교는 루터의 95개 조항을 교황청으로 보내면서, 이단적인 문서에 대해서 대응하는 조치를 요청하였다.

## 3. 95개 조항과 관련된 역사적 개요[15]

| 연도 | 날짜 | 내용 |
|---|---|---|
| 1514년 | 3월 9일 | 작센지방 귀족으로서 일부 지역을 통치하던 브란덴부르크 알브레흐트가 마인츠의 추기경이자 대주교로 서품됨. |
| 1515년 | 3월 31일 | 레오 10세가 면죄부 판매 권리를 부여하는 조서를 보냄. 교황은 이탈리아 로마 교황청 건축공사를 지속하고자 하였음 |
| 1517년 | 1월 22일 | 도미니크 교단 소속 요한 테첼이 마그데부르크 지역에서 알브레흐트를 위해서 면죄부 판매책임을 부여받음. |
| 1517년 | 2월 24일 | 루터가 설교시간에 면죄부 판매를 비판함 |
| | 4월 | 작센 경계지역에 있는 위테르보그(Jüterbog)에 테첼 일행이 들어옴. |

---

15 Dixon, *The Reformation in Germany*, xvii-xviii. A. G. Dickens, *Martin Luther and The Reformation* (London: Wiley-Blackwell, 1967).

| | | |
|---|---|---|
| 1517년 | 9월 4일 | 루터가 『스콜라적 신학에 반대하는 논박』(*Disputation against Scholastic Theology*)을 출판 |
| | 10월 31일 | 루터가 95개 조항 게재. 면죄부 판매에 대한 토론을 요청. 이 글의 복사본을 알브레흐트 대주교에게 우송하면서 면죄부를 판매하여 재물을 취득하는 것을 금지해야 한다고 주장함 |
| | 12월 13일 | 알브레흐트가 교황청에 95개 조항을 보고하면서, 루터를 징계할 것을 요청. |
| 1518년 | 1월 | 테첼이 106개 조항으로 응답함. 프랑크푸르트 대학교 교교 교수이던 콘라드 윔피나(Conrad Wimpina)가 작성한 것. |
| | 2월 | 루터가 자신의 조항들을 더욱 더 상세하게 설명하는 책을 출판하겠다고 선언함. |
| | 3월 중순 | 비텐베르크 학생들이 테첼과 윔피나의 책을 불태움. 루터가 『면죄부와 은총에 대하여』를 설교하고 출판함 |
| | 3월 24일 | 요한네스 에크가 루터를 거짓이라고 공격한 문서를 발표. 이 문서에서 보헤미안 후쓰와 같은 독이라고 비난함. 루터가 이에 대해 반박함. |
| | 4월 | 테첼이 교황권을 옹호하는 책 *Rebuttal of a Presumptuous Sermon Containing Twenty Erroneous Articles on Papal Indulgences*을 출판. |
| | 5월 | 칼쉬타트가 테첼과 에크를 논박하는 380개 조항을 출판함. 루터에게는 사전에 전혀 상의한 바가 없음. 루터보다 훨씬 더 극단적으로 신앙의 문제 대해서는 개인이 판단하는 자유가 있음을 주장함. |
| | 5월 30일 | 루터가 교황 레오 10세에게 「95개 조항 해설서」를 헌정함. |
| | 6월 | 루터가 『면죄부와 은총에 대하여를 다시 옹호함』을 출판. |

# 제7장
## 종교개혁의 횃불들

종교개혁의 성패를 좌우하는 영적 전쟁은 몇 차례의 토론회와 논쟁들을 통과해 나가는 과정에서 치열한 공방을 주고받았다. 하나님의 도우심으로 종교개혁의 주장들을 발본색원하지 못하게 되었고, 마침내 누구도 거스를 수 없는 대세가 되었으며, 개혁자들에게는 승리의 확신이 주어지게 되었다. 종교개혁의 격렬한 전투는 로마 교황청과 루터 사이에서 1517년부터 1521년까지 증폭되는 과정을 거쳤다.

이 기간에 교황 레오는 로마를 중심으로 하는 세계 정치의 조율사로서 엄청나게 복잡했기 때문에, 루터의 문제는 독일에 있는 어거스틴파 수도사들이 회합을 갖고 이처럼 귀찮은 문제들을 처리하도록 조치를 했다. 레오는 조카 로렌지노 메지치와의 사이에 탐욕스러운 정복전쟁을 치러서 우루비노를 점령했고, 이집트와 시리아의 몰락으로 투르크족들이 키프러스를 점령하자 십자군 전쟁을 계획하였다. 프랑스와 베네치아는 스페인에 보복하려는 일들을 계획하고 있었던 것이다.

점차 루터에 대항하는 로마가톨릭의 충성파들과 기득권자들의 탄압이 나타났다. 인골슈타트대학교 교수 요한네스 에크가 탄핵을 주장하면서 루터와의 논쟁에 뛰어들었다. 교황 레오 10세는 1518년 2

월 3일, 어거스틴파 수도원장 가브리엘라 델라 볼타(혹은 베네투스)에게 루터를 통제하라고 명령했다.

## 1. 하이델베르크 논쟁(The Heidelberg Disputation)

1518년 4월 11일, 루터는 하이델베르그대학교에서 자신의 신학을 변호하는 토론에서 열변을 토했다.[1] 이 대학에서 토론을 하게 된 것은 루터의 스승 스타우핏츠가 자신의 모교인 하이델베르크 교수진들과 주선을 했기 때문이다. 루터가 과연 어떤 생각을 가졌는가를 발표할 기회를 제공하면서, 어떤 면에서는 루터를 공개적으로 검증하려는 의도가 있었던 것으로 보인다.

루터가 자신에게 지지해 줄 것을 호소했지만, 스타우핏츠는 끝내 교회의 통일성을 깨는 행위라고 지적하면서 동조해 주지 않았다. 이 날, 루터는 면죄부와 같이 예민한 문제들은 피하고, 죄, 자유의지, 은총 등 기독교의 기본적인 신학에 대해서 유명론에 반대하는 신학을 진술했다. 루터가 준비한 28개 조항에 대해서 논의하였고, 12개 조항은 동료 레온하르드 베이에르가 아리스토텔레스의 철학에 반대하는 내용으로 제시했다.

하이델베르크 논쟁에서 루터가 설명한 논지 가운데 "십자가의 신

---

[1] James Kittelson, *Luther the Reformer* (Minneapolis: Augsburg Publishing House, 1986), 111. Gerhard O. Forde, *On Being a Theologian of the Cross: Reflections on Luther's Heidelberg Disputation, 1518* (Grand Rapids: Eerdmans, 1997).

학"이라는 개념은 매우 큰 호응을 얻었다.[2] 사랑의 하나님께서 자기 백성을 구원하시기 위해서 약하고 어리석게 되셨다. 루터는 타락한 인간에 대한 하나님의 사랑을 보여주는 하나님의 고통이라고 감동적으로 풀이했다. 이 십자가의 신학은 지혜와 인간의 업적에 집착하는 영광의 신학과는 대치된다고 주장했다.

훗날까지 루터의 중요 신학사상으로 자리매김하면서 감동을 주고 있는 개념이다. 루터는 십자가의 신학과 영광의 신학을 대조적으로 설명했고, 그의 진술은 매우 성공적이었다. 예수 그리스도의 수난과 죽으심을 따라가야만 한다는 주장에는 경건하고도 박식하며 비장한 진지함이 담겨있었다.

이 날의 토론장에 도미니크 종단 젊은 수도사 마틴 부써가 참석하였는데, 루터의 십자가 신학에 감동을 받아서 종교개혁진영에 동참을 결심하였고, 훗날 스트라스부르그의 종교개혁자가 되었다.[3] 또한 하이델베르크논쟁에서 루터의 감동을 받아서 종교개혁자로 회심한 사람들은 부써처럼 독일 남부 출신들이 많았다. 훗날 쉬바비쉬홀의 개혁자, 요한네스 브렌즈(Johannes Brenz), 노르 드닝겐의 개혁자 테오발트 빌리카누스(Theobald Billicanus) 등이다.

하이델베르그로부터 돌아오자, 논쟁은 독일 북부 작센 브란덴부르그지방 전체로 확산되어졌다. 루터가 출교당할 것이라는 소문이 널리

---

2 Robert Kolb, *Martin Luther* (New York: Oxford University Press, 2009), 24.

3 Kittelson, *Luther the Reformer*, 112: "Martin Bucer, who later took up what he understood to be Luther's cause, observed in a letter to his friends, 'Luther responds with magnificent grace and listens with insurmountable patience. He presents an argument with the insight of the apostle Paul.'"

퍼졌다. 루터는 로마가톨릭에서 시행하고 있는 출교조치가 비성경적이라고 설교했다. 눈에 보이는 사람들에 대해서 출교의 권세를 행사하는 로마가톨릭교회는 그럴 권한이 없다는 점을 지적했다. 성도들의 영혼에 대해서, 교회의 영적인 모임에 대해서는 가견적 로마가톨릭교회가 아무런 권세를 갖지 못한다. 이런 권징은 성도들을 치유하는데 사용되어야만 하는데, 해악을 끼치고 처벌하는 것은 온당치 못한 것이다.

1518년 8월, 루터는 드레스덴의 어거스틴파 수도원에서 엔세르와 회합을 가졌는데, 그는 루터의 약점들을 파고들었다. 루터는 엔세르를 드레스덴의 염소라고 비난하면서, 결코 용서할 수 없다고 증오심을 표출했다. 도미니크 종단에서는 어거스틴파를 한 수 낮게 평가했었는데, 루터에 맞서서 마졸리니가 비판하는 문서를 출간했다. 루터는 이에 맞대응하여 논쟁을 주고받았다.

아우크스부르크, 루터가 카예탄과 논쟁하던 곳이다. 1530년 6월 25일 멜랑히톤이 작성한 루터파 신앙고백서를 카를 5세에게 제출했던 역사적인 장소이다.

## 2. 아우크스부르크 대화

아우크스부르크(Augsburg)에서 루터와 카예탄(Thomas Cajetan)과의 토론이 벌어진 것은 1518년 10월 12일부터 18일까지다.[4] 루터는 1518년 5월에 교황의 권위에 의문을 제기한 죄목으로 고소되었다. 로마 교황을 공격하는 루터를 제압하려고, 교황청에서는 루터를 압송하여 로마로 데려오기를 원했다. 그러나 막시밀리안 황제와 교황청이 서로 긴장관계여서, 함부로 정치적인 권세를 발휘할 수 없게 되었다. 막시밀리언은 자신의 아들을 스페인의 통치자로 세우려 했고, 교황청에서는 동의하지 않았다.

교황청에서는 추기경 카예탄을 보내서 루터를 만나게 하였다. 마침 카예탄이 레오 10세의 십자군 전쟁계획에 대한 탄원 업무를 처리하기 위해서 독일에서 개최된 제국의회에 참석하였다. 작센의 선제후 프리드리히가 신성로마국의 황제 선출을 앞두고 있던 시점에서 정치적 수완을 발휘하여 해결책을 도모하였던 것이다.

1519년 1월 12일, 황제 막스밀리언이 사망하고, 신성로마제국은 종말을 고했다. 마치 루터가 제기한 문제점들을 어떻게 처리할지 아무런 결론이 매듭되지 않은 것처럼, 장래 정치적인 계략들이 난무했다. 루터의 보호자, 프레데렉은 황제 선출권을 갖고 있었다.

카예탄은 토마스 아퀴나스를 철저히 신봉하는 자였다. 도미니크파 수도사이기도 했던 카예탄은 루터의 태도가 교회에 대한 불순종

---

[4] McCulloch, *The Reformation*, 126.

이며 무례하다고 판단했다. 카예탄은 교회의 위계질서를 강조했고, 루터는 교회에 충성한다는 의미를 설명했다. 교황의 독재와 전횡에 따라가는 것이 교회에 대한 충성이 아니라 불충성이라고 주장했다. 두 사람의 대화는 유쾌하지 못한 공방을 주고받다가 끝이나 버렸다. 더 이상의 대화가 무의미하다는 것을 깨달은 루터는 지혜롭게 서둘러서 아우크스부르크를 떠나버렸다.

### 3. 라이프찌히 논쟁(Leipzig Debate)

비텐베르크와 경쟁관계이 있던 라이프찌히 논쟁에서는 루터의 생애에서 가장 복합적으로 혼란스러운 시절이 다가왔다. 1519년 6월 27일부터 7월 15일까지, 라이프찌히에서 열린 논쟁에서는 루터에 대한 공격의 선봉에 칼쉬타트와 에크가 나왔다.[5] 처음에는 비텐베르크의 동료 칼쉬타트가 루터에게 호의적이었다.

그러나 루터는 칼쉬타트가 너무나 과격하고, 특히 농민혁명에 동조하는 쪽으로 나가자 결별하게 되었다. 라이프찌히는 공작 게오르게가 통치하고 있었는데, 그는 개신교 종교개혁이 성공할 것임을 토론회에서 직감하였다. 왜냐하면 루터가 시종일관 토론에서 좌중을 압도했기 때문이다. 학생들과 교수들로 구성된 청중들 사이에 논쟁이 일어나면서, 결국 루터의 설득력이 힘을 얻어가고 있었다.

---

5 Full text of "The Leipzig debate in 1519: leaves from the story of Luther's life" https://archive.org/stream/cu31924029232372/cu31924029232372_djvu.txt

존 에크. 라이프찌히에서 루터와 논쟁하였고, 일생 동안 정죄하는데 앞장섰다.

라이프찌히 논쟁에서 핵심은 교황의 수위권이었다. 그 본질은 성경에서 과연 로마 교황권을 지지하는 내용을 찾아볼 수 있느냐였다. 에크가 주장한 교황의 수위권과 권위에 대해서 11세기 초기까지는 전혀 역사적 근거가 없음을 루터가 논박했다. 교황의 수위권은 면죄부를 판매하기 위해서 정당화하는 것이라고 공격했다.

또 다른 이슈는 성례에 관한 것이다. 그러나 루터는 성례 자체에 대해서 반대하는 것이 아니라, 중세부터 시행해 내려온 성찬의 기능에 대해서 거부한다고 주장했다. 에크가 루터를 짓밟고 핍박하면 할수록, 점차 교황권의 조치들에 대한 의문이 늘어만 갔다. 갈수록 더 낯은 의혹과 문제점들이 드러나게 되었다.

루터는 6월 29일 권위에 대해서 설교했다. 마태복음 16장 13-19절에서 예수님이 베드로에게 위임한 천국의 열쇠는 모든 기독교인들에게 준 것이라고 풀이했다. 결코 그 권위를 로마 교황에게 준 것이 아니라는 점을 분명히 선포했다. 교회는 죄를 사면하는 절대적인 권세를 가지고 있지 않으며, 단지 선포할 뿐인데 목회적인 사역에 제한된다.

에크는 보헤미아의 후쓰와 같은 죄를 범하고 있다고 루터를 공격했다. 후스는 로마가톨릭이 성도 개인의 구원 여부에 대해서 마음대로 선포할 수 없다고 맞서면서, 하나님의 예정과 작정에 따르는 것이라고 주장하였다. 에크는 후스의 파문을 정당화하면서, 로마가톨릭 교회의 수위권을 옹호했다. 루터는 교회의 머리는 오직 예수 그리스도뿐이며, 초대 교부들의 글과 성경이 이것을 증거하므로 에크의 해석이 잘못되었다고 공격했다. 루터는 전혀 희망이 없는 로마 교황청에 대해서 신성모독을 범하고 있다고 선언했다.

에크는 루터가 교황의 수위권에 대해서만 공격하는데, 교회의 종교회의도 역시 권위를 가진다고 주장했다. 루터는 어거스틴의 글을 인용하여 종교회의 역시 권위를 주장할 수 없다고 반박했다. 루터는 후스가 남긴 것을 보면 대부분 로마가톨릭의 견해와 일치하고 있음을 알 수 있다고 옹호했다. 이제 루터는 교황권을 거부하고, 종교회의의 결정도 비판했고, 권위의 최종 근거는 오직 성경이라고 하는 입장을 확고히 표명한 것이다. 루터의 입장들은 곧바로 여러 논문들 속에 보다 더 선명하게 담겨지게 되었다.

1520년, 머리를 삭발하고 용감하게 저술과 논쟁으로 주장을 피력하던 루터.

1520년 12월 초에 루터는 "교황의 교서"(*Exsurge Domine*)에 의거해서 이단으로 정죄되었다. 루터는 이 교서와 에크의 작품들과 여러 권의 교회법을 12월 10일, 비텐베르크대학교 문 앞에서 공개적으로 불태웠다.

### 4. 『독일귀족에게 드리는 편지』

용감하면서도 뛰어난 신학적 진보가 표출된 것은 앞에 언급한 논쟁들을 거치면서 다져진 결과물들이다. 종교개혁에서 다루어질 중요한 내용들은 루터가 남긴 위대한 신학 논문들은 1520년에 쏟아져 나왔다. 그리하여, 종교개혁의 결정적인 승리가 눈앞에 보이는 변화의 시점이 되었다.[6] 라이프찌히 논쟁은 루터로 하여금 교회의 개혁을 확고하게 그려내도록 자극을 주었고, 문제점들을 명쾌하게 지적하는 계기를 마련해 주었다.

『독일귀족에게 드리는 편지』에서는 루터는 거룩한 종교에 속한 일과 세속적인 것과의 구분을 철폐할 것을 주장했다.[7] 루터는 세속적인 정치인들이 나서서 교회를 위해서 일하라고 촉구했다. 종교적인 부르심은 고상하고 선한 것이라는 로마가톨릭의 이원론적 사고를 루터는 거부했다. 세속 정치는 더러운 것이라는 생각은 비성경적인 것이요, 무식한 주장이다. 신발을 만드는 일이나, 대장간에서 일하는 사람이 하는 일이라고 해서 신부가 성당에서 하는 일보다 더 저급하다고 말할 수 없다.

만일 그대가 렘브란트와 같은 화가라고 한다면, 화폭에다가 거룩한 장면을 그려서 넣을 수 있는 것이다.

사람을 신앙적으로 만드는 것이란 과연 무엇이던가?

세례, 복음, 믿음이 아니던가?

이런 것들은 모두 다 신부만 시행하는 것이기에, 다른 일들은 저속하다고 말할 수 없는 것이다. 어떤 사람이 하나님의 영광을 위해서 일하고 있으면, 그 사람은 거룩한 사람이다. 귀족들은 서민들을 보호하고 외부의 공격에서 지켜주어야 한다. 로마가톨릭이 훔쳐간 권세를 다시 찾아와서 순전한 사람들을 보호해 주는 일에 앞장 서야 한다

---

6 Carl R. Trueman, *Luther on the Christian Life: Cross and Freedom* (Wheaton: Crossway, 2015), 137.

7 *Luther's Works*, vol. xliv. 『루터의 3대 명문』 지원용 역 (서울: 컨콜디아사, 1993).

고 루터는 촉구했다.

　루터는 로마가톨릭교회가 도저히 교정될 수 없는 집단이어서 자신의 결별은 돌이킬 수 없다고 선언했다. 상하구조로 된 로마가톨릭교회의 오류를 시정하기 위해서는 평신도 귀족들이 개혁에 앞장 서 줄 것을 호소했다. 1519년 막시밀리언 황제를 승계한 찰스 5세, 군주들, 기사들, 귀족들, 도시의 지도자들에게 영적인 무기를 사용할 것을 요청했다.

　세속 권세를 조종하려고 하는 로마 교황청의 3대 오류를 지적하였다.

　첫째, 영적인 검이 세상의 일시적인 검보다 더 우월하므로 세속 권세자들이 영적인 지도자들에 대해서 판결할 권한이 없다는 것은 오류이다.

　둘째, 오직 교황만이 성경을 해석할 권한을 가졌다는 것은 잘못된 조항이다.

　셋째, 오직 교황만이 종교회의를 소집하고 주관한다는 것도 왜곡된 조항이다.

　여기서 루터는 독일 평신도 지도자들에게 매우 호소력 있는 제안을 내놓았는데, 만인제사장설이라고 알려진 매우 중요한 신학사상을 발표하였다. 모든 기독교인들은 하나의 기준에 속해 있으니, 하나님의 은총 아래서 살아가는 구속받은 죄인들이라고 하는 신분상태이다. 성직자가 평신도보다 영적으로 더 우월하다는 것은 성경 어디에도 나오지 않는다. 세속적인 일에 종사하든지 혹은 공무적인 일을 하든지 간에, 평신도보다 성직자가 더 높다고 말할 수 없다. 기독교인들은 직분과 직책만 달라서 서로 다른 기능을 감당하고 있을 뿐이며,

신앙적인 의미에서 그들 사이에 질적인 차이점은 없다.

한국교회 목회자들이나 평신도 대표격인 장로들은 자신들이 마치 더 위대하고 더 높은 영적 자격을 갖추고 있다고 확신하고 있다. 강단에서 호통을 치는 목회자들은 오직 하나님에 대한 열정에서 성경의 가르침을 전파할 뿐이다. 결코, 강단 위에서 설교하는 사람이 더 훌륭하다거나 더 거룩한 사람이라고 높여줄 이유는 없다.

신학을 수학했다고 해서, 지식이 넓은 것이지 그 사람 자체가 특별한 존재라고 할 수는 없다. 교단의 총회장이나, 기독교 단체의 총재 혹은 이사장들이나, 신학대학교의 교수진들이나, 선교단체의 설립자들이라 하더라도, 루터의 만인제사장설에 대해서 귀 기울여야할 것이다.

## 5. 『교회의 바벨론 유수』

『교회의 바벨론 유수』라는 글은 신학자들을 위해서 라틴어로 작성된 것이다.[8] 영적인 이스라엘에 대해서 로마 바빌로니아가 폭정을 휘두르고 있음을 비유한 것이다. 이 논문에서 루터는 지금 예수 그리스도는 어떻게 무엇을 하고 계신가를 반문한다.

그분은 무엇을 하고 계시며, 지금 우리는 그분을 어떻게 갖게 되는가?

---

8 *Luther's Works*, vol. xxxvi, 33-34.

믿음으로 우리는 예수 그리스도를 받아들이고, 믿음으로 그분의 몸과 피를 받으며, 성만찬에 참여한다.

토마스 아퀴나스에 의해서 13세기에 정립된 일곱 가지 성례는 가장 비성경적인 은혜 주입설을 정착시켰다. 로마가톨릭에서 가장 중요시하는 성례주의를 반복적으로 집행해 왔으나, 루터의 반론에 의해서 재정립되는 계기가 만들어졌다. 임직식, 결혼식, 장례식, 견신예식 등은 은혜의 수단들이 아니라고 루터는 확신했다.

로마가톨릭교회에서는 죄를 용서해 주시는 하나님의 약속과 사람의 눈에 보이는 상징들과를 결합시켜서 오직 성직자들만이 집례 하는 성례주의를 포장하였다. 그러나 루터는 세례, 성만찬, 회개기도, 이 3가지 성례만이 예수 그리스도께서 제정한 것이라고 인정했다. 물과 빵과 포도주라는 요소가 개입한다. 나중에 루터는 세례와 성찬만이 진정한 성례에 해당한다고 주장했다.

로마가톨릭교회에서는 신부가 성도들을 대신해서 미사를 통해 대속의 제사를 하나님께 올린다 하였다. 이것은 율법의 의무만을 강조하는 것이지, 복음의 약속들에 대해서는 하나도 증거하지 않는 왜곡된 기독교이다. 예수 그리스도의 십자가는 율법의 완성이요, 더 이상 희생 제사는 필요하지 않다. 따라서 성도들의 교육을 위해서 가르치면 되는 것이요, 복음의 약속을 증거해야만 한다.

특히 성례 중에서도 성만찬 예식이 가장 왜곡되었다고 지적했다. 본질이 변한다는 화체설의 교리적 모순과 평신도들에게 포도주를 나눠주지 않은 것에 대해서 비판했다. 실재와 상징 사이에 구분을 하는 안목을 제시한 것이다. 훗날 개신교회들은 루터의 신학에 근거하여

한걸음 더 성경적인 성례론을 세울 수 있었다.

필자가 가장 주목하는 루터의 중요한 공헌 중에 하나는 성만찬에서 포도주와 빵을 함께 모든 성도들에 공유할 수 있도록 재정립한 일이다. 로마가톨릭에서는 예수님의 피로 변한다는 포도주를 평신도들에게 나눠주지 않는다. 성찬 시에 포도주를 나누다가 바닥에 흘리게 된다면 신성을 모독한 죄가 된다. 남자들의 수염에 한 두 방울이라도 묻히게 되면, 주님의 피를 소홀히 취급하는 죄를 범하는 일이라고 겁을 주었다.

## 6. 『기독교인의 자유에 관하여』

『기독교인의 자유에 관하여』는 교황 레오 10세에게 공개적으로 보내는 서한이다.[9] 1520년에 나온 세 개의 논문 중에서 가장 뛰어난 글이다. 신선하고, 독창적이며, 문학적으로도 탁월하고, 선택된 단어들과 논지의 전개가 매우 탁월하고 짜임새가 있다. 이처럼 쉽고 아름다운 명문에서, 루터는 평신도들에게 깊은 영향을 남기게 되었다. 이후로, 자유라는 단어가 루터의 신학사상에서 자주 등장하게 된다. 이 글에서 자유라는 것은 로마 교황청으로부터의 자유, 압박으로부터의 자유, 경제적인 쪼들림에서 자유 등 여러 가지로 사용되었다.

자유는 어디에서 나오며, 무엇을 가져다 주는가?

---

9 *Luther's Works*, vol. xxxi, 344.

예수 그리스도께서 모든 것을 다 이루셨으므로 오직 하나님께로부터 나온다.

루터는 매우 탁월한 대조법을 구사했다. 실제와 표면의 대조법인데, 철학적이 아니라 철저히 기독교인으로서 논지를 밝혔다.

겉으로는 웅장하고 거창하게 보이지만, 사실은 어떠한가?

인간은 의인이면서 동시에 죄인이다.

교회는 또 어떠한가?

지난 3백년 동안 로마 교황청이 얼마나 부패했는지를 밝혔다. 특히 성 버나드의 『성찰론』(De Consideratione)에서 교황의 죄악들을 인용하면서, 레오 10세가 바르게 되어야만 한다고 주장했다. 그리고 루터는 영혼의 자유함과 속박에 대해서 양면적으로 다루었다.

이 글에서 루터는 두 가지 명제를 제시한다. 얼핏 보면, 모순처럼 느껴진다. 기독교 신자는 누구에게 구속당하지 않는 자유인이면서도, 동시에 모든 사람을 섬기는 의무를 지니고 있다고 강조하기 때문이다.

> 기독교인은 그 누구에게도 속박을 당하지 않는 완벽한 자유함이 주어져 있다. 동시에 기독교인은 모든 사람들을 섬기는 봉사의 의무를 누구나 다 갖고 있다.

이 두 가지 논지는 서로 대립적인 것처럼 보이지만, 실상은 서로 긴밀히 연계되어 있다는 것이 루터의 주장이다. 기독교인은 그리스도의 구속사역을 믿는 사람으로서 하나님의 안목에서 볼 때에는 의롭다하심을 받은 자들이며, 모든 죄에서 자유하고, 참된 사람의 본성을 회복했다. 그러므로 구원을 얻기 위해서 다른 사람을 사랑하거나, 봉사하고 섬기면서 공로를 세우는 것이 아니다. 구원은 이미 얻은 것이기에, 기독신자가 다른 사람을 사랑하고 섬기는 것은 자발적인 의욕에서 나오는 것이다.

이 세 번째 글은 앞에 나온 두 글보다는 훨씬 더 솔직하면서도, 덜 투쟁적이다. 구원에 관련하여 오직 은혜라는 것을 강조하기에, 선행이나 공로가 얼마나 무가치한가를 설명한다. 로마가톨릭의 율법주의라는 신학적 오류에 대해서 정면으로 맞서는 것이다. 사도 바울의 칭의론과 믿음, 윤리 생활을 요약하여 제시하면서 중세 말기 로마가톨릭의 관행에 대해서 논박한 것이다.

# 제8장
## 종교개혁의 승리

 단 한 방울의 물도 하나님의 창조적 간섭이 있어야 한다고 칼빈은 설교에서 강조한 바 있다. 하물며 사람이 심문과 재판과정에서 살아남느냐 죽임을 당하느냐 여부는 하나님의 주권적 섭리에 따른 것이다. 루터가 보름스 제국의회에서 살아났다는 것은 향후 더 나아갈 희망을 지피는 것이다. 모든 권력자들이 추방하고, 체포하려 했지만, 천신만고 끝에 살아남은 루터가 결과적으로 승리하게 된 것이다.
 드디어, 종교개혁이 승리했다라고 만천하에 외칠만한 날이 도래했다. 이리 저리 끌려다니던 루터는 이제부터 가슴을 펴고, 자신의 설교를 담대하게 외치게 되었다.
 또한 세상에서의 사건들은 권세와 권력을 가진 세속정부의 힘에 의존하는 것처럼 보인다. 개인의 생애에서나, 교회의 역사에서나 정치적인 힘과 함께 뒤섞여지는 경우에는 엄청난 변화가 초래된다. 종교개혁의 진퇴 여부가 결판이 난 것은 1521년 보름스의회에서였다. 혼돈의 시대가 이제 좀 더 확실하게 종교개혁이라는 큰 변혁을 받아들이는 쪽으로 진행되었다. 앞장에서 살펴본 바, 1517년부터 시작된 일련의 과정 속에서 루터와 관련된 사항들이 1521년에서는 돌이킬

수 없는 변화와 진행을 인정하는 쪽으로 흐르게 되었다.[1]

## 1. 보름스의회: 종교개혁사의 분기점

　기독교 신앙의 문제를 가지고 논쟁했던 수도사 루터는 로마 교황청의 심문을 받지 않고 도리어 세속정치의 최고 지도자로부터 파문을 받게 되었다.
　그가 어찌하여 종교회의에 나가지 않게 되었고, 정치권력을 가지고 논의하는 제국의회에 나가서 심문을 받아야만 했던가?
　이에 대한 해답으로서 다른 쪽을 살펴보자면, 종교개혁이 성공하기 위해서는 반드시 힘 있는 권세자들의 뒷받침이 있어야만 가능했다.
　첫째, 정치적인 힘을 가진 군주들이 종교개혁자들을 보호하고 도와주어야만 무너지지 않고 새로운 교회 공동체가 일어설 수 있었다. 교회는 스스로 개혁할 입장이 아니었기에, 외부의 정치권력으로라도 새로운 교회가 보전되는 길을 모색해야만 했었다. 루터가 교황의 면죄부를 공격하고 난 후, 믿음으로만 의롭다함을 얻는 다고 믿는 성도들은 어떻게 생존할 수 있느냐가 대두되었다. 루터는 권세를 가진 자들에게 호소하는 순발력을 발휘했다. 영국에서는 로마가톨릭을 거부하고, 새로운 교회를 세우는 힘을 국왕 헨리 8세가 갖고 있었다.
　둘째, 종교개혁이 큰 호응을 얻기 위해서는, 당시 사회를 지도하

---

[1] Mark A. Noll, *Turning Points: Decisive Moments in the History of Christianity* (Grand Rapids: Baker Academic, 1997), 160.

는 엘리트 지식인들과 기독교 신학자들의 도움과 지지가 절실히 필요했다. 15세기 말 유럽에서는 지식인들을 위한 혁신적인 활자 인쇄기술이 등장했다. 20세기에는 컴퓨터의 보편화가 이뤄짐으로써, 1980년대 말과 1990년도에 세계 지식정보 산업에 새로운 혁명을 도래하였던 것과 비슷하다. 활자 기술의 발전으로 루터의 95개 조항은 1518년 초까지 유럽 전 지역으로 보급되었다.

그 시대의 지식인들이라면 이 95개 논쟁의 내용들에 대해서 그 누구도 그냥 지나칠 수도 없었다. 더구나 기독교 성직자들에게는 그 무엇으로도 감출 수 없는 논쟁점이 되었기에, 로마가톨릭교회의 핵심 사항으로 떠올랐다. 루터가 발표한 논문들은 신속하게 인쇄되었고, 날개달린 씨앗처럼 전 유럽으로 퍼져나갔다.

15세기와 16세기 유럽은 내부적으로 긴장과 변화가 일어나고 있었다. 합스부르크 황제 막시밀리언 1세(1493-1519)가 1519년 1월 12일 사망하자, 소문은 라인강을 타고 흘러내려서 프랑스 전 지역으로 퍼져나갔다. 일곱 명의 선제후들이 실제적으로 투표권을 행사하여 결정하는 것이 당시 관례였다. 독일에서는 트리에르, 마인즈, 콜론 등 세 지역 군주들과 보헤미아, 에르네스틴 작센, 브란덴부르그, 그리고 팔라티네 등 모두 일곱 명이 정치적인 문제들을 해결하는 위치에 올라있었다.

결코 누구든지 쉽게 황제의 자리에 올라갈 수 없었다. 자꾸 선정 작업이 늦어지자, 프랑스의 국왕 프랑소와 1세가 야심을 품고 있었다. 프랑소와 1세에게 반대하는 자들은 막시밀리언의 손자 찰스 5세를 중심으로, 벌건디의 공작, 스페인 국왕 등이 결집했다. 결국, 합스부르그 후예인 찰스 5세가 영국, 프랑스 국왕 등 여러 경쟁자들을 물리치고 당선되었다. 수많은 뇌물을 사용하였다는 소문들은 거짓말이 아닐 것으로 추측된다.

이런 과정에서 유럽 대륙을 지배하는 권세자들의 판도가 드러나게 되었다. 유럽 대륙의 남쪽 부분들은 메디치 가문에서 배출한 교황 레오 10세가 영향을 미치고 있었다. 그는 프랑스 왕보다는 스페인 국왕을 더 무서워하여, 주로 프랑소와 1세를 지지하였다. 그러나 황제의 선출은 외부의 도움으로 결정되는 것은 아니었다. 선제후들이 모여서 새로운 왕을 선택하는 것이었다. 영국이나 프랑스가 아니라 합스부르그 가문이 다시 선택된 것은 독일 선제후들의 결정에 의한 것이다. 프랑스 국왕이 선정된다면, 독일 지역의 자유는 존중을 받기 어려웠다.

제국 전체를 이끌어나갈 경제력이 뒷받침 되지 않았기에, 사실 상 신성로마제국의 황제가 가진 권력은 그리 대단한 것은 아니었다. 제국의 핵심은 독일어 사용권 지역들이었다. 1519년 6월 28일, 독일 프랑크푸르트에서 새 황제가 선출된 것이다. 샤를마뉴 대제처럼, 다음 해에 아아켄에서 대관식이 열렸다. 신성로마제국은 독일어를 사용하는 지역들을 기반으로 하고, 오스트리아와 이탈리아 북부, 스위스의 일부를 포함하여 프랑스까지를 대상으로 삼았다. 세속 권세를 놓고서 대립하면서, 실리와 명분으로 외교적 역량을 과시하는 유럽 정치가 성행하고 있었다.

중세의 황제들은 자신들에게 주어진 임무 중에 하나가 교회를 보호하고 교황권과의 협조하에 기독교제국의 통일성을 유지하는 것이.[2] 독일에서는 선제후들과 강력한 권력을 장악하고 있던 군주들이 정치적인 평화를 보전하여 자신들의 권세를 유지하고자 노력했다. 교회의 문제들에 대해서는 별로 큰 관심이 없었다. 결국 종교개혁은 유럽의 신성로마제국을 양분하는 세력들 사이에 갈등을 가져왔고, 독일 지역의 군주들에게는 정치적인 독립을 제공하게 된다.

봉건제도의 상층부에는 황제가 있었고, 피라미드 구조의 하층까지 군주체제 하에서 각 마을과 도시들을 통치하였다. 그러나 각 지역마다 다른 관심들이 있었고, 점차 분리적인 입장을 취하기 시작했다. 그리고 이웃 지역들과도 긴장관계가 조성되었다. 선제후 아래에는 각 군주들과 공작들과 후작들, 대지주들, 영적인 일에서는 대주교들과 주교들이 상층부를 이루고 있었다. 이들보다 낮은 지배층으로는 수도원장, 여자수녀원장, 주임 사제들이 세속 정권의 하층 지배자들인 백작들과 영주들이 있었다.

1520년 한 해는 루터에게 매우 중요한 일들이 전개되었다. 가장 놀라운 점은 이 한 해에 절정에 달한 루터의 신학사상들이 쏟아져 나왔다. 모두 시대를 거스르는 논지들로 가득차 있었고, 탁월함이 돋보이는 논문들이었다. 한편으로는 그의 명성이 하늘을 향해 높아졌지만, 동시에 다른 한편으로는 권세자들의 분노에 가득한 핍박도 더 크게 밀려왔다. 그를 멸망시키려고 하는 시도들이 곳곳에서 재앙을 쏟아 부었다. 에크가 로마 교황청에 보고한 바에 따라서, 루터는 우물에 담겨있는 독이라고 규정된 것이다.

---

2 Friedrich Heer, *The Holy Roman Empire*, tr. Janet Sondheimer (London: Phoenix, 1995), 94-175.

교황 레오 10세는 1520년 6월 15일 루터를 출교한다고 선언했다. 42개 조항에 걸쳐서 루터의 이단성을 공표되고, 모든 글을 불태우라고 명령했다. 실제로 피아자 라보나에서 루터의 책을 불태웠다. 이에 맞서서 1520년 12월 10일 아침, 비텐베르크대학교에서 학생과 교수들이 교황청의 교서들과 스콜라주의 신학서적들을 불태웠다. 루터는 두려움에 떨면서도 그 불길 속에다가 파문장을 던져버렸다. 그 파문장에는 "네가 하나님의 진리를 파괴했으므로, 오늘 주님께서는 너를 이 불길 속에서 파괴할 것이다"고 쓰여 있었다.

교황 레오 10세가 루터의 오류를 지적하면서 발급한 파문장(*Exsurge Domine*, 1521).

교황의 파문장에 맞서, 루터는 다시 「적그리스도의 파문장에 대항하여」라는 강한 반박문을 발표했다. 1521년 1월 3일, 레오 10세는 출교서를 다시 공표했다. 이제 루터는 로마가톨릭교회로부터 모든 혜택과 지위를 잃게 되었고, 공식적인 이단으로 정죄를 당했다.

오늘날로 바꿔서 풀이해보자면, 한 사람이 그 사회에서 공민권, 혹은 시민권을 잃어버리는 처분을 당하게 되는 것이다. 그 당시에는 대체로 한 사람이 교회에서 파문을 당하면, 세속 군주들이 이에 상응하는 징벌을 내렸다.

로마 교황 레오 10세, 루터를 이단으로 정죄함. 플로렌스 피티 박물관에 소장됨.

그러나 황제 찰스 5세는 즉각적으로 루터에게 형벌을 내리지 않았다. 일부에서 황제의 처벌을 종용했지만, 그가 신중하게 대응했던 것은 루터를 지지하는 평신도들의 분위기를 감지했기 때문이다. 적어도 독일 지방에서는 열 명 중에 아홉 명이 루터편에 있다는 분석이 나왔다. 찰스는 자신의 취임식에서 독일 지방에서는 본인의 소명을 듣지 않고서는 처벌하지 않겠다고 공언했었다. 황제는 루터의 책을 불태우라는 명령을 내리지 않고, 4월까지 보름스에서 열리는 의회에 나와서 증언을 하라고 소환했다.

황제와 선제후들과 귀족들과 로마 교황청 고위 성직자들이 1521년 3월 6일, 보름스에 모였다. 황제는 루터의 신변을 안전하게 보장했다. 그러나 루터는 이미 보헤미아 콘스탄스에서 후스가 안전을 보장받았지만 화형에 처해진 것을 잘 알고 있었다. 일단 이단으로 정죄

루터가 동료 스투름과 함께 1521년 보름스를 향해서 갈때와 돌아올 때 머물렀던 오펜하임. 작은 도시로 포도주 산업이 발달함.

당하면 더 이상 안전을 책임질 수 없게 되는 것이다. 선제후 프리드리히가 자신을 결코 보호해 준다는 보장이 없었다.

보름스는 하이델베르그 북쪽에 있는 작은 도시인데, 그들이 살던 비텐베르크에서는 너무 멀리 떨어져 있기 때문이다. 실제로 루터는 더 이상 선택할 여지가 없었다. 그의 앞에 놓인 지옥의 문들이 분명히 보였음에도 불구하고 나갈 수 밖에 없었다. 훗날 그는 "지붕위에 기왓장보다 더 많은 악마들이 거기에 있음에도 불구하고" 보름스의 회에 나갔다고 회고했다.

## 2. "내가 여기 서 있나이다"

유럽 세계를 통치하던 권력자, 합스부르크제국의 황제 찰스 5세와 장차 새로운 기독교 교회의 젊은 지도자가 될 루터가 서로 얼굴을 마주 대면하게 되었다. 1521년 4월 17일, 오후 4시에 창백한 모습으로 루터는 제국의회 앞에 세워졌다.[3] 중앙 탁자에는 루터의 저술들이 수북하게 쌓여 있었다. 그리고 두 가지 질문이 던져졌다.

"당신이 이 책들을 쓴 저자임을 확인해 주겠는가?

이들 가운데서 전부 혹은 일부라도 취소하겠는가?"

극한의 긴장감 속에서 황제를 만난 루터는 처음에는 질문의 내용

---

[3] H. C. Bettenson & C. Maunder, ed. *Documents of the Christian Church* (Oxford University Press, 1994), based on *Luther's Opera Latina* (Frankfurt, 1865-73); Heiko Oberman, *Luther: Man Between God and the Devil* (New Haven: Yale University Press, 2006).

제8장 | 종교개혁의 승리 **189**

"내가 여기 서 있나이다! 나는 아무 것도 철회할 수 없습니다." 루터가 자신의 신앙을 증언하던 자리. 1521년 루터가 심문을 받았던 대주교의 재판정 건물은 현재 남아있지 않다.

들을 잘 이해할 수 없었다. 루터는 매우 중요한 문제이므로 돌아가서 24시간 동안 잠시 더 생각할 시간을 달라고 요청하였다. 다음 날 오후 6시, 사람들이 운집한 대성당에 루터가 다시 세워졌다.

황제와 군주들과 추기경들, 고위 권세자들이 모여서 그의 신앙을 점검하는 시간이었다. 루터는 10분 동안 독일어로, 그리고 다시 라틴어로 매우 분명하게 자신의 소신을 밝혔다. 그가 선포한 말들은 세계 역사를 바꾸는 계기가 되었고, 새로운 개신교회의 승리를 선포하는 것과 다름이 없었다. 세심하고 위엄에 찬 어투로 루터는 질문에 대해 연설을 토로했다. 결코, 루터는 자신의 저술들을 철회한다고 말하지 않았다.

전하의 위엄과 통치권으로 단순한 대답을 원하셨으나, 저는 받아들이거나 거부하거나 하지 않고, 이런 방식으로 답변을 드리고자 하나이다.

만약 내가 이 책들을 철회한다면, 내가 앞으로 성취하게 될 모든 것은 교황의 횡포에 힘을 더하는 것이 될 것이요, 극악한 불경건함에 대해 마음대로 자유롭게 활동하라고 창문을 열어주는 정도가 아니라 대문을 활짝 열어주는 일이 될 것입니다.

성경의 증언에 의해서나 제 맑은 양심에 의해서 확신하는 바에 따라서, 저는 교황이나 종교 회의에서만 진리를 결정한다는 것을 믿지 않기 때문에, 이미 많은 오류들이 드러났고 서로 상충되는 바가 많으므로, 저는 성경에만 의존하며, 제 양심은 성경의 말씀에만 사로잡혀 있을 뿐입니다. 저는 그 어떤 것도 취소하지 않겠습니다. 왜냐면 양심을 거스르는 것은 올바른 일이 아니며 안전하지도 않기 때문입니다. 저는 그렇게 하지 않을 것입니다. 여기에 제가 서 있습니다.

하나님께서 저를 도와주실 것입니다. 아멘![4]

루터의 대답은 세심하고 위엄을 갖춘 연설이었다. 대성당 내부에서 혼란이 일어났다. 찰스 황제는 매우 화가 치밀었다. 이제 충분히 들었으니 회의는 종결되었다. 루터가 큰 방을 나섰을 때, 스페인 마부가 소리쳤다.

---

4　Martin Brecht, *Martin Luther* tr. James L. Schaaf (Philadelphia: Fortress Press, 1985-93), 1:460.

"불길 속으로 뛰어들었네!"

마치 자신이 해야 할 임무를 완수한 것과 같았다.

황제는 루터에게 4월 22일부터 24일까지 3일간을 더 연장해 주었다. 신학자들과 토론하라는 것인데, 트리에르의 대주교가 사회자로 지명을 받았다. 그러나 루터의 입장이 변함이 없어서, 아무런 타협을 이루지 못하고 소득이 없이 끝이 났다.[5] 루터가 그동안 주장해왔던 신학사상에 대해서 루터는 황제에게 신변을 안전하게 보호해 주신 것에 대해서 감사하는 편지를 보냈다.

> 저는 거룩한 말씀에 따라서 교회를 합당하게 개혁하는 것 이외에는 다른 염원이란 없습니다. 저는 죽음의 고통을 당하고, 악평과 불명예를 견디며, 생명을 포기하게 될 것이고, 황제 폐하의 권위와 제국은 평판이 나빠질 것입니다. 저는 다만 하나님의 말씀만을 증거하고 고백하는 자유를 원하는 것 뿐입니다.

다음 날 아침, 4월 26일, 황제는 루터의 마차가 도시의 성문들을 무사히 빠져나가 집에까지 안전하게 호위할 것을 캬스파르 스투름에게 명령했다.

스물한 살의 황제는 곧 바로 내전에 휘말려서 주변 상황에 대해서 정치적인 고려를 하지 않을 수 없었기에, 루터를 정죄하는 문서에 서

---

5 Augustus Lawrence Gräbner, *Dr. Martin Luthers: Lebensbild Des Reformators Den Glaubensgenossen* (Nabu Press, 2010), idem, "Outlines of Doctrinal Theology" (Saint Louis: Concordia Publishing House, 2012), 161.

명하지 않고 망설이게 되었다. 5월 12일, 프랑스 군대가 스페인과 네델란드 국경을 넘어섰고, 합스부르크 왕국을 공격했다. 프리드리히, 브란데부르그의 알브레흐트, 헤세의 필립 등 독일지역 군주들은 5월 25일 회의가 폐회되기 이전에 모두 떠났다.

5월 26일, 황제는 대성당에서 거행된 미사가 끝이 난 후에, 남아 있던 고위 층과 협의하였다. 다소 주변 나라들의 상태가 파악이 되자, 다음 날 루터가 이단이라는 문서에 서명하여 공표했다. 루터는 제국 의회에서 법을 어긴 자가 되었고, 그것도 아주 나쁜 사형죄에 해당하는 자로 취급되었다.

보름스에서 집으로 돌아오던 길에 할머니 집에 들른 루터 일행을 일단의 무리가 공격했다. 루터의 동료들은 숲으로 피신해서 목숨을 건졌다. 그들이 숙소를 공격했으나, 간발의 차이로 루터는 피할 수 있었다. 선제후 프리드리히의 도움으로 루터는 아제나흐 근처 숲에 있던 바르트부르크 성에 몰래 숨어들었다.

유명한 조각가이자 화가로서, 루터의 열렬한 지지자였던 알프레드 뒤러가 말한 바와 같이, "그 때 만일 루터가 죽었더라면, 누가 거룩한 복음을 우리에게 선포할 수 있겠는가?"

로마 교황청과 함께 세속적으로 더 큰 힘을 가지고 있었던 신성로마제국 찰스 5세로부터 루터는 이단으로 정죄를 받게 된다. 그 당시 정치는 기독교 세계를 장악하고 지배했던 것이기에, 이단으로 출교되는 것이나 사형에 처하는 것 등은 모두 다 신성로마제국의 소관사항이었다. 기독교 교회가 독립적인 권리와 지위를 인정받지 못하고, 세속 정치권력의 입맛에 따라야만 했던 시대였다.

루터는 마침내 승리했다. 약 4년 동안의 거친 시기를 마감하는 그의 생애의 전환점에서 용기있는 결단을 보여주었다. 그저 수도사로서 성실하게 살아가면서, 정치 권력자들이나 교황청의 권세자들에게 복종하는 삶으로 되돌아가지 않았다. 그는 성경에서 발견한 것들을 확신하면서, 아직 알려지지 않은 미래를 향해서 계속 전진해 나가기로 결정한 것이다.

> 성경이나 단순한 이성으로부터 주어지는 확신이 없이는, 왜냐면 나는 교황도 공의회도 그 어느 쪽도 신뢰하지 않기 때문에, 아무 것도 철회힐 수 없나이다.

이제부터는 새로운 종교개혁운동의 수레바퀴가 오직 앞을 향해서만 전진하게 되었다. 다시는 그 누구도 뒤로 돌이킬 수 없게 되었다. 개신교회 성도들은 다시 옛날의 로마가톨릭교회로 되돌아가려는 움직임에 맞서서, 적당히 타협하지 말고 머뭇거리지도 말고 더 앞으로 나아가자고 외치게 되었다. 루터의 용감성과 권위에 대한 도전 소식을 듣게 된 서구사회는 미래를 향해 꿈을 꾸게 되었다.

루터가 토로한 보름스 제국회의 석상의 확신에 찬 문장들은 종교개혁의 승리를 알리는 기념비적인 마침표가 되었던 것이다. 모든 기독교인들의 좌우명이자, 서구 역사의 방향을 바꾸는 좌우명이었다.

한 젊은 수도사의 말은 세상을 향해 외쳐지기 시작했다.

어떻게 조그만 신생 대학교, 그것도 독일 북부 산간지역에 살던 신학교수가 세계의 역사를 바꾸는 영향력을 발휘할 수 있었던가?

1525년까지 루터의 주장을 담은 팜프렛, 설교집, 책들은 300만 부 이상 보급되었다. 루터의 봉기가 성공할 수 있었던 것은 바로 이것들이 인쇄물로 만들어지고, 그림과 함께 새겨져서 널리 회람되었기 때문이다.[6] 독일의 한 젊은 수도사가 엄청난 권세 앞에서 적당히 타협하지 않고 양심적인 소리를 발산하므로, 다른 사람의 양심에 불을 질렀기 때문이다. 대중들에게 이런 사항을 소상히 전달한 까닭에, 여기저기 산재해있는 동조자들을 얻어낼 수 있었다. 미래에 대한 극도의 불안감과 긴장 속에서 무엇인가 새로운 일이 벌어지기를 기대하던 사람들은 깜짝 놀라운 소식에 기꺼이 호응하였다.

황제 찰스 5세. 보름스 의회에서 루터를 심문함. 1531년, Bartel Beham의 그림.

---

6  Pettergee, ed., *Early Reformation*, 10, 16.

제8장 | 종교개혁의 승리  195

1521년의 보름스 제국의회. (Anton von Werner, 1877)

보름스에서는 자주 제국의회가 열렸는데, 보름스교회가 있었기 때문이다.

보름스에서 루터가 심문을 당했던 것을 기념하여 세워진 루터와 주요 종교개혁자들의 동상들. 1868년에 루터파교회들이 연합하여 전세계에서
가장 큰 루터 동상을 세웠다. 칼을 높이 들고 서있는 헤센의 선제후 필립, 칼을 아래로 잡고서 땅을 향해서 짚고 서있는 작센의 선제후, 루터의 보호자 프리드리히 3세.
뒤쪽에는 루터의 계승자 필립 멜랑히톤, 하이델베르크대학교의 어학자 로이힐린이 서있다.
루터상 발 아래로는 종교개혁의 선구자들이다: 체코의 후스, 영국의 위클리프, 이탈리아의 사보나롤라, 프랑스 왈도파 페트뤼스 발데스.

작센의 선제후, 프리드리히. 비텐베르크를 중심으로 활동하면서, 일생 동안 루터의 보호자였다. 알프레드 뒤러의 그림, 1524년

## 3. 보름스의회와 주요 사건들

"종교개혁의 승리"라고 하는 제목을 여기 보름스의회에서부터 사용할 수 있으리라 확신한다. 보름스의회를 기점으로 종교개혁의 기운과 전개를 말살시킬 수 없게 되었다. 루터의 신앙과 신념이 펼쳐지게 되면서 종교개혁은 승리한 것이요, 구체적인 세력으로 드러나게 되었음에 주목하게 된다.

비록 루터는 파문을 당하기에 이르렀지만, 결코 그의 주장을 제거할 사람이 없었다. 루터가 살아남았다는 것은 조그만 도시 비텐베르크에서 새로운 기독교가 시작되었다는 의미이다. 곧, 미사를 비롯한 성례주의가 폐지되고 개혁교회의 예배가 정착하게 되었다는 뜻이다. 이 후로, 기독교 역사는 새롭게 바뀌고 말았다.[7]

| | | |
|---|---|---|
| | 4월 26일 | 도미니크파 토마스 드 비오(다른 이름으로는 추기경 카예탄)가 교황의 사절로 아우크스부르크 회의에 참석하도록 선임됨 |
| 1518년 | 5월 | 교황 레오 10세의 지휘 하에 루터의 신학사상을 조사하는 위원회가 모임 |
| | 6월 | 루터가 "출교의 권세에 대하여"를 설교함. 8월에 출판함. |

---

7 Dixon, *The Reformation in Germany*, xix–xxvii. A. G Dickens, *The German Nation and Martin Luther* (Edward Arnold, 1974).

| | | |
|---|---|---|
| 1518년 | 7월 | 아우크스부르크 카예탄을 통해서 루터를 공격하는 내용의 문서가 루터에게 전달됨. 프리드리히 선제후의 고문 게오르그 스팔라틴과 루터가 향후 대책을 상의함. |
| | 8월 5일 | 막시밀리안 황제가 루터를 이단으로 공격함. 황제는 루터에게 교회에 관련된 일체의 활동을 금지한다고 명령함. |
| | 8월 8일 | 루터가 선제후 프리드리히에게 아우크스부르크 회의에 참석할 수 있도록 선처해 달라고 청원서를 제출함. 자신의 문제를 로마가 아니라 독일에서 협의할 것을 요청한 것임. |
| | 8월 23일 | 교황 레오 10세가 카예탄에게 루터를 압송하여 로마로 데려올 것을 명령함. |
| | 8월 말 | 루터가 교회의 권위에 대한 입장을 발표함. 프리에리아스(Prierias)의 『대화』에 반대하여 루터가 반박문을 제시함. |
| | 9월 | 리드리히 선제후가 카예탄에게 루터를 겁박하지 말 것과 체포하지 않을 것을 요청함. |
| | 9월 26일 | 루터가 카예탄과 회합을 위해서 비텐베르크를 떠남. |
| | 10월 12-20일 | 루터가 아우크스부르크에서 카예탄의 환대 속에서 논쟁함. 카예탄은 루터의 58조가 교황의 선언에 위배되는 것이라고 반박하면서, 7조에서 루터가 고해성사를 받을 때에 확신을 가져야 한다는 것에 대해서도 받아들일 수 없다고 반박함. 루터는 교황의 선언이 종교회의에서 만장일치로 결의된 것에 반대되는 것이라고 주장하였음. 사람을 의롭다고 하는 것은 오직 그리스도를 믿음으로서만 가능하며, 성례를 통한 행위나 선행으로 성취하는 것이 아니라고 주장함. |
| | 10월 23일 | 누렘베르크로부터 돌아온 루터가 카예탄에게 전달된 교황의 서신 "종교회의 후"(Postquam ad aures)에 담긴 의도를 파악한 후, 매우 낙담하게 됨. 로마가톨릭교회 내부에 적그리스도가 사역하고 있음을 염려함. |

| | | |
|---|---|---|
| 1518년 | 10월 25일 | 카예탄이 선제후 프리드리히에게 루터를 영지에서 추방하고, 교황청에 신병을 인도하라고 요청함. |
| | 11월 9일 | 교황 레오 10세는 카예탄에 의해서 작성된 문서 "때"(Cum postquam)를 통해서 면죄부에 관한 가르침을 재차 강조함. |
| | 11월 | 프리드리히가 카예탄의 문서에 대하여 루터에게 논평을 요구함. 루터는 교회에서 일반회의로 개최되는 합법적인 논의를 청원함. |
| | 12월 초 | 프리드리히는 카예탄의 요구를 거절하고 루터를 보호하는 조치를 취함. |
| 1519년 | 1월 | 작센지방의 귀족이자, 교황청 고문이던 칼 폰 밀티츠(Karl von Miltitiz, 1490-1529)이 양측의 중재자로 나섬.<br>황제 막스밀리언 1세 사망.<br>교황청은 더 이상 루터를 압박하지 말도록 중지하라는 권유서신을 발송함. |
| | 3월 | 존 에크가 라이프찌히 논쟁에서 루터를 압박하려는 13개 주제를 제시함. |
| | 5월 | 칼쉬타트가 6개월 전에 제출한 조항에 대해서 반대하는 내용들임.<br>루터가 라이프찌히 논쟁에서 에크와 토론하게 되는 13개 조항을 반박함.<br>루터는 13항에 대해서 강력하게 거부하는 내용을 출판함. 그 핵심 내용은 "지난 4백 년 동안 발표된 교황청의 무절제한 선언 중에서 가장 나쁜 것은 로마가톨릭교회가 다른 모든 교회들보다 우월하다고 주장하는 것이다. 지난 1,500년 교회 역사에서 받아들여진 이 기준은 성경본문과 니케야 종교회의의 신조에 위배되는 것이다."<br>루터는 로마의 주교가 신적 권위를 가지고 교회의 머리가 된다는 주장을 완강하게 배척했음. "나는 교황이나 교황의 이름을 두려워해본 적이 없다. 그보다 아래 있는 자들이나 꼭두각시 등에 대해서도 두려워하지 않는다." |

| | | |
|---|---|---|
| 1519년 | 6월 24일 | 라이프찌히 토론을 위해서 루터와 비텐베르크의 대표단들, 칼쉬타트 도착. |
| | 6월 27일 | 에크와 칼쉬타트 사이에 논쟁이 시작됨 |
| | 6월 28일 | 찰스 5세가 프랑크푸르트 회의에서 신성로마제국의 황제로 선출됨.<br>로마 교황청은 루터에 대한 정죄를 연말까지 잠정적으로 중단함. |
| | 7월 4-14일 | 에크와 루터가 토론함. 에크는 루터가 마치 새로운 후쓰와 같다고 비난함.<br>루터는 후쓰와 보헤미안들이 고백한 신앙은 대부분이 가장 뛰어난 기독인들임을 입증하는 것들이었고, 복음적이었다고 논박함.<br>에크는 이들이 과연 콘스탄스 종교회의(1414-18)에서 정죄된 것이 오류인가라고 루터에게 추궁함. 루터는 오직 성경만이 교회가 판단을 내리는 기준이 되어야 한다고 주장함. |
| | 7월-8월 | 루터와 칼쉬타트를 옹호하기 위해서 필립 멜랑히톤이 토론내용을 출판.<br>에크는 루터가 이단이라고 공언하면서, 파리와 에르푸르트대학교 교수진들에게 자신의 입장을 옹호해달라고 호소함. 루터가 주장하는 것들이 위험하다는 내용으로 17개 조항들을 출판함. |
| | 8월 30일 | 독일 콜론대학교에서 루터를 이단으로 정죄함 |
| | 10월 초 | 루터가 『고해성사에 관하여』를 설교하고, 출판함. 이로 인해서 로마가톨릭의 성례주의가 왜곡되었음을 널리 알리는 계기가 되었음. |
| | 11월 7일 | 루터가 루뱅대학교에 의해서 정죄됨. |
| | 11월 9일 | 루터가 "세례의 성례에 관하여"를 설교함. |

| | | |
|---|---|---|
| 1519년 | 12월 | 작센의 절반되는 지역을 통치하던 공작은 루터의 설교 출판물을 배포 금지시킴.<br>루터는 점차 자신의 논쟁과 토론들이 광범위하게 영향을 끼치고 있음을 인식함. "이런 고생들은 전혀 나로 하여금 겁을 나게 하거나 위축시키지 못하였다. 오히려 이것들은 나로 하여금 믿을 수 없는 기운을 북돋아주어서 거친 항해를 해나가도록 내 가슴에 힘을 가득 불어넣었다…그들이 더욱 권세 있게 일어나서 나를 대적하면 할수록, 나는 더 확실하게 그들을 비웃어 줄 것이다. 네게는 결코 두려움이란 없다." |
| 1520년 | 1월 9일 | 로마에서 루터에 대한 심의가 재론됨.<br>루터는 독일어로 된 설교집, 「파문권에 대하여」를 출판함. 그 당시 파문권의 오용과 남용사례들을 지적함 |
| | 2월 1일 | 교황 레오 10세가 루터의 저술을 심의할 첫 번째 위원회를 지명함. |
| | 2월 11일 | 교황이 루터의 문제들을 파헤치라는 두 번째 임무를 지명함. |
| | 2월 | 루터가 교황권의 권위가 거짓됨을 밝히기 위해서, 로렌조 발라가 쓴 「콘스탄틴 대왕의 헌정서」를 검토함 |
| | 3월 | 에크가 로마에 도착하여, 루터에 대한 교황의 파문장 내용 중에서 중요한 부분들을 만들어 내는데 참여함. |
| | 3월 26일 | 루터가 루뱅대학교교교와 콜론 대학교교교에서 정죄문을 발표한 것에 대해서 반박함. |
| | 4월 | 교황이 루터를 파문하는 문서 작성에 세 번째 위원회를 임명함. 에크가 위원 중의 한사람으로 임명됨. |
| | 5-6월 | 루터가 독일어로 『선행에 대하여』를 출판함. 모든 성례들과 예식들은 구원에 이르는 공로가 될 수 없음을 밝힘. 참된 선행은 하나님의 명령을 지키는 행위일 뿐이다. 이 책은 선제후 프리드리히의 동생, 작센의 공작에게 헌정됨. |

| | | |
|---|---|---|
| 1520년 | 5월 | 루터가 독일 평신도들을 위한 소책자 A Short Form of the Ten Commandment, A Short Form of the Creed and A Short Form of the Lord's Prayers를 출판함. 이 책자는 수없이 많이 인쇄되어졌는데, 평신도 교육서로서 개신교의 예배모범을 세우는데 크게 영향을 끼침. |
| | 5월 20일 | 로마 교황청에서 선제후 프리드리히에게 최후 통첩서를 보냄. |
| | 6월 | 루터가 독일어로 『로마에 있는 교황권』을 출판. 로마 교황이 신적인 권위를 지니고 있다는 주장을 신랄하게 비판함. |
| | 6월 15일 | 교황청에서 루터를 반동분자라고 공포함(Exsurge Domine). 작센에서 회개하는 문서를 60일 안에 출판하지 않으면, 파문을 당할 것이라고 위협하다. 이틀 후, 이 문서를 독일에 공표하는 일을 에크와 제롬 엘리 안더가 책임지도록 발표됨. |
| | 8월 18일 | 루터가 『독일귀족에게 드리는 편지』를 출판함. |
| | 8월 | 에크에 의해서 교황의 교서가 브란덴부르크에서 발표됨. 60일이라는 시간이 루터에게 온정을 베푸는 "은혜의 기간"으로 주어짐.<br>루터의 지지자들이 작센에서 지지 세력을 규합함. |
| | 9월 | 루터가 『교회의 바벨론 유수』에서 교황권의 왜곡을 공격함. |
| | 10월 초 | 루터가 얀 후쓰의 『프라하로부터 교회에 대한 논증』을 받음. 루터는 자신이 라이프찌히에서 선언한 것보다 더 넓은 범위에서 후쓰의 견해에 동의한다고 선포함. "현재까지 나는 전혀 눈치를 채지 못한 채 후쓰의 사상에 대해서 가르침을 받았고, 들어왔을 뿐이었다. 스승 스타우핏츠는 그런 점을 의식하게 하지 않으면서, 공정하게 가르쳐 주었다. 간단히 말하면, 우리들은 그런 사상들이 후쓰의 사상인지 알지 못한 채로 가지고 있었다. 그렇다면 바울 사도나 어거스틴마저도 후쓰파라고 할 수 있지 않는가!" |

| | | |
|---|---|---|
| 1520년 | 10월 | 교황청의 사절단을 프리드리히 선제후가 콜론에서 면담하고, 루터를 제압하라는 요구사항을 거부함. |
| | 11월 | 루터가 『기독교인 자유에 관하여』를 독일어로 출판함. 루터가 교회의 상위 위원회에 내용을 검증해달라고 요청함 |
| | 12월 10일 | 루터가 비텐베르크에서 교황청 교서 Exsurge Domine 와 다른 책들을 태워 버림. |
| | 12월 27일 | 루터의 논문, 『왜 내가 교황의 책들과 그의 하수인들의 것들을 태워버렸는가』를 발표함. 루터는 교황이 주장하는 자신의 책들과 규정들 중에서 30가지를 정죄함. |
| 1521년 | 1월 23일 | 루터에 대한 출교와 정죄가 교황청에서 공식적으로 선포됨. (Decet Romanum Pontificem). |
| | 1월 27일 –5월 | 보름스에서 제국의회의 개회식이 시작됨. |
| | 2월 | 루터의 후원자 루카스 크라낙이 그리스도와 교황을 대조시키는 조각상을 만듬. |
| | 3월 6일 | 찰스 5세가 루터에게 보름스의회에 나올 것을 명령함. |
| | 4월 15일 | 파리 대학교교의 신학부 교수들(소르본느)이 루터의 저술들에 대해서 정죄함. |
| | 4월 16일 | 루터가 보름스에 도착함 |
| | 4월 17–18일 | 의회 앞에 루터가 나가서 설명하고 증언함 |
| | 4월 24–25일 | 루터와 다른 대표들 사이에 협의조정을 시도함 |
| | 4월 26일 | 황제의 허락으로 루터가 보름를 안전하게 떠나감 |

| | | |
|---|---|---|
| 1521년 | 5월 4일 | 선제후 프리드리히의 도움으로 루터는 바르트부르크성 (아이제나흐 근처)에 피신하여, 다음 해 1522년 3월 1일까지 머무름. |
| | 5월 8일 | 찰스 5세가 루터의 모든 활동을 금지하는 교서를 발표함 |
| | 5월 26일 | 찰스 5세가 루터에 반대하는 보름스의회의 결정서를 발표함 |
| | 9월 29일 | 비텐베르크에서 어거스틴파 수도원 지도자들이 루터를 따라서 모든 전통적인 미사를 폐지하기로 결정함. 루터가 「미사의 오용」이라는 책을 출판하여 동료들의 결정을 지지함. "경건의 모든 지식들을 불경건한 것들로 오랫동안 장악해오고 있었던 바, 이런 썩어버린 양심을 다시 회복시키는 것이 얼마나 어려운가!" |
| | 11월 | 루터가 『수도원 서약에 반대함』을 출판하고, 아버지에게 헌정함. |
| | 12월 1일 | 로마에서 교황 레오10세가 사망하다 |
| | 12월 25일 | 칼쉬타트가 선제후 프리드히리의 요구를 무시하고, 복음적인 성만찬을 비텐베르크 에서 처음으로 집례하다. |

# 제9장
## 루터의 개혁사상과 특징적 교훈들

낡은 종교의 허울로부터 벗어나는 데는 수많은 어려움을 참아내야 했고, 여러 과정들을 통과해야만 했다. 한 세기 앞서서 먼저 종교개혁의 선구자들의 외침이 여러 곳에서 제기되었었다. 보헤미안 후쓰와 옥스퍼드의 위클리프, 이탈리아의 사보나롤라 등은 모두 다 뜻을 이루지 못하고 죽거나 순교하였다.

이런 종교개혁의 선구자들이 남긴 이념들은 그들에게서 영감을 얻어서 더욱 굳세게 마음을 작정한 루터와 그의 동시대의 지도자들에 의해서 정착하게 된다. 주요 개혁자들이 오랜 세월 동안 로마가톨릭 신부로 있었던 사람들이 주도하였기 때문에, 체계적으로 하루아침에 개혁사상을 총정리하여 발표한 것이 아니다.

앞에서 살펴본 바와 같이, 루터는 논쟁과 토론의 소용돌이 속에서 자신의 입장을 옹호하고 변호한 것들을 기회가 주어지는 대로 출판했다. 그의 설교들과 논문들은 수없이 확산되었고, 종교개혁의 동조자들을 만들어냈다. 동시대와 후대의 학자들이 그의 주요 쟁점들을 재구성하고 더욱 더 성경적인 교훈들에 의거하여 체계화하는 작업들을 수행했다.

솔직히 말해서, 루터의 신학을 평가하자면, 로마가톨릭에 속한 어거스틴파 수도사로서의 모습이 많이 남아 있어서, 너무나 많은 허점이 드러난다.

중세 말기의 스콜라주의, 신비주의, 에르푸르트대학교에서 습득한 인문주의 휴머니즘, 그리고 모순을 발견하면서 자신이 터득한 개혁사상 등이 혼합되어 있다. 필자는 21세기에 살고 있는 신학자로서 16세기 초반에 독특한 전환기를 경험한 루터 신학를 평가하고 비판하는 일에 대해서 매우 조심스럽다. 루터에게는 그 시대의 사상들이 여러 겹으로 혼재해 있다. 루터의 약점들은 여러 측면에서 발견되어지고, 부족한 부분들도 많다.

하지만, 종교개혁은 한 치 앞을 내다볼 수 없는 혼란 속에서 발전을 향한 여러 차례의 논쟁과 탄압의 단계를 거치면서 루터와 선각자들이 선구자적인 노력을 경주함으로서 앞으로 나아갈 수 있었다는 것은 높이 평가를 받아야 마땅할 것이다. 요한 칼빈은 공개적으로 루터를 비판하기보다는 차이점을 보충하려는 노력을 기울이면서 항상 존중하는 마음을 일관되게 표했다.[1]

종교개혁자들은 교회를 완전히 고치려 하는 높은 이상을 가졌지만, 이제 막 걸음마를 시작하는 단계라서 여러 가지가 혼합되어 있었다. 따라서 선구자로서 앞장서서 황무지를 개척해 나가고자 분투노력했던 루터의 개혁적인 사상들과 그 공헌들을 존중하면서, 부족했던 부분들은 성경적으로 계속 갱신하고, 보완해 나가야 한다.

---

1 John Calvin, *Theological Treaties*, 185. S. Selinger, *Calvin Against Himself: An Inquiry in Intellectual History* (Hamden: Archon Books, 1984), ch.1, "Calvin in Relation to Luther," 11-56.

루터가 종교개혁에서 가장 중요한 영향을 남긴 것은 박해와 대립 가운데서 그가 생애의 절대 위기와 고통 속에 빠져있을 때에 나온 것들이다. 루터의 고통은 종교개혁이 전진으로 나가게 만들었고, 그런 중에 남긴 글들은 절정기에 해당하는 시기라고 평가할 수 있다. 1517년 95개 조문을 비텐베르크대학교교회의 출입문에 내걸었던 이후로, 1521년 보름스의회에 나가기까지 종교개혁자와의 열띤 토론이 알려지면서 수많은 공감을 불러일으켰고, 개혁사상의 중요한 진전을 이뤄냈다.

이 시기에 로마가톨릭 수도사이자 신부였던 루터는 여러 가지 문서들을 통해서 자신이 새롭게 주장하는 것들로 인해서 여러 가지 논증과 토론을 하여야 했는데, 대부분은 엄청난 핍박을 당해야만 했었다. 그러나 엄청난 박해와 협박 가운데서도 그는 굽히지 않고 하나님의 말씀에 근거하여 로마가톨릭의 오류를 지적했다.

종교개혁자들의 신학사상은 당대 사람들의 심령 속에서 매우 깊은 공감을 불어넣었고, 사상적으로 구조적인 역할을 감당하였다. 루터의 조항들과 문서들과 토론 주제들 속에는 중세 말기 신학과의 차별성이 확실히 드러나는 바, 성경적인 교훈에 충실하려고 하는 것이 가장 중요한 특징을 이루고 있다.

## 1. 죄에 대한 민감성

  루터는 계속해서 1518년 하이델베르그 논쟁, 이어서 1519년 라이프찌히 논쟁에서 나서면서 자신의 신학적 주장을 더욱 견고하게 발전시켰다. 루터는 자칫 잘못되었으면 자신이 반역자로 몰려서 끝이 나버렸을 것이었는데, 결코 그렇게 될 수 없다는 점을 변론했다. 루터는 자신이 개혁자임을 변호하는 장문의 회고록을 죽기 일 년 전, 1545년에 자신의 라틴어 전집 서문에 남겨놓았다. 그는 1519년에 일어났던 일을 지적하면서, "하나님의 의로우심"에 대해서 고뇌했던 바를 상세히 기록해 놓았다.

> 나는 로마서에서 사도 바울이 기록한 구절의 의미를 확실히 파악하기를 원했다. 그러나 그런 나의 열심을 방해했던 것은 (롬 1:17) 하나님의 의가 계시된 첫 부분에서다. 나는 그 구절을 싫어했다. 왜냐면 하나님께서는 의로우신 분이라서 의를 높이시고, 불의한 죄인들을 처벌하시는 분이라고 이해했었기 때문이다. 비록 내가 수도사로서 별로 비난받을 일이란 별로 없도록 살아왔었지만, 하나님 앞에서는 내가 여전히 죄인이라고 판단하여서 불편한 심기를 가지고 살아왔었다. 내가 나 자신의 행함으로 하나님을 기쁘시게 해 드릴 수 없다는 것을 나는 믿을 수 없었다. 죄인들을 처벌하시는 의로우신 하나님을 사랑하지 못하고, 사실 나는 그 분을 싫어했었다.
> 그래서 나는 그 구절의 의미를 파악하는데 골몰했다. 마침내

밤낮으로 하나님의 의가 그 속에 나타났으며, 의인은 믿음으로 산다는 구절에 대해서 명상하였다. 나는 "하나님의 의로우심"이라는 것은 하나님의 선물 (믿음)에 의해서 살아가는 자들이 의인이란 사실을 차츰 깨닫게 되었다. 결국 하나님의 의로우심이라는 것은 수동적인 의로움이라는 것을 알게 되었다. 그로 인해서 자비로운 하나님께서 믿음으로 우리를 의롭다고 인정해 주시는 것이다. 이것이 바로 의인은 믿음으로 산다는 구절의 의미이다. 이것을 알게 되자, 즉각적으로 내가 마치 새롭게 태어나는 것과 같은 느낌을 주었다. 마치 내가 천국의 문이 열려서 내가 그 속에 들어갔구나 하는 것과 같이 생각되었다. 바로 그것이었다. 그 순간부터 나는 성경의 전체적인 모습을 들여다보는 새로운 빛을 갖게 되었다....

그리고 한 때 내가 그토록 싫어했던 구절, "하나님의 의로우심"을 사랑하게 되었고, 성경에서 가장 달콤한 구절로 극찬하게 되었으며, 바울의 글 속에 있는 그 구절이 나에게 천국의 문을 열어주었다.[2]

하나님의 말씀으로 칭의론을 깨우친 루터는 그 누구 앞에서도 물러설 수 없었다. 참된 기독교 신앙에 관련된 논쟁이 널리 확산되던 중에, 1520년에 이르러서 루터는 종교개혁의 확고한 기반을 다지는 세 편의 중요한 글을 발표하였다.

---

2 "Luther's Preface," Alister E. McGrath, *Christian Theology* (Oxford: Blackwell, 1994), 382.

루터의 종교개혁사상이 담겨있는 이들 문서들은 『교회의 바빌론 유수』, 『기독교인의 자유』, 『독일귀족에게 보내는 편지』 등이다. 루터는 당대 수많은 로마가톨릭 학자들과 성직자들과 논쟁을 벌이면서, 점차 자신의 사상을 가다듬었고, 이들 명문들을 남기게 되었던 것이다.

면죄부 판매의 모순을 지적하면서 루터가 정작 깊이 다루고자 했던 것은 죄의 문제였다. 자신의 호소와 비판적 제안에 대해서 정죄만 하려는 로마가톨릭의 권세를 맞서게 되면서, 루터는 점차 하나님과의 관계에서 제일 중요한 죄의 문제를 심각하게 생각하였다. 루터는 구원론을 새롭게 제시하였다.

루터가 담대하게 보름스의회 앞에서도 비굴하게 처신하지 않고, 세속의 최고 권위에 맞설 수 있었던 것은 인간의 본질에 대한 깨달음이 확고했기 때문이다. 루터는 죄에 대한 사면권에 있어서도 최종 권위가 오직 하나님께 있으며, 성경에만 의존하는 참된 신앙으로만 살 수 있다는 것을 터득했다. 그는 오랫동안 성경을 읽고 강의하면서 고민했던 주제에 대한 해답을 터득하게 되었던 것이다.

루터가 95개 조항을 게재하던 시절에는 에르푸르트 어거스틴파 수도원에서 습득한 것들, 하나님의 은혜와 값없이 주시는 믿음의 선물에 대한 확신이 확연히 드러난다. 그는 하나님의 자비하심에 의존하는 최고의 믿음을 추구했고, 여전히 젊은 열정과 힘차게 밀고 나가는 추진력을 보여줬다. 1507년에 신부로 서품을 받았고, 그 이후에도 철저하게 로마가톨릭의 규칙을 지켜왔었다.

1508년에는 신설된 지 얼마 되지 않은 비텐베르크대학교의 교수로 부임하게 된 것도 그의 스승 요한 스타우핏츠의 추천에 의해서였다. 야심에 찬 선제후 프리드리히는 1502년 새로운 대학교를 비텐베르크에 세우고, 거대한 성벽 교회를 지으면서 스타우핏츠를 학장으로 초빙하였다. 비텐베르크대학교에 오게 된 루터는 어거스틴과 초대 교부들의 글을 읽으면서도 주로 스콜라주의 신학을 가르쳤다. 점차 루터는 성경연구를 통해서 복음을 확고하게 붙잡게 되었다.

생애 전체적으로 볼 때, 어거스틴 수도원에서 성장한 루터는 죄와 더불어 사투하는 영적인 투쟁을 경험했다.[3] 완전주의를 지향하는 수도원의 규칙을 준수하였지만, 하나님을 두려워하고 심판을 무서워하는 경건한 염려가 마음에서 지워지지 않았다. 그래서 절망에 빠져 있었다. 의인으로서 받아들여질 수 있도록 하나님의 기준에 합당하게 살려면 얼마나 선행을 해야만 만족을 할 수 있을까를 고민했던 것이다.

하나님의 의로우심에 대한 기준을 어떻게 충족시킬 수 있을 것인가?

어거스틴의 책에서 율법과 복음, 죄와 은총의 대립적인 구조를 이해하게 되었다. 1513년 시편을 강해하면서, 서서히 하나님의 뜻을 파악할 수 있었고, 서광이 비치기 시작했다.

언젠가 루터는 수도원의 종탑 속에 들어가서 그동안의 의문을 풀었다고 언급한 적이 있다. 루터를 연구하는 학자들은 "탑 체험"에 대해서 정확한 연대를 추정하기 어렵다고 말하고 있다. 아마도, 1519년 말에 카예탄과 논쟁을 벌이고 난 후가 아니었을까 추정한다. 1545년 죽기 바로 직전에 루터는 자신의 탑 체험에 대해 언급하였

---

3 Bernhard Lohse, *Martin Luther's Theology: Its Historical and Systematic Development*, tr. and ed. by Roy A. Harrisville (Edinburgh: T&T Clark, 1999), 248-259.

다. 아마도 에르푸르트 어거스틴 수도원에서 가졌던 말씀에 대한 명상과 기도시간이었으리라는 추정도 가능하다.

 루터는 절망적인 인간의 죄 문제에대해서 성경으로부터 확신을 갖게 되었음을 강조하였다. 『로마서 주석』 서문에서 루터는 바울 사도로부터 인간의 죄악이 얼마나 뿌리가 깊은 것인가를 배웠으며, 하나님의 사죄하는 은총이 얼마나 광대하시다는 것을 터득했다고 밝혔다. 즉 로마서 1장 17절은 로마서 3장 24절에 나오는 진단과 연계성이 있음을 알게 되었다고 언급하였다.

 의인이라는 선언은 믿음으로 살아가는 사람들에게 주어진다. 인간의 노력이나 선행으로 의로움을 채워간다는 것이 아니다. 의롭게 되어간다는 해석에서 문제가 발생한 것이라고 간파해낸 것이다. 의인이라는 것은 믿음으로 예수 그리스도 안에 있는 성도들에게 주시는 하나님의 법정적인 선언이다. 이 본문의 의미를 깨달은 후, 즉각적으로 루터는 천국과 구원에의 확신을 가질 수 있었다.

 서구 유럽은 기독교 국가로 살아왔지만, 로마가톨릭교회가 가르쳐준 진리 체계는 하나님과의 인격적 교제를 생생하게 전달하지 못하였다. 루터가 성경에 집중하여 민감하게 하나님과의 관계를 연구하게 되면서 깨우친 가르침들은 오랫동안 혼란과 혼돈에 처해있던 성도들을 깨워주었다.[4] 루터는 인간이 철저하게 하나님의 은총을 필요로 한다는 점을 중심에 두었다. 아담의 타락 이후로, 모든 인간의 근본적인 조건이 죄악으로 물들었기 때문이다.

---

4 Robert Kolb & Charles P. Arand, *The Genius of Luther's Theology: A Wittenberg Way of Thinking for the Contemporary Church* (Grand Rapids: Baker, 2008).

사도 바울은 인간의 오염된 부패에 대해서 잘 설명했다. 죄는 하나님께 요구하신 계명들을 거역하는 도덕적이고 윤리적인 반역일 뿐만 아니라, 육체적인 영역까지를 포함하는 전인격적인 상태에 포괄적으로 영향을 끼쳤다. 죄의 영향력은 육체가 반응하는 즉흥적인 생각들만이 아니라, 영적인 것들도 마찬가지다. 하나님을 외면하고, 멀리 떠나려는 인간의 불신앙이 사람의 전인격에 영향을 끼치고 있다. 사람은 하나님을 신뢰하고 의존하면서 살아가려고 하지 않는다. 하나님을 공경하여 그가 보내신 예수 그리스도를 사랑하지 않으면, 육체적으로 살아갈 수밖에 없다.

성령이 임하셔서 복음으로 사람을 불러주시고, 은사를 내려 주시며, 믿음을 장착시켜 주신다. 인간은 자기 자신의 자유의지로 예수 그리스도를 믿을 수 없으며, 하나님께 나올 수 없다. 오직 성령의 인도하심에 의존할 뿐이다. 믿음의 사람은 영적인 영역에서 자유함을 회복하지만, 자연적인 사람은 세속적인 일들을 결정하는 자유가 있을 뿐이다.

## 2. 하나님의 감춰지심

루터의 특수한 계시의 개념이라고 말할 수 있는 하나님의 "감춰지심"(hiddenness of God)에 대해서 수많은 루터학자들이 주목했다. 루터는 이 개념을 가지고 사람들에게 믿음을 심어 넣으려는 목적으로 활용하였다. 루터가 제기한 종교개혁적인 사상의 특징으로 여러 사람들에게 크게 깨우침을 갖도록 기여한 중요한 개념이 바로 "십자가의 신학"이다. 그런데 이 십자가의 신학을 설명하면서 루터는 예수 그리스도의 십자가에서는 하나님이 자기 자신을 감추신다고 풀이하였다.[5] 루터는 토론과 설교와 논문 등 여러 곳에서 하나님의 감춰지심에 대해서 언급했다. 이런 내용들이 루터의 중요한 세 가지 문서에서 드러난다. 『하이델베르그 논쟁』(1518), 『의지의 노예』(1525), 그리고 『창세기 주석』(1535-45)에서 자주 목격된다.

살아계신 하나님, 참되신 하나님께서는 가장 이해하기 어려운 방법으로, 즉 예수 그리스도의 십자가를 통해서 자기 자신을 인간들에게 알려주셨다. 그리스도의 십자가는 가장 강력한 하나님의 계시이다. 이 계시가 자꾸 걸림돌이 되는 것은 우리가 이성적으로 기대하는 곳에서 하나님을 발견하지 못하게 되기 때문이다.

하늘과 땅을 지으신 전능하신 창조주께는 이성의 범주들 속에서 알 수 있는 방식으로 자신을 계시하지 않으셨다. 하나님은 자기의 아들 십자가에서 죽으신 그리스도의 연약함 속에서 자신을 보여주셨다. 하나님은 그리스도 밖에서는 두렵고, 알 수 없는 분이시지만, 그리스도 안에서는 은혜로운 분이시다.

그러나 루터는 하나님께서 자기 자신을 감추시는 두 번째 방식을 채택하였다고 말한다. 십자가에 죽으시는 그리스도의 계시 속에서 자신을 감추실 뿐만 아니라, 자연 만물에 외부로 드러나는 계시에서도 자신을 은폐하셨다는 것이다.

---

5 John Dillenberger, *God Hidden and Revealed: The Interpretation of Luther's Deus Absconditus and Its Significance for Religious Thought* (Forgotten Books, 2015).

이 두 번째의 경우, 하나님의 감추심이 어떤 자들은 구원하시고, 어떤 사람들은 저주하시는가에 관하여 신비스럽고 비밀스러운 것들 속에 들어있다. 이것은 하나님 자신 속에 들어있는 것이어서 접근이 불가능한 영역이고, 그의 말씀을 초월하여 있는 것이요, 감춰져 있는 것이다.

이들 두 종류의 하나님의 감춰지심은 약간의 긴장 관계를 초래한다. 하나님은 일반 계시 혹은 보편 계시 속에서는 보이지 않고 감춰 있다. 그분이 나타나서 십자가에 죽으신 자신의 아들 속에서 자신을 드러내시고 알게 해 주시는데, 그것은 인간을 향하신 구원이요 자비하심이다. 그러나 하나님께서는 이런 계시들 밖에서는 자신을 감추신다. 사람을 어떻게 선택하는지, 왜 다른 사람들은 정죄하는지에 대해서 도무지 이해가 불가능하며, 권능이 얼마나 큰 분이지에 대해서도 알 수 없다.

에라스무스와의 논쟁에서 루터는 『의지의 노예』에 관해서 설명하면서도, "하나님의 감춰지심"에 대해서 소개했다.[6] 예수 그리스도의 신성은 인성 아래서는 감춰져 있다. 패배가 승리를 짓밟아버리고, 치욕이 영광을 짓누르며, 의로움이 죄의 지배하에 있고, 부패가 정의를 이기는 것처럼 보인다.

하나님의 감추어지심은 십자가에서도 드러난다. 바로 그 감춰지심이 계시이며, 계시란 감춰져 있다고 루터는 역설적 관계를 풀어놓

---

6 Pat Roach, "The Problem of the Hiddenness of God in Luther's Theology," *Church History* (2009): B. A. Gerrish, "'To the Unknown God': Luther and Calvin on the Hiddenness of God," *Journal of Religion* 53.3 (1973), 263-292. Paul Althaus, *The Theology of Martin Luther*, Trans. Robert C. Schultz (Philadelphia: Fortress, 1996), 276.

는다. 바로 하나님은 자신을 보이지 않게 하심으로서 그런 독특한 방법으로 계시하신다. 불신자들의 눈에는 하나님이란 보이지 않는 분이다. 그러나 믿음의 눈으로 보는 자에게는 자신을 계시하신다. 불신앙은 인간의 파멸이 보이지만, 믿음은 죄의 파멸과 사탄에 대한 하나님의 응징이 보인다.

그러나 루터가 보기에 에라스무스의 생각 속에 있는 하나님은 너무나 인간적이다. 루터에게서 하나님의 판단과 생각이란 사람의 기대와 예상에 맞서서 움직이는 것이기 때문이다. 에라스무스는 루터와의 논쟁에서, 인간 스스로 결단하여 구원에 이를 수 있음을 강조한다. 루터는 바울 사도가 하나님의 예정을 강조하는데, 에라스무스는 바울 사도를 비판하고 있는 것이 아니냐고 반문한다. 이에 맞서, 인문주의 기독교 철학자 에라스무스는 인간의 결단에 맡기신다는 것이다. 이에 대해서 객관적으로 분명한 증거가 에스겔 18장 23절에 있다고 강조하였다.

> 주 여호와의 말씀이니라 내가 어찌 악인이 죽는 것을 조금인들 기뻐하랴 그가 돌이켜 그 길에서 떠나 사는 것을 어찌 기뻐하지 아니하겠느냐(겔 18:23).

에라스무스는 이 말씀 속에 하나님의 뜻이 드러나 있다고 호소한다. 악인이 돌이켜서 하나님 앞에서 자신의 죄를 고백하고 구원을 받게 되는 것이 하나님의 계시라는 것이다. 에라스무스에 대해 반박하면서, 루터는 여기에 율법과 복음의 대조를 넘어서는 해석학적 전략이 들어있다고 지적한다. 즉, 하나님의 감추어진 뜻과 계시된 뜻이다. 그래서 루터는 우리에게 밝혀진 하나님의 뜻을 넘어가서는 안된다고 충고한다.

## 3. 역설적 관계: 율법과 복음

루터를 연구해온 수많은 신학자들이 루터에게는 파라독스(역설)라고 부르는 것이 많이 있는데, 율법과 복음의 대조, 믿음과 이성의 대조, 영광의 신학과 십자가의 신학의 대조, 그리고 예수님의 본성과 사역에서도 역설적 대조가 설정되어 있다고 지적하였다.

예수 그리스도의 십자가는 루터에게서는 역설의 절정이다. 영광의 왕 되신 예수님께서 마리아의 몸을 통해서 낮은 곳에서 태어나셨고, 사람들에게 버림당하고, 가난하게 살다가 십자가에서 죽으셨다. 그리스도는 하나님께서 사람을 어떻게 다루고 계신가를 보여주신 분이다. 죽음에 내어주셨지만, 부활하사 승천하게 하셨다. 예수 그리스도께서는 루터의 신학에서 일관되게 중심 주제였다.

루터는 항상 하나님의 진노하심에 대한 성경적인 개념에서도 역설적인 설명을 발견하게 된다. 오랫동안 진노의 하나님에 대해서 싫어할 정도였다고 고백한 바 있다. 진노의 하나님께서는 반대로 사랑과 자비를 그가 만드신 만물에 드러내셨다. 진노하시는 하나님께서는 특별하게 성경 속에다가 자신의 계시를 내리셨다. 때로는 보다 특수하게 개인별로 말씀을 하셨다. 하나님의 은총은 결코 종결되지도 않았고, 정의의 기준을 세워나가면서 여전히 작동하고 있다.

율법은 그리스도를 향한 초보적인 교사였다. 율법은 폐하여지지 않았고, 하나님의 심판으로 나타났다. 그 때마다 인간이 회개하고 자신을 낮추어서 겸비해야만 했다. 은총은 인간에게 영적인 능력을 내려주시는 것이 아니라, 하나님께서 특별한 행동으로 인간을 용서하시고 인간과 화해하시는 행위이다. 구원은 사람의 행위와는 관련이 없고, 전적으로 하나님의 선물이다. 사람이 하나님을 기쁘시게 하는 것은 곧바로 하나님의 저주가 된다. 오직 하나님만이 사람을 변화시키실 수 있다. 사람이 자신의 인생을 변화시킬 수 없다.

루터에게서 단순하게 대조적 관계가 드러나는 바, 율법은 죽이는 것이고, 복음은 살리는 것이다. 특히 로마가톨릭교회의 공로사상에 대한 반감에서 나온 구도이기도 하다. 그러나 루터파와는 달리, 칼빈과 개혁주의 교회들에 이르게 되면, 율법의 역할은 은혜 안에서도 지속적이다.[7]

칼빈주의자들은 율법의 용도를 다음과 같이 세 가지로 지속되고 있다고 본다. 율법의 제1용법은 사회 속에서 악을 억제시키는 역할을 한다. 사회 내에서 질서를 유지하게 하는 일은 여전히 그 용도가 유효하다.

제2용법은 특히 죄인으로 하여금 그리스도 앞으로 나오도록 두려움을 안겨주어서 구원을 준비하게 한다.

제3용법은 성도들로 하여금 기독신자의 생활을 위한 지침이 된다. 루터는 율법을 확정적이요 원리적인 용도로만 제시하였다.[8]

---

7 Calvin, *Institutes of the Christian Religion*, II, 6-9.
8 John Frame, *The Doctrine of Christian Life* (Phillipsburg: P&R, 2008), 182-191. Andrew Sandlin, *Wrongly Dividing the Word: Overcoming the Law-Gospel Distinction* (Mount

칼빈은 율법의 여러 기능들을 긍정적으로 평가했고, 도덕적으로 윤리적으로 성도의 마음속에서 죄를 확정케 하고 깨닫게 하는 율법의 역할들을 강조하였다.

## 4. 죄인이자 동시에 의인이다.

역설적이면서, 매우 결정적으로 단순하게 루터의 인간론을 표현한 문구이다. 루터는 사람은 "죄인이며 동시에 의인이다"(*simul justus et peccator*)라고 주장했다. 이는 자신의 인생에서 체험한 것들이라고 생각된다. 기독교인의 두 신분은 매우 역설적인 교훈에 사로잡혀 있었다. 루터의 신학을 대변하는 매우 유명한 개념이 되었다.

그리스도인은 예수 그리스도로 인해서 죄를 용서받았으므로 하나님이 보시는 눈으로는 의인이다. 하지만 세상 위에서 자신의 눈으로나 이웃사람의 눈으로 보기에는 부분적으로나마 죄인으로 보인다. 의인으로 인정받는 것은 예수 그리스도에 대해서 신뢰하는 믿음이 있기 때문이다. 인간은 소망 안에서는 의인이요, 실상은 죄인이다.

로마가톨릭의 선행주의와 공로사상을 거부하기 위해서, 루터는 유난히 믿음을 강조했다. 믿음은 그저 단순한 신념이 아니다. 믿음은 개인의 인격적 고백이다. 성경에 나오는 기록들이 일반적으로 사실이라고 받아들인 역사적 믿음으로도 부족하다. 교회가 가르쳐주는

---

Hermon, CA: Center for Cultural Leadership, 2010).

기준에 따라서 받아들이는 교리적 순종이라고 착각해서도 안된다. 믿음은 마음의 생명을 유지하고는 요소라서 사람의 변혁과 거룩한 생활의 성장을 끊임없이 요구한다.

칼빈은 루터의 역설적 인간론이 지닌 고민을 해결하는 대안으로, 고린도후서 5장 17절을 강조했다. 누구든지 그리스도 안에 있으면 새로운 피조물이다. 이전 것은 지나갔다. 이제는 그리스도와 연합된 새로운 피조물이다.[9] 칼빈의 설명에 의하면 비록 성도에게는 여전히 옛사람이 남아있지만, 그의 신분은 예수 그리스도에게 연합되어 있으므로 결코 죄인으로 되돌아 갈 수 없다.

## 5. 그리스도의 직분과 만인제사장설

루터는 예수 그리스도가 제사장이요, 왕으로서 2중직을 감당하였다고 풀이했다. 직분을 가지신 분이시기에, 그리스도와의 연합이 우리들의 구원에서 근본적인 것이다. 훗날 칼빈에 의해서 그리스도의 선지자 직분이 추가되어서 3중직으로 보완되었고, 개혁주의 교회들이 공식적으로 채택하게 된다.

루터는 초기 종교개혁자로서 그리스도의 선지자적 직분은 두 가

---

9 Richard Gaffin Jr., "Justification and Union with Christ," in *A Theological Guide to Calvin's Institutes*, ed. David W. Hall & Peter A. Lillback (Phillipsburg: P&R, 2008), 248–269. Idem, "Union with Christ: Some Biblical and Theological Reflections," in *Always Reforming: Explorations in Systematic Theology*, ed. A. T. B. McGowan (Downers Grove: IVP, 2006), 271–288.

지 직분과 본질적으로 동일한 것으로 취급하였기 때문에, 충분히 구별하지 못했다. 칼빈은 왕, 제사장, 선지자로서의 그리스도가 담당하신 3중적 직분론(the Munus Triplex, Christ as Prophet, King, Priest)을 완전히 복원시켰다.[10]

예수 그리스도는 왕이므로, 그리스도와 연합된 자들은 모두 다 왕 같은 자들이다. 그리스도는 자신을 낮추어서 겸손하게 찾아오셨고, 세상의 손에 자신을 내어주셔서 죽음을 당하였다.

그러나 이것은 기쁜 소식이다. 모든 성도들이 왕이라는 소식이기 때문이다. 동시에 이것은 나쁜 소식이기도 한데, 그리스도의 자기희생과 고난이라는 요소가 그 안에 들어있기 때문이나. 모든 성도들은 구원을 성취하기 위한 노력을 하는 방식으로 그리스도의 고난에 동참하는 것은 아니다. 성도들에게는 모든 것이 허용되어져 있고, 만물의 주인이라는 의미에서 왕과 같다. 그러나 성도들은 다른 사람들을 섬기는 자가 되어야 한다.

루터는 조직신학을 체계화한 교수가 아니었다. 하지만, 모든 기독교의 진리가 예수 그리스도의 십자가에 연계되어 있음을 강조했다. 하나님에 관해서 말하는 모든 내용들은 오직 예수 그리스도의 십자가와의 관련성이 있음을 일관성 있게 강조하였다.

예수 그리스도의 제사장 직분에 대한 이해에 근거하여, 루터의 만인제사장론이 정립되었다. 직접적으로 루터가 이 단어를 사용한 것은 아니다. 하지만 1520년 『독일귀족에게 드리는 편지』에서 베드

---

10 Calvin, *Institutes of the Christian Religion*, II.15.1-6.

로전서 2장 9절과 요한계시록 5장 10절을 인용하여, 직접 하나님께 나아갈 수 있음을 강조하였다.[11]

　루터는 소위 성직자라는 어떤 사람을 통해서 하나님과의 교통을 나누게 되는 것이 아니라는 점을 강조했다. 목회자나 신부나 공로를 지니고 있는 사람은 아무도 없다. 모든 성도들은 직접 하나님과의 교제를 누릴 수 있다고 루터는 설교했다. 예수 그리스도께서는 하나님과 직접적으로 관련을 갖고 있으시다. 그리스도 인간적인 성품 안에 있는 성도들도 모두 다 하나님과 직접적으로 관계한다. 루터는 고해성사나 미사를 통해서 성직자들이 중보자의 역할을 감당할 수 없다고 거부했다.

## 6. 십자가의 신학

　중세 고위 성직자들은 성도들에게서 대접을 받고, 높은 자리에서 은혜를 나눠주는 자들이었다. 그러나 루터는 목회자의 직분이란 섬기는 것이요, 다른 사람들의 발을 씻으신 예수님의 길을, 곧 십자가를 지고 가는 것이라고 확신하게 되었다. 교회의 정치나 징계나 치리는 성도들에게 압박을 가하거나 권세로 다스리는 사역이 아니라, 회복시키고 돌이키는 사역이다. 비록 루터를 비난하고 정죄했던 자들에게까지도, 로마가톨릭 성직자들이 부정할 수 없는 목회 원리를

---

11　Norman Nagel, "Luther and the Priesthood of All Believers," *Concordia Theological Quarterly* 61 (October 1997) 4:283-84.

제시하였다.

루터가 제기한 많은 토론 주제들 중에서 신선하면서도 잊혀 지지 않는 주제가 "십자가의 신학"이라는 개념이다.[12] 루터는 중세 스콜라주의 신학에 대해서 강력하게 비판하면서 이 개념을 제시했다. 1517년 9월 4일, 중세기를 거쳐 오면서 모든 사람들이 따랐던 토마스 아퀴나스의 신학 체계가 크게 기여한 게 없다고 밝혔다.

특히 중세신학은 단순히 교회 안에서만 잘못된 것이 아니라, 전체 국가 사회적으로, 경제적으로, 정치적으로 연계되어 있었기에 사람들의 생활에 진정으로 도움을 주지 못했다고 말할 수 있다. 성직자들과 지배계급과 제왕들과 군주들을 위해서는 너그러운 신학체계였다.

루터는 1518년 4월, 『하이델베르크 논쟁』(*The Heidelberg Disputation*)에서 몇 가지 핵심 주제를 발표하였다. 이 논쟁에서 루터는 다소 생소한 조항를 제시하였다.[13]

> 19항 보이지 않는 하나님의 사건들을 마치 실제로 일어났다는 식으로 분명하게 보았다는 사람은 신학자라고 불릴 수 없는 사람이다(롬 1:20).
>
> 20항 하지만, 신학자라고 불릴 수 있는 자격이 있는 사람은 고난과 십자가를 통해서 알려진 하나님의 나타내심과 드러

---

12 Alister E. McGrath, *Luther's Theology of the Cross* (Oxford: Blackwell, 1985), 136–141. Walter von Loewenich, *Luther's Theology of the Cross*, tr. Herbert J. A. Bouman (Minneapolis. Augsburg, 1967), 67.

13 Carl R. Trueman, *Luther's Legacy: Salvation and English Reformers 1525-1556* (New Horizons, 2005).

내심을 이해하는 자이다.

21항 영광의 신학은 악을 선하다고 말하고, 선을 악하다고 부른다. 십자가의 신학자는 실제 있는 것만을 말한다.

22항 그 지혜가 사람에게는 완전히 가려져 있고, 감춰져 있고, 이해할 수 없는 것들이지만, 역사 속에서 하나님의 보이지 않는 것들을 보는 것이다.

이들 네 가지 조항들이 루터의 신학의 핵심이라고 해도 과언이 아니다. 아마도 루터는 사도 바울이 고린도전서 1장에서 설명한 바를 요약하고 있다고 본다. 세상 지식과 세상 관원들이 자랑하는 것들을 하나님에 대해서 매우 어리석다고 생각한다.

하나님이 어떤 분이시며, 무슨 방법으로 일하시는지에 대해서는 계시하신 것만을 받아들이고, 인간의 좁은 머리를 가지고 회의적인 생각을 해서는 안된다는 것이다. 스콜라주의 신학자들의 문제점을 파헤친 말이다. 따라서 루터는 하나님의 자기계시만을 말해야 한다는 주장이다.

하나님의 계시가 자연에도 들어있고, 인간의 이성에도 있으며, 문화에도 있고, 여기저기에 있다는 식으로 늘어놓는 것을 반박한다. 루터에게는 엄격한 계시관이 있었다. 오직 성육신하시고, 육체와 저주의 순간까지 견디시는 중에서 갈보리 십자가 위에서 최고의 계시를 드러내신 하나님이다.

십자가의 신학은 매우 혁신적이며, 성경적인 전개이다. 신학적인 모든 용어들을 십자가의 빛 아래서 재조명하라고 촉구한 것이다. 말씀의 권능을 취하라는 말이다. 영광의 신학자들은 성경 속에서 오직 신적인 권능만을 읽으려 하면서, 이런 것들을 자신들에게 적용해서 성직자로서 하나님의 위대한 권능을 대행하는 자로서 군림하려 한다.

하나님의 권능은 십자가의 연약함 속에서 계시되었다. 왜냐하면 악한 권세자들의 손들과 지상의 타락한 권세자들이 눈에 보이는 패배를 안겨줬기 때문에, 예수님은 죽음의 멸망을 당해야만 했다. 따라서 그리스도인들이 하나님의 권능을 말할 때에는 십자가의 개념으로 설명해야만 한다. 교회의 힘이나 기독교의 능력은 연약함 속에서 감춰져 있는 권능이기 때문이다.

루터는 다른 신학적인 용어들도 이와 동일한 대조법을 사용해서 풀이하려 했다. 예를 들면, 하나님의 지혜는 십자가의 어리석음 속에서 나타난다.

또한 이와 같은 방식으로 루터는 내적인 논리와 통일성을 유지하면서, 마침내 칭의를 이해했다. 하나님은 자신의 안목에서 믿는 자들을 의롭다고 선포하신다. 그 어떤 행동이나 업적들을 살펴보더라도 그 속에 내재적인 의로움을 갖고 있지 못하다.

그리스도의 의로우심을 근거로 하여 전혀 외적인 것으로는 성취하지 못한 것을 내적으로 대체시킨다. 십자가의 하나님이 보여주시는 놀라운 논리이다. 진정코 의롭지 못한 자들인데도, 하나님은 순수하고 의롭다고 선언하신다. 그러한 진리는 인간의 논리로는 이해할 수 없는 논리이다.

루터는 하나님의 객관적 계시를 설명하는 것에만 십자가의 신학을 한정시키지 않고, 기독교인의 윤리와 경험을 이해하는 핵심으로도 활용했다. 불신자의 눈에는 십자가는 망하는 길이요, 죽음의 길이라서 도무지 이해가 되지 않는다. 유대인들에게는 거치는 것이고, 헬라인들에게는 미련하게 보이는 길이다. 도덕적으로 살아가는 유대인들에게는 별로 사람이 스스로 성취한 것이 없어 보이고, 지성적인 살아가던 헬라인에게는 매우 하찮은 일에 목숨을 버린 자로 보인다.

그러나 믿음의 눈을 가진 사람에게 십자가는 감춰진 하나님의 외적인 권능이 담겨있다. 위대한 왕이시오, 제사장이 되시는 그리스도와 연합하는 자는 역시 왕이요, 제사장이다. 예수님은 고난과 자기희생을 통해서 왕의 직분과 제사장의 책무를 감당하였으며, 우리가 믿음으로 여기에 동참한다.

예수님은 십자가에 죽으심으로서 자신이 왕 되심을 드러내었고, 믿는 자들에게 자신을 주실 수 있게 되었다. 고통을 당하시고, 다른 자들을 위해서 희생하신 예수님은 불편하신 형편을 참아내셨고, 다른 자들을 위해서 겸손히 봉사하셨다. 갈보리의 십자가 위에서 예수님은 자신의 권위가 어떤 종류인가를 나타내셨으므로, 그리스도인들은 그와 같은 방법으로 살아야 하는 것이다.

고난을 당하는 것이 더 큰 축복이라는 사실을 받아들이기는 힘들다. 십자가는 단순히 속죄의 피를 흘리는 방법으로만 끝나지 않는다. 하나님께서 사랑하는 자들과의 관계를 어떻게 맺으시는가를 보여주는 계시라고 풀이하였다. 물론 루터의 십자가 이해에서 느끼는 아쉬움이 크다.

그는 십자가의 희생만을 강조하는 것으로 그치는 것이 아니라, 부활과 연계되어서 성도들에게는 종말적인 감격과 최후의 승리를 가져오게 된다는 점도 강조했어야 했다. 그러나 루터는 너무나 형식적이고 상하 계급구조로 된 당시 로마가톨릭의 완고함과 스콜라주의적 성례주의에 반기를 들고자 했던 것이다.

## 7. 두 왕국, 교회와 국가

루터는 교회와 국가에게는 하나님이 내려주신 각각의 영역이 있다고 대조적 관계를 설명했다. 두 왕국 교리는 루터의 율법과 복음과의 대조를 연속적으로 이어받은 개념이다. 어거스틴의 『하나님의 도성』에 근거한 것이고, 로마가톨릭교회에서 가르친 "거룩한 것"과 "세속적인 것"과의 엄밀한 대립관계에서 확장된 개념이다.

루터는 독일에서 농민전쟁이 벌어지면서, 비텐베르크에서 혼란스러운 분위기를 해결하고자 『세속 권위에 대하여』(*Von Weltlicher Obrigkeit*, 1523)를 발표하였다. 1528년에는 말부르그에서 두 왕국을 주제로 설교했다. 1580년에 『일치신조』(*the Book of Concord*)가 루터파 교회의 공식적인 입장으로 발표되었다.

루터는 세속 정권에게는 영적인 문제에 관해서는 아무런 권한이 없으며, 생명과 재산을 보호하는 세속적 사명을 제한적으로 갖고 있다고 주장했다.[14] 세속 권세를 가진 자들은 교회에게 특권이 주어져있는 신

---

14 Anders Nygren, "Luther's Doctrine of the Two Kingdoms," *Journal of Lutheran Ethics* (8/1/2002): www.elca.org/JLE/Articles/931

앙적인 문제를 강압적으로 시도해서는 안된다. 시민 정권의 통치는 복음에 의한 영적인 영역, 하나님의 법에 의해서 지배를 받고 있다.

루터는 아담의 자녀들이 두 그룹으로 나뉘었다고 말한다. 한 그룹은 하나님의 나라에 속하고, 다른 그룹은 세상의 왕국에 속한다. 하나님의 나라에 속한 자들은 그리스도를 왕이자 주님으로 믿는 자들이다. 참된 기독교인들에게는 성령이 머물러 가르치고 있으며 생명을 주기 때문에 통치자나 왕이나 칼이나 율법이 필요가 없다. 세상의 칼과 법은 기독교인들 가운데서는 별로 할 일이 없을 것이라고 루터는 확신했다.

그러나 세속정부가 임시적인 땅위에 일을 담당하고 있다. 악이 존재하고 있기 때문에 세상 권세가 세워지게 되었다. 세속정부는 사탄에 맞서서 하나님의 창조세계에서 살인, 무질서와 파괴를 방지하는 일을 해야 한다. 루터는 로마가톨릭교회가 세속 정권을 지배해서, 성경 인쇄를 금지하게 만드는 일을 하고 있다고 비판했다.[15]

루터의 개념은 중세시대 수천 년 동안 세속 권세와 교회가 함께 구성한 기독교 공동체라는 상황하에서만 가능한 이론이었다. 기독교 왕국에서는 모든 시민들이 태어나면서부터 교회에서 유아세례를 받게 된다. 중세시대는 교회와 국가와의 사이가 긴밀하게 연계성을 갖고 있었다. 교회가 국가를 가르치고 지도하였다. 더구나 루터는 작센의 선제후 프레데릭 3세의 보호를 받아들였다.

이 땅 위에서 권력의 두 기둥이 되는 국가와 교회 사이의 관계와

---

15 Brent W. Sockness, "Luther's Two Kingdoms Revisited," *Journal of Religious Ethics* 20 (1992):93.

역할을 정립하는 것은 결코 쉬운 일이 아니었다. 독일을 비롯하여 서구 유럽 전 지역에서, 군주의 종교가 그의 통치하에 살아가는 사람들의 종교가 된다는 결정을 하게 되면서, 루터의 이론은 더 이상 작동하지 못하고 말았다. 세속 군주들이 교회의 일에 깊숙이 개입하였던 것이다. 개혁파교회들은 정치문제에 대해서 무작정 침묵할 수 없음을 주장했다.[16] 루터파교회들과 영국성공회는 국가의 지배자가 교회의 상당한 영역에까지 통치하는 형태를 따라가게 되었다. 웨스트민스터 신앙고백서에서는 국가가 교회를 지배하지 못하도록 하는 조항을 제정하였다. 신대륙 미국에서는 국가와 교회 사이에 정교분리라는 원칙을 헌법에 명시하였다.

하지만, 개인이나 교회가 성경에 근거하여 사회와 국가에 영향력을 끼치려 하는 것은 어디까지 허용해야 할 것인가를 놓고서 많은 논쟁이 일어나고 있다. 국가는 학교에서 종교와 관련된 행사를 금지하고 있다. 그러나 아브라함 카이퍼와 헤르만 바빙크 등 신칼빈주의 신학자들은 모든 영역에서 그리스도의 영광을 드러내는 일에 기독교 신자들은 앞장서야 한다고 강조하였다. 사람의 모든 활동영역에서, 모든 사상과 생각들 속에서도 예수 그리스도가 중심이요, 통치자가 되어야 마땅하다.

---

16 David Van Drunen, "The Two Kingdoms Doctrine and the Relationship of Church and State in the Early Reformed Tradition," *Journal of Church and State*, 49 (Autumn 2007): 743-63. idem, "Abraham Kuyper and the Reformed Natural Law and Two Kingdoms Tradition," *Calvin Theological Journal* 42 (2007):283-307. Timothy P. Palmer, "The Two-Kingdom Doctrine: A Comparative Study of Martin Luther and Abraham Kuyper," *Pro Rege* 27.3 (Mar. 2009):13-25.

국가가 그 어떤 전도활동도 허락하지 않는다면, 그냥 교회는 문을 닫고 있어야 할 것인가?

루터의 두 왕국설은 지금까지 논쟁적인 주제로 남아있다. 후기 종교개혁자들에 의해서 계속 논의가 되어오고 있고, 칼빈에 의해서 예수 그리스도만이 주님이 되시는 하나님의 나라, 신적 주권을 시행하는 왕국론으로 보완되어진다.[17]

---

17　William Edgar, *Created and Creating* (Downers Grove: IVP, 2017). Vern Poythress, *The Lordship of Christ* (Wheaton: Crossway, 2016), 73-80. John Barber, *One Kingdom* (Lakeland: Whitefield Media, 2015).

아이제나흐 바르트부르크 성 안에 루터가 머물던 곳은 기념박물관이 되었다.
1521년 5월 4일, 루터는 보름스의회에서 곧바로 바르트부르크 성으로 피신했다.
여기에 머물면서 신약성경을 고지대에서 주로 사용 하는 독일어로 번역하였다.
루터는 1522년 3월 농민 전쟁의 혼란기 를 수습하기 위해서 다시 비텐베르크로 돌아가게 된다.

1521년 5월 4일, 루터는 보름스의회에서 곧바로 바르트부르크 성으로 피신했다. 여기에 머물면서 신약성경을 고지대에서 주로 사용하는 독일어로 번역하였다. 루터는 1522년 3월 농민전쟁의 혼란기를 수습하기 위해서 다시 비텐베르크로 돌아가게 된다.

루터가 성경을 번역하던 곳. 루터는 이곳에서 위험을 피해 숨어지내면서도, 말씀을 통해 힘을 얻었다.

루터가 성경을 번역하던 곳. 아이제나흐 바르트부르크 성 안에 루터가 머물던 곳은 기념박물관이 되었다.

벽에 걸린 루터의 초상화는 그가 이 방에서 머물던 시절을 그린 것이다. 루터는 이곳에서 신약성경의 번역을 완료하였는데, 유리상자 안에 번역된 성경이 전시되어있다. 이 독일어 성경은 루터가 살았던 고지대 지방 언어를 중심으로 삼았다. 루터의 성경은 높은 산이 많아서 왕래가 불편하여 여러 사투리와 지방 방언들이 많았던 독일어를 하나로 통합하는데 결정적인 영향력을 발휘하였다.

루터가 번역한 성경책. 1522년에 신약을 출판했고, 구약은 1534년에 출판함.

# 제10장
## 루터의 칭의 교리와 노예의지론

중세시대 말기에 이르기까지 로마가톨릭교회 안에 전 세계가 받아들일만한 통일된 구원론과 칭의론이 없었다. 뿐만 아니라, 신론, 성경의 영감, 창조론, 기독론 등의 주제들은 16세기 종교개혁시대에 이르러서야 정밀하게 탐구되어졌다. 중세시대에 로마가톨릭은 토마스 아퀴나스가 세운 성례론에 대해서는 매우 세밀한 지침을 가지고 있었다. 그러나 칭의론에 대해서는 종교개혁자들이 중세 말기의 신학에 대해서 공격할 여지가 충분히 남아있었다.[1]

가장 핵심적인 루터의 공헌이자, 가장 중요한 종교개혁시대의 교리는 믿음으로 얻는 칭의론이다. 루터는 칭의론을 결정적으로 확고히 했다. 그는 성경의 최종 권위를 견고히 세우면서, 새로운 구원론과 교회론을 정립하여 개혁된 교회를 세우게 된다. 구원이란 면죄부

---

1 R. Scott Clark, "How We Got Here: The Roots of the Current Controversy over Justification," *Covenant, Justification, and Pastoral Ministry*, ed. R. Scott Clark (Phillipsburg: P&R, 2007), 12-13. W. Robert Godfrey, "Westminster, Justification, and the Reformed Confessions," in *The Pattern of Sound Words: Systematic Theology at the Westminster Seminaries: Essays in Honer of Robert B. Strimple*, ed. David VanDrunen (Phillipsburg: P&R, 2004), 140-143. Anthony N.S. Lane, "A Tale of Two Imperial Cities, Justification at Regensburg (1541) and Trent (1546-1547)," in *Justification in Perspective: Historical Developments and Contemporary Challenges*, ed. Bruce L. McCormack (Zondervan: Baker, 2006), 119.

를 구입하는 공로나 선행에 의존하지 않는다는 것과 일곱 가지 성례 중심주의를 거부하고 미사를 폐지시켰다. 루터는 외부적이며 법정적인 성격을 강조하는 칭의론을 정립하였다. 거의 모든 종교개혁자들은 기본적으로 루터의 칭의론을 받아들였고, 기독교 구원론의 핵심이자 기독교 진리의 기초가 되었다. 칼빈은 예수 그리스도의 공로에 기초하는 믿음의 확실성으로 전개한다.[2] 그리스도의 사역은 우리를 위하여 공로적이며, 외부적인 것이다라는 개념은 종교개혁자들 사이에 핵심을 이루는 공통적인 요소였다.

필자는 루터의 칭의 교리를 그저 학술적으로 비교하거나, 매우 어려운 신학적 주제들을 파고들어서 복잡히 사유하려는 것이 아니다. 그저 지식적으로만 치우친 서양 신학자들의 논쟁을 따라가고 싶은 마음이 없다. 칭의론은 매우 중요한 교리이지만, 수많은 신학자들이 상세히 나열하던 바를 답습하려는 생각은 없다. 필자는 보다 더 칭의 교리를 실제적으로 적용하는데 관심을 두고자 한다.

따라서 루터의 칭의론을 그의 인간론과 함께 반드시 살펴보아야만 제대로 된 이해가 가능하다는 점을 강조하고자 한다. 뒤엉켜있는 인간의 근본적인 문제를 해결하는 길은 루터와 칼빈의 칭의론과 그 배경을 이루는 인간의 타락한 본성에 대한 이해가 절대적으로 필요하다. 루터와 종교개혁자들의 인간 이해와 타락한 의지에 대한 성경적인 서술들을 주목해야 한다. 성경이 증언하는 인간이란 과연 누구이며 어떤 상태인가를 아는 것은 이 세상에서 매일 일어나는 끔찍한

---

2 Calvin, *Institutes of Christian Religion*, II.xvii.1-5. III.ii.11-12.

범죄들을 인식하는데 있어서 절대적으로 필요하다.

자신들의 타락하고 사악한 본질을 왜곡하는 이슬람 극단주의자들의 테러와 인종 대립과 갈등으로 인해서 지구상에서는 전쟁과 살인이 끝없이 반복되고 있다. 북한에서는 비극적인 살인과 반인륜적인 범죄가 자행되고 있고, 남한에서는 이보다는 훨씬 덜하지만 2016년도 가을철에는 국가적으로 총체적인 부패가 폭로되어 혼란에 빠져있다. 전 세계적으로 과거보다는 극악한 각종 범죄가 지능적으로 진보하고 있고, 훨씬 자주 일어나고 있다. 인간의 잔인함은 갈수록 그 정도가 더 심해지고 있다.

예수님은 사람의 마음에서는 선한 것이 나오지 않는다고 선언하였다(막 7:14-23). 로마서 3장 23절에서, "모든 인간이 죄를 범하였으매 하나님의 영광에 이르지 못하다"고 지적한다. 지금까지 인간의 본질적 상태, 과연 인간이 어떤 조건에 처해있는 존재인가에 대해서 가장 정확하게 지적하는 교훈을 제시한 기독교사상가는 별로 없었다. 솔직하게 말하자면, 인간은 자신들이 처한 비극과 비참한 상황을 받아들이려 하지 않기 때문에, 혼란에 빠져있다. 종교개혁자들은 성경을 통해서 지적된 인간의 본성을 가감 없이 폭로하고, 바른 인식을 선포하였다.

## 1. 루터의 기본적인 칭의 개념

비로소 루터에 의해서 새롭게 전개된 칭의론은 1516년부터 1519년 사이에 점차 확고하게 드러났는데, 먼저는 로마서 주석을 통해서 나왔고, 점차 토론과 논쟁을 통해서 발전되었다. 그 주요한 특징은, 인간이 쌓아가는 의로움이 아니라, 믿음으로 주어지는 법정적이며 외부적인 의로움이요, 근거는 그리스도의 의로움을 전가 받는다는 것이다.

첫째, 루터의 칭의 교리는 의로우신 재판장 하나님께서 법정적으로 선포하는 것이며, 우리 내부에 있는 것이 아니라 외부적인 의로움으로서 예수 그리스도로부터 온다는 것을 핵심으로 한다. 루터는 하나님의 의로움이 오직 그리스도의 십자가에서만 나타난다고 보았다. 그런데 칭의 교리만 따로 떼어서 설명할 수 없다. 인간이 더욱 더 자신의 죄성을 인식하게 되면, 그리스도의 외부적인 의로움에 대한 필요성이 더욱 절실해지고 커진다. 따라서 칭의론은 인간론에 대한 이해가 배경으로 담겨있다. 루터의 노예의지론과 칭의론은 긴밀히 연결되어있는 것이다.[3] 좀 더 포괄적으로 보자면, 인간론과 구원론이 결코 떨어질 수 없는 것이다.

둘째, 루터의 칭의론에는 어거스틴의 은총론이 깊이 담겨있다. 루터가 종합적인 성경해석과 그를 위한 체계적인 신학 구조를 수립하는 데 있어서 어거스틴의 은총론을 재발견하였기에 성공할 수 있었

---

3 B. A. Gerrish, *Grace and Reason: A Study in the Theology of Martin Luther* (London: Oxford University Press, 1962), 84-99.

다. 타락 이후 인간의 자유의지에 대해서 어거스틴이 해석한 것과 루터의 이해는 거의 일치한다. 어거스틴은 원죄로 타락한 본성에 대해서 철저하게 성경적으로 정립하였는데, 오랫동안 로마가톨릭 신학자들이 성례주의와 신인협력설에 사로잡혀서 이를 간과해왔었다.

종교개혁자들은 중세 말기 스콜라주의 신학의 공로주의를 벗어나서 어거스틴과 초대 교부들의 신학으로 거슬러 올라가서, 성경해석의 근간을 구축하게 된다. 결국 종교개혁자들이 재발견한 것은 성경에 의거하여 기독교의 가르침을 점검한다는 점과 사람의 부패한 본성에 대한 철저한 반성과 회개의 필요성이었다.

셋째, 루터의 신학적 배경에 대한 이해가 선행되어야만 한다. 루터가 성장한 로마가톨릭교회 안에는 오랫동안 반펠라기우스주의(semi-pelagianism)의 공로사상이 퍼져있었다. 로마가톨릭이 가르치는 선행의 진행과정에 따라서 주어지는 칭의론은 구원의 핵심 교리가 되었는데, 11세기 이후에 널리 퍼져나갔다. 반펠라기우스주의를 따르는 로마가톨릭교회에서는 공로라고 하는 것은 인간의 노력에 기반을 두고 하나님의 보상을 받는 조건이나 요구라고 생각된다. 어거스틴에게 있어서는 그와는 정반대로 하나님의 은총에 기초를 두고 상당히 순수하게 영원한 생명을 영위하고 수여받는 것으로 간주되었다. 11세기와 12세기에는 공로 문제가 어거스틴과는 다른 방향으로 해석되기 시작했다.

중세시대 말기에, 옥캄의 윌리엄을 따라서 유명론이 등장하여 실재론에 대립적인 학문을 펼쳤다. 옥캄의 윌리엄을 따르는 "비아 모데르나"(*via moderna*)의 후기 신학자 가브리엘 비엘이 말한 바와 같이,

하나님께서는 "인간에게 스스로 노력하는 가운데서 무엇을 성취하도록 허용하셨다"(*facere quod in se est*)고 주장했다. 심지어 이교도들이라도 그들의 이성을 사용하므로서 구원을 얻을 수 있다고 가르쳤다. 그러나 칼빈은 아담의 선한 본성에다가 또 다른 덧붙혀진 은혜를 주실 필요가 없다고 주장하였다.[4]

사람이 아무리 공로를 세우더라도 하나님의 차원이나 하나님의 수준에 만족을 시킬 수 없다. 그런데도, 중세기 말엽에 등장한 "비아 모데르나"(신학파)에서는 사람의 능력을 극대화하는 주장들을 내놓았다. 즉 "하나님은 최선을 다하는 자에게 결코 은총을 거절하시지 않을 것이다"라는 경구로 표현되었던 것이다.

하지만, 여기서 차이점이 분명하게 드러난다. 종교개혁자들은 인간의 칭의란 어디까지나 신적인 은총의 결과이지, 선행을 쌓은 자들에게 주시는 신적 보상이라고 생각되어서는 안된다고 역설했다. 어거스틴에게 있어서 칭의란 신적 은혜요, 하나님의 선물이라고만 풀이하였다.

루터는 일찍이 인간의 역설적인 양면성을 잘 파악해냈다. 하나님의 피조물 가운데서 인간은 최고의 걸작품에 해당한다. 하나님의 형상으로 지음을 받았기 때문인데, 특히 자유함과 존엄성을 지니게 되었다. 그러나 타락으로 인하여서 죄를 범한 인간에게는, 이 땅위에서 최선을 다하지만, 별 수 없는 죄인일 뿐이다. 단지 오직 예수 그리스도께서 재림하심을 기다리는 것 밖에는 소망이 없다.

---

4 John Calvin, *Institutes of the Christian Religion*, II.1.5.

루터와 모든 종교개혁자들은 아담의 타락한 본성에 대해서 주목했다. 중세 말기에 로마가톨릭에서는 죄로 인해서 인간 본성은 믿을 수 없는 상태에 처하게 되었다고 가르쳤다. 플라톤의 영향으로 이원론적인 구분을 시도하여, 하나님과 천사에게 연계된 "높은 자아"(영혼)가 있는가 하면, 동물에게 연결된 "낮은 자아"(육체)로 구성되어져 있다고 구분했다.

감각적 쾌락을 추구하는 육체의 욕망들, 즉 "강력한 육체적 욕망"(concupiscence)이 인간의 본성 속에 있는 바, 그것이 행동을 하지 않을 때에는 그 자체로서는 죄가 아니지만, 인간 본성의 연약함과 결함을 지적하는 요소라고 가르쳤다. 이들 강력한 육체적 욕망들이 정념에 휩싸이게 되면 죄악으로 옮겨지는 것인데, 치유를 위해서 은총과 협력하는 작업이 필수적이라고 가르쳤다.[5]

은총의 개념을 주요하게 취급한 로마가톨릭에서는 타락한 인간 본성에 대한 반성보다는 자율적인 인간의 노력과 공로를 더욱 더 중요시하였다. 하나님께서는 무한한 자비로서 인간이 스스로 구원을 위해서 최선을 다하여 성취하도록 가치를 부여하셨다고 가르쳤다. 하나님의 형상을 지니고 있던 아담에게는 죄를 지은 이후에 "덧붙여진 은사"(*donum supreadditum*)가 주어져서 하나님의 명령을 수행하는 자가 되게 했다는 것이다. "도눔"(*donum*)이란 값없이 거저 주시는 부가적인 은총의 선물이다. 원래 인간에게 주어진 것은 자연(*naturalia*)이요, 라틴어로는 '주어진 것'이라는 의미로 사용되는 "다툼"(*datum*)

---

5 *Catechism of the Catholic Church* (New York: Doubleday, 1997), 405.

이었다. 13세기 토마스 아퀴나스에 의하면, 결국 두 가지 목록으로 정립되었는데, 자연적 은총(datum)과 초자연적 은총(donum)으로 구분하였다.

중세 가톨릭교회는 거룩함을 유지하는 방법을 강조하였다. 결국 인간의 부패성을 방지하기 위하여서는 수도원이나 공동생활에서 엄격한 금욕주의를 시행하였다. 중세 말기에 이르면 때때로 신비주의와 경건주의가 구원의 길이라고 강조하였다. 남녀가 결혼을 해서 생활하는 인생이란 수도원에서 명상하면서 시간을 보내는 수도사의 삶보다는 저급하다고 평가하였다. 결혼 관계에서 갖는 성적인 결합 관계는 인송 번성을 목적으로 하는 것으로만 취급하였다. 순수한 영적인 명상의 높은 경지에 비하면 동물적인 단계라고 보았다.

종교개혁자들은 사람의 본성에 대한 이해를 성경적으로 확고히 제시하였다. 하나님의 말씀으로 돌아가야만 한다고 주장하던 종교개혁자들은 바로 그 성경에서 가르치는 사람의 본질적 타락을 재발견하였다. 루터는 아담이 타락함으로 인해서 하나님의 형상이 완전히 파괴되었다고 선포했다.[6] 루터는 하나님의 소명을 수행할 수 있는 도덕적 탁월함과 능력은 완전히 상실되었다고 보았다. 16세기로 접어들면서, 종교개혁자들은 성경이 가르쳐주는 인간의 본성에 대한 철저한 깨달음을 갖게 된 것이다.[7]

---

6 Martin Luther, *Lectures on Genesis Chapter 1-5, in Luther's Works*, American Edition, 55 vols., ed. Jaroslave Pelikan and Helmut T. Lehmann (Philadelphia: Fortress, 1955-1986), 1:63-64.

7 Heiko A. Oberman, "The Shape of Late Medieval Thought," in *The Pursuit of Holiness in Late Medieval and Renaissance Religion*, ed. Charles Trinkaus with Heiko A. Oberman

## 2. 외부적 칭의와 의로움의 전가

루터의 칭의론이 처음 등장한 것은 1515년 비텐베르크대학교에서 로마서를 강의하면서부터다. 비텐베르크대학교에서 루터가 로마서 강해로부터 터득한 것을 살펴보면, 주목할 단어가 나오는데 "죄인이자 동시에 의인이다"라는 표현이다. 사람의 전인격적인 존재에는 이중적인 종속성이 들어있다는 것이다. 한 사람이지만 영적이기도 하고 육체적이며, 동일한 사람이지만 죄인이면서 의로운 자이고, 선하기도 하고 악하다.

> 그러나 하나님께서는 성도들의 죄 고백 때문에 그들을 의롭다고 여기신다. 사실 그들은 죄인이다. 그러나 그들은 자비로우신 하나님께서 의롭다고 간주하시므로 의롭다. 그들은 이런 사실을 모르지만 의롭다. 이런 사실을 알게 되면, 자신들이 의롭지 않음을 알게 된다. 그들은 실제로 죄인이지만, 소망 가운데서 의롭다.[8]

여기에는 죄인으로 남을 수 밖에 없는 사람을 "하나님께서 항상 의롭다고 간주하신다"(*semper quoque iusti a Deo reputantur*)는 점을 깊이 인식하고 있다. 의롭게 된 죄인은 하나님과 사람 앞에서도 의인이다.

---

(Leiden: E. J. Brill, 1974), 3–25. William J. Courtenay, "Nominalism and Late Medieval Religion," in *he Pursuit of Holiness in Late Medieval and Renaissance Religion*, 339–60.

8 *De Martin Luther's Werke: Kritische Gesamtausgabe*, 56.342.18–19.

하나님께서 어떻게 의롭다고 간주하시는가?

여기서 루터는 의로움의 재료가 죄인에게는 없으므로, 외부에서 얻어진다는 것을 강조한다. 사람에게는 없는 것이기에 외부적으로 주어지는 그리스도의 의로움을 획득한 것으로 인정을 받는다는 것이다. 하나님의 은총이 근거가 되며, 그 수단은 믿음이다. 믿음은 은총 아래의 사람이 자신의 영적인 삶에서 발전하고 자라나는 수단이다.

루터가 칭의를 이해하는 중요한 의식이 담겨있음에 대해 주목해야 한다. 루터는 칭의가 인간의 영혼 안에서 작동하는 하나의 성질 또는 일련의 특성이라고 생각하지 않는다는 점이다. 로마가톨릭의 전통에서는 칭의에 대해서 은총을 입은 사람이 노력하여 인간 내부적으로 갖추어가는 성질로 이해하였다. 루터는 성도를 향한 하나님의 호의라고 하는 관점의 변화를 드러냈다.[9]

초창기에 해당하는 1515년과 1516년에 나온 루터의 칭의론은 로마서 강해를 중심으로 살펴볼 때에, 처음에는 다소 미흡하지만 여전히 발전해 나가는 단계임을 보여준다. 1535년에 나온 갈라디아서 주석에서는 훨씬 더 분명하게 제시되어져있다.[10] 루터의 초기 칭의론에는 이미 죄인된 인간 본성에 대한 겸손한 이해가 강조되어있고, 전가의 용어가 등장하며, 하나님의 은총에 의존하지 않는 펠라기우스에 대해서 철저히 논박하고 있다.[11]

---

9 McGrath, *Iustitia Dei: A History of the Christian Doctrine of Justification*, 『하나님의 칭의론, CLC刊』(Cambridge: Cambridge University Press; 3 edition 2005), 200.

10 Mark A. Siefrid, "Paul, Luther and Justification in Gal. 5:15-21," *Westminster Theological Journal* 65 (2003):215.

11 Carl R. Trueman, "Simul peccator et justus: Martin Luther and Justification," in

하나님의 은총 때문에 외부적인 그리스도의 의로움을 가져오게 되는 것이요, 내적으로는 믿음이 작동하여서 성도의 내부에서 중생과 성화에 영향을 미친다. 칭의는 사람의 내부에 있는 믿음으로 인해서 이루어지는 것이 아니라, 그리스도 때문에 주어지는 외래적인 것이다.

인간의 본성에 담긴 노예의지를 터득하면서 "비아 모데르나"와의 단절과 함께 칭의는 "그리스도의 외부적인 의로움"(*iustitia Christi aliena*)이라고 설명한 부분에서 드러난다.[12] 이어서 그는 1516년부터 1519년 사이에 수많은 논쟁에 참여하면서, "십자가의 신학"을 주장한다. 예수 그리스도의 고난과 희생과 의로움에 대해서 강조한다. 칭의에 대한 선행이 차지하는 위치에 대해서는 1520년, 『선한 행위에 대한 강론』(*Sermo von den guten Werken*)에서 논박을 한다. 칭의가 하나님의 은총에 근거한 것이요, 성령의 선물이라는 점에 대해서는 1521년, 『라토무스의 주장에 대한 논박』(*Rationis Latomianae confutatio*)에 담겨있다.

전체적으로 루터의 칭의론이 나타나는 것은 1519년에 나오는 "두 종류의 의로움"이라는 설교에서다. 루터는 능동적 의로움과 수동적 의로움으로 대별시켰다. 루터는 그리스도의 의로움은 우리의 내부가 아니라 외부로부터 오는 것이라고, 외래적인 것이라고 강조하였다. 그리스도의 의로움은 완전하고도 영원한 것이며, 우리는 순간적으로

---

*Justification in Perpective: Historical Developments and Contemporary Challenges*, ed. Bruce L. McCormack (Grand Rapids: Baker, 2006), 7.

12  McGrath, *Iustitia Dei*, 207.

믿음에 의해서 그리스도의 소유가 되어진다.

루터의 칭의론은 기본적으로 "두 종류의 의로움"이라는 설교에 담겨있다.[13] 그리스도의 의로움은 기본적인 의로움이요, 이것이 합당한 의로움을 위한 기초를 제공했다. 이로 인해서 우리의 실제적 도덕적 변혁의 구성요소이다.

이런 문맥에서, 루터는 외부적인 의로움과 원죄 사이, 합당한 의로움과 실제적인 죄악의 구조적인 평행법을 사용하여 설명하였다. 그리스도의 의로움이야말로 가장 근간을 이루는 것이며, 합당한 의로움의 기초라는 루터의 강조가 확연하게 나타나있다. 이로 인해서 믿음이 일어날 때에, 임재하는 그리스도가 우리들의 옛사람이 변하여 실제적으로 도덕적인 변화를 구성할 수 있는 것이다.

> 따라서 이 외부적 의로움이, 오직 은혜에 의해서만 우리들의 선행 없이, 우리 안에 심겨졌는데, 그 사이에 확신컨대, 성부는 그리스도에게로 우리를 내적으로 이끄신다. 그리스도는 날마다 옛 아담을 점점 더 축출해 나가고, 그리스도를 아는 지식과 믿음이 자라나면서, 그 범위에 맞추어서 확산되어진다. 왜냐하면 외부적 의로움은 단번에 모두 다 심어지지 않고, 시작하고, 진보를 하다가, 최종적으로 죽음에 이르러서 완벽하게 이루어진다.[14]

---

13  Martin Luther, *Works*, ed. Jaroslav Pelikan & Helmut T. Lehman. 56 vols. (St. Louis: Concordia, 1955-1986), 31:298.

14  Luther, *Works*, 31:299.

루터의 칭의론은 1535년에 나온 『갈라디아 주석』에서 거의 최종 단계에 이르렀다. 갈라디아서 3장 28절에 "너희는 유대인이나 헬라인이나 종이나 자유자나 남자나 여자 없이 다 그리스도 예수 안에서 하나이니라"고 하였는데, 이 구절에 대해서 루터는 주목할만한 해석을 첨가했다. 즉, "예수 안에서"라는 구절이 첨가되어있다는 사실이다. 만일 그리스도가 사라진다면, 그 앞에 나오는 모든 말은 무의미하다. 루터는 믿음의 특징을 가지고 이 점에 대해서 풀이했다.

> 이것은 그리스도에 대한 참된 믿음이자 그리스도 안에서의 믿음으로서, 이로 인하여 우리가 그분의 몸과 그분의 살에 참여하는 한 몸의 지체들이 되는 것이다(엡 5:30). 따라서 그 분 안에서 우리가 살고 움직이며 우리의 존재를 가지게 된다(행 17:28). 그리스도와 믿음은 완벽하게 결합되어져야만 한다. 우리는 단순히 하늘에 우리의 처소를 가져야 한다. 그리스도는 살아있으시고, 우리 안에서 역사하신다. 그러나 추상적으로가 아니라 실제로 그분은 살아계시며, 우리 안에서 임재와 권능으로 역사하신다.[15]

루터는 갈라디아 주석에서 믿음이란 "가슴의 진리이자, 하나님에 관한 가슴의 올바른 지식이다"고 설명하였다.[16] 이 올바른 가슴의 지

---

15 Martin Luther, *Lectures on Galatians* 1535, LW, vol. 26–27, ed. Jaroslav Pelikan (St. Louis: Concordia, 1963), 26:57.

16 Ibid., 26:238.

식은 율법이나 이성의 능력으로 얻은 것이 아니라, 주어지는 것을 받는 것인데, "하나님의 말씀이 선포될 때에 성령의 선물이자 성취이다."[17]

중세 신학자들은, 혹은 트렌트 종교회의 이후에 지금까지도 로마가톨릭에서는 사랑의 행위, 습관화된 공로를 통해서 드러나는 믿음을 강조하였다. 로마가톨릭에서는 갈라디아서 5장 6절인 "사랑으로서 역사하는 믿음"이라는 구절을 강조하면서, 이런 믿음은 하나님의 은총에 의해서 영혼 속에 초자연적으로 창조되었다고 가르쳤다.

로마가톨릭과 루터의 믿음에 대한 강조는 너무나 차이가 있다. 루터는 "사랑에 의하여 형성된 믿음이린 공허한 꿈과 같다"고 하면서 로마가톨릭의 믿음에 대한 해석을 비판하였다. 성경이 가르치는 믿음이란 단순하다. "선행과 사랑은 믿음의 완벽함이나 믿음의 장식품이 아니다. 믿음 그 자체는 하나님의 선물일 뿐이다. 우리의 가슴 속에서 하나님의 역사가 우리를 의롭게 하신다. 왜냐하면 그 믿음은 구세주로서 그리스도를 붙잡고 있기 때문이다."[18]

루터는 믿음이 그리스도를 붙잡고 있기에 우리가 의롭다함을 얻는다는 것을 강조하고 있는 바, 그냥 죄인이 지성적으로 그리스도를 붙잡는 것이 아니라는 점을 분명하게 강조한다. 믿음을 통해서 그리스도와의 신비로운 연합을 이루고 있는 사람이 된다는 것을 말한다. 믿음을 통한 연합에 대해서 루터는 계속

---

17  Ibid., 26:375.
18  Ibid., 26:88.

해서 강조하였다. 루터는 사람에게 완벽한 의로움을 얻게 하는 두 가지 요소를 강조하였다. 첫째는 가슴 속에 있는 믿음인데, 하나님께서 선물로 주신 것이요, 견고하게 그리스도를 믿는다. 둘째는 하나님께서 이런 불완전한 믿음이라도 그의 아들, 그리스도 때문에 완벽한 의로움으로 간주해 주신다.[19]

## 3. 루터의 뿌리: 어거스틴이 반박한 자유의지론

지난 2천 년 동안에 벌어진 기독교 신학의 발전과정에서 가장 중요한 성경의 진리들이 두 차례의 논쟁을 통해서 밝히 드러났다. 하나는 어거스틴과 펠라기우스와의 논쟁이요, 또 다른 하나는 이와 연장선상에서 벌어진 루터와 에라스무스와의 논쟁이다. 기독교가 근간으로 삼아야할 신학사상을 파악하기 위해서는 반드시 되새겨야 할 내용들을 두 차례의 논쟁에서 찾아보아야 한다.

루터와 칼빈의 구원론은 어거스틴의 은총론에게서 크게 영향을 받았기에 먼저 초대교회로 돌아가고자 한다. 중세 말기 로마가톨릭의 허황된 가르침이 극심하게 드러난 것은 공로와 선행을 통하여 구원에 이르는 조건들을 채우려 하는 조작에서 비롯된 것이다. 중세시대는 펠라기우스의 자유의지론을 일부만 수정하여 받아들였다.

인간의 죄와 은총을 새롭게 인식하게 된 종교개혁자들의 인식에

---

19  Ibid., 26:231.

있어서 깊은 영향을 끼친 어거스틴의 신학사상을 살펴보자.

어거스틴(354-430년)이 철퇴를 가했던 펠라기우스(425년 사망)는 5세기 서구 유럽교회 내에서 피조된 인간 본성에 대한 논쟁에서 아담이 범한 원죄의 영향으로 오염과 죄책이 전체 인류에게 전수되어졌다는 것을 부인했다.[20]

이 당시에 사용했던 자유의지라는 단어나, 개념은 성경내용에서는 찾을 수 없다. 이 용어는 스토아철학에서 사용하던 단어인데, 터툴리안을 거쳐서 사용되다가 어거스틴에 이르러서 정확한 개념이 정립되었다. 펠라기우스는 자유의지를 강력하게 옹호했다. 원래 각 사람은 출생할 때에 전혀 오염이 없는 상태로 태어나서, 스스로 의지의 결정 능력을 갖고 있다고 하였다. 펠라기우스가 주장했던 인간 본성의 독립된 능력에 대한 내용들은 초대교부 오리겐과 암브로시애스터(Ambrosiaster)의 영향력이 들어있었다.

십여 년간의 논쟁 끝에, 기원후 418년 카르타고 회의에서 어거스틴의 주도하에 펠라기우스와 그의 지지자 켈레스티우스(Celestius)가 정죄를 받았다. 원죄의 부정, 유아세례에 대한 거부, 과거의 죄악들을 속죄하는 은총에 대한 제한성 등을 주장하는 자들은 정죄받았다.[21] 영혼의 원래 모습대로 순수한 상태를 간직했던 아담은 하나님

---

20 David F. Wright, "Justification in Augustine," in *Justification in Perspective*, ed. Bruce L. Mccormack (Grand Rapids: Baker, 2006), 55-72. John Murray, *The Imputation of Adam's Sin* (Phillipsburg: P & R Publishing, 1977). J. V. Fesko, *Justification: Understanding the Classical Reformed Doctrine* (Phillipsburg: P&R, 2008), 11-16. Alister E. McGrath, *Iustitia Dei: A History of the Christian Doctrine of Justification* (Cambridge: Cambridge University Press, 2008), 65-68.

21 J. Ferguson, *Pelagius: A Historical and Theological Study* (Cambridge: AMS Press, 1956),

에게 대항하여 불순종하고, 본성이 타락하게 되었다. 타락으로 인해서 인간의 본성에 미치는 죄의 영향력에 대해서, 펠라기우스는 성경의 교훈대로 해석하지 않았다. 그는 스스로 선행을 할 수 있다 하는 자들과 역시 도덕주의자들과 인본주의자들의 근원으로 자리매김하고 있다.

펠라기우스는 최초 아담이 태어날 때의 인간의 본성과 타락 이후에 인간성의 조건에 대해서 구별을 하지 못했다 그는 결정적으로 타락 전과 그 후에 얼마나 변했는지를 파악하는데 있어서 실패하였다. 따라서 인간의 칭의는 그리스도의 모범(per exemplum Christi)을 따라서 자유의지(liberum arbitrium)로 자발적인 실천을 통해서 하나님의 의를 모방하려는 인간 자신의 자유롭고 도덕적인 노력에 좌우된다고 주장했다. 이런 내용은 펠라기우스의 추종자 줄리안(Julian of Eclanum)에게서 발견되었고, 어거스틴이 그에 대해서도 통렬하게 논박하였다.[22]

펠라기우스에게 있어서 의지의 자유는 매 순간 두 방향으로 향할 수 있는 자유의지(liberum arbitrium)이다. 따라서 의지를 그 특성과 관련해서는 원인이 없는 것으로 만들어버린다. 이 의지의 주체 안에는 정확하게 선하거나 악하거나 어느 쪽으로 어떻게 발견되어질 것인지에 대해서 아무런 증표의 근거가 처음부터 아예 없다는 것이다. 인간의 의무와 책임성을 세우려면 선을 행할 수 있는 인간의 능력과

---

39-49. Robert F. Evans, *Pelagius; inquiries and reappraisals* (London: Seabury Press, 1968).

22 Augustine, *Opus imperfectum contra Iulianum*, III,2.

보조를 맞춰야 한다는 것이다. 인간은 자신의 능력 아래 있지 않은 어떤 것에 대해서도 책임이 없다는 것이다. 만일 선을 행할 능력도 없다면, 책임도 없는 것이다.

따라서 펠라기우스는 원죄란 없다고 말한다. 인간은 죄가 없이 도덕적으로 중립상태에서 태어난다고 말한다. 원죄와 유전은 서로 대립적인 개념이 되고 있다. 모든 죄인은 개별적으로 시험을 받는다. 펠라기우스에 의하면, 아담이 타락했을 때에 그의 타락은 오직 자기 자신의 본성만 바꿨을 뿐이라고 한다. 태어날 때에 가지고 있는 덕이나 죄를 생각할 수 없다. 가인과 아벨, 셋은 단지 그들의 부모들이 눈앞에서 계속해서 악한 모범을 보여준 것 만큼만 악한 행동을 했다는 것이다.[23]

어거스틴은 펠라기우스가 자유의지를 지나치게 과장하여 칭의론을 세웠다고 비판했다. 기원후 411년, 『공로의 죄성과 사면』(*De peccatorum meritis et remissione*)에서 펠라기우스가 인간의 자유의지에 너무나 많은 것을 부여함으로써, 특별 은총의 필요성 자체를 부인하는 효과를 일으켰다고 비판했다. 타락한 인간의 자유의지가 지닌 능력에 대해서 펠라기우스는 과장하였음을 지적한다. 어거스틴에 의하면, 비록 죄인도 자유의지를 가지고 있지만 적절하게 기능하지 않기 때문에 결코 자유로울 수 없다는 것이다.

---

23 Geerhardus Vos, *Reformed Dogmatics*, tr. Richard Gaffin Jr. (Bellingham: Lexham Press, Reprint edition 2014), II:26-28.

> 자유의지는 포로가 될 것이므로 죄짓는 용도 외에는 쓸모가 없다. 만일 하나님의 도우시는 조치로 해방되지 않는다면, 의를 행하는데도 쓸모가 없다.[24]

어거스틴에게서 자유란 선을 선택하고 완수할 수 있는 능력을 의미하는데, 타락한 인간은 결코 이 능력을 소유할 수 없다. 어거스틴이 제기했던 문제의 핵심을 칼빈도 역시 파악하고 있었고, 원죄의 영향력에 관한 논의를 집중적으로 제기했다. 『기독교강요』 제2권 1장에서 5장까지 무려 100페이지 걸쳐서 상세하게 사람의 비참한 현 상태는 죄의 영향으로 인해서 의지의 자유를 빼앗긴 채 종의 상태에 매여 있음을 강조했다.[25]

인간은 자연적인 본성으로는 구원을 받을 수 없다. 인간의 본성은 죄로 인해서 죽음과 정죄의 굴레 하에 놓여있다. 따라서 인간은 하나님과의 화해를 이루고자 오신 중보자, 예수 그리스도의 복음을 필요로 하는 것이다. 어거스틴의 가르침을 근거로 하여 칼빈은 인간에게 "자유의지"라는 용어가 부적절하다고 지적했다.

> 이 용어[자유의지]를 계속 사용하게 되면 크나큰 위험이 따르게 되므로, 오히려 그것을 폐기하는 것이 교회를 위하여 큰 유익이 되리라고 본다. 나 자신은 이 용어를 쓰지 않을 것이고,

---

24 Augustine, *Contra duas epistolas Pelagianorum* III.vii.24. Corpus Scriptorum Ecclesiasticorum Latinorum 60:516,24-26.

25 Calvin, *Institutes*, II.v.1.

혹 다른 사람들이 나의 조언을 구한다면, 그들에게도 역시 쓰지 말라고 말하고 싶다.[26]

어거스틴이 고심했던 문제들은 다소 완화된 형태로 중세시대에 확산되었으며, '반펠라기우스주의'(semi-pelagianism)라는 개념으로 규정되어진다. 중세 로마가톨릭교회는 구원에 대해서 변형된 교리를 가르쳤다. 토마스 아퀴나스는 하나님의 은혜로 믿음의 생활을 시작하지만, 각자 자신의 적극적인 노력으로 거룩한 생활을 증진시킨다고 가르쳤다. 이런 신인 협력이 선행과 공로를 이루게 한다. 그리고 하나님은 그들의 선행에 대한 보상으로 구원을 베풀어주신다는 것이다. 이를 위해서 일곱 가지 성례에 참가하여 은총의 주입을 받아야만 한다고 가르쳤다.

여전히 루터와 칼빈이 살고 있던 시대에도 로마가톨릭의 구원론에 핵심으로 가르쳐지고 있었다. 로마가톨릭에서는 원죄의 개념을 받아들이지만, 그 영향에 대해서는 어거스틴보다 훨씬 더 적극적으로 평가하였다. 원죄의 영향으로 인간의 의지가 다소 손상이 되었을 뿐이라며, 인간의 자유의지가 하나님의 은총과 협력할 수 있다고 주장했다. 주로 수도원에서 널리 확산되었던 반펠라기우주의는 오리겐의 낙관론에 영향을 받은 존 카시안이 널리 확신시켰다.[27] 기원후

---

26　Calvin, *Institutes*, II.ii.8.
27　Owen Chadwick, *John Cassian* (Cambridge: Cambridge Universit Press, 1968), 117-118. J. Pelikan, *The Christian Tradition, 1: The Emergence of the Catholic Tradition* (100-600) (Chicago: University Of Chicago Press, 1971).

430년, 그의 사망과 함께 그의 저술들이 논란에 휘말렸으며, 기원후 529년에 제2오렌지 회의에서 정죄되었다. 하지만, 그 후에 다시 되살아나서 중세시대에 확산되었다.

지금까지도 인간의 본성에 관련된 논쟁은 현대 기독교신학자들 사이에서도 계속되고 있다. 17세기에는 칼빈주의자들과 알미니안주의자들 사이에 인간의 선택능력에 대한 논쟁이 심각하게 대두되었다. 18세기 부흥운동에서 즉각적인 인간의 결단을 촉구하던 요한 웨슬레가 알미니안주의자들의 의지적 결단주의를 흡수했다. 19세기 초반 미국에서 찰스 피니가 또다시 반펠라기우스주의를 채택했었고, 실용주의, 상업주의, 자기 결단적인 도덕주의 운동 등이 연계되어져 있다.[28]

죄라는 것이 그저 단지 악한 행위에만 관련되어 있는 것이라면, 충분한 교육과 도덕적인 갱신을 통해서 교양을 증진시키고, 사회 전체를 잘 정비된 법률을 통제수단으로 관리한다면 불의와 불법을 약화시키고 건강한 국가를 건설할 수 있을 것이다.

그러나 인류 역사상 지금까지 그 어느 시대 그 어느 국가에서도 사람들의 조직이나 사회적 구조 속에는 악행이 전혀 그치지 않고 있으며, 죄는 마르지 않고 확산되고 있을 뿐이다. 아담의 원죄와 그 죄책의 전가로 인해서 원천적으로 오염된 추악함으로 물들어진 인간세계는 가해자와 피해자로 상호 맞물려있다.

루터는 칭의와 구원에 관한 기본 개념들을 성경에 따라서 근본적

---

28 David F. Wells, *Above All Earthly Powers: Christ in a Postmodern World* (Grand Rapids: Eerdmans, 2005), 299.

으로 재구성하였다.[29] 인간사회의 죄악을 해결하는 길은 일반 은총만으로는 불가능하다. 예수 그리스도 안에서 베풀어주시는 하나님의 은혜만이 타락한 인간의 비극을 극복할 수 있는 비결이다. 하나님께서는 구원에 이르는 참된 믿음을 주시는데, 예수 그리스도께서 우리를 위해서 사람으로 태어나서 구원사역을 완성하셨다는 것을 신뢰함이다. 구원에 이르는 믿음은 그리스도와 성도들을 연합시킨다. 루터는 1520년에 쓴 『기독교인의 자유』에서 믿음으로 얻게 되는 구원의 혜택에 대해서 자세하게 풀이하였다.

## 4. 루터와 에라스무스의 노예의지론 논쟁

종교개혁의 선두주자로서 루터가 남긴 결정적인 공헌은 르네상스 인문주의와는 달리 성경적인 신학사상을 분명하게 드러냈다는 점이다. 그 중에서 가장 중요한 기여는 인간의 본질에 대한 성경적 해석을 확실하게 제시하여, 인문주의 운동의 모순과 오류을 간파해 냈던 부분이다. 인간에 대한 낙관주의를 확신하던 에라스무스는 기독교 사상가로서 도덕운동에 열심을 가졌기에 자유의지론을 주장했다. 이에 맞서서, 루터는 의지가 죄의 노예상태에 놓여있음을 역설하였다.

계속되는 논쟁에 이어서 루터의 명성을 높이게 되는 사건이 벌어졌는데, 자유의지에 관하여 에라스무스와 논쟁을 한 것이다. 로마가톨릭

---

29 K. P. Donfried, "Justification and Last Judgement in Paul," *Zeitschrift für Neutestamentlichen Wissenschaft* 67 (1976):90-110.

신학자들 중에서 에라스무스는 당대 세계적으로 존경을 받던 인문주의 학자였기에 루터는 에라스무스를 아주 잘 알고 있었다. 1516년에 신약성경을 강해할 때에 에라스무스가 편집한 사본을 사용하였었다.

하지만 루터는 에라스무스의 성경해석에 담긴 문제점들을 파악하고 있었다. 특히 에라스무스가 제롬이나 오리겐에게 심취해 있음을 일찍이 간파하였다. 1517년 3월 1일, 요하네스 랑에게 보낸 편지에서, 이렇게 걱정하였다.

> 나는 에라스무스를 읽고 있는데, 날이 가면 갈수록 더욱더 그를 싫어한다....나는 그가 그리스도와 하나님의 은총이 충분하다는 것으로 더 나아가지 않음에 대해서 걱정한다....그는 인간사에 대해서 하나님에게 더 의존하기 보다는 인간적인 쪽으로 치우치고 있다.[30]

1519년부터 1524년 사이에 주고받은 서신을 보면, 루터가 애정을 갖고 에라스무스에게 동지가 되어 줄 것과 만일 그것이 불가능하다면 최소한 중립적인 입장을 취해달라고 요청하였던 것들이 발견된다.

르네상스 휴머니즘을 추구하던 에라스무스는 인간의 자발적인 양식을 증진시키라고 주장했다. 1519년부터 1524년 사이 독일 각처에서는 루터와의 토론이 쟁점을 불러 일으키고 있었다. 에라스무스는 루터의 학문적인 논쟁에 대해서 학자를 옹호하자는 입장이었다.

---

30 *Luther's Work*, 48:39-41.

제10장 | 루터의 칭의 교리와 노예의지론    257

에라스무스, 루터와의 격렬한 논쟁 후에 결별하다. 알프레드 뒤러의 그림

　종교개혁과는 멀리 떨어져서 있던 기독교 휴머니즘의 대표주자인 에라스무스는 루터의 글에 대해서 별로 호감을 표명하지도 않았었다. 1522년 초, 루터는 에라스무스가 자신의 주장을 공격한다면, 결코 승리하지 못할 것이라고 언급하였다. 1524년 봄, 루터는 에라스무스에게 휴전을 제안했다. 만일 루터의 주장들에 대해서 에라스무스가 공격을 하지 않는다면, 루터도 그에 대해서 조용히 입을 다물 것이라고 제안했다.
　1524년 9월, 에라스무스는 『자유의지에 관한 논쟁』(*De libero*

*arbitrio diatribe sive collatio*)을 발표했다.[31] 에라스무스는 자신이 고민하던 인간의 본성 문제를 거론하면서, 르네상스 휴머니즘에 심취한 당대 최고 지성의 재능을 발휘하였다. 에라스무스는 루터를 공격하면서 당시에 공통으로 논의하던 주제들, 교황권 남용이라든가 믿음과 칭의 교리, 성례론 등은 전혀 거론조차 하지 않았다.

단지 에라스무스는 의지의 자유라는 문제에만 집중했다 루터는 타락한 인간의 부패에 관하여 극복하는 방법은 단지 하나님의 은혜뿐이라고만 강조하였으며, 은혜는 하나님께로부터 출발한다는 일방적 측면만을 부각시키고 있는 것으로, 이런 것은 교리주의이기 때문에 치명적 약점이라는 것이다. 루터의 신학 방법이 잘못되었기에 이런 치명적인 오류가 발생했다고 에라스무스는 공격하였다.

에라스무스는 초대 교부들이 주장했던 자유와 은총에 대해서 다양한 견해를 제시하였다. 성경의 권위를 인정하면서도, 에라스무스는 과연 어떤 사람의 성경해석이 가장 정당하다고 말할 수 있느냐는 의문을 제기하였다. 이 논문에서 에라스무스는 자유의지를 적극적으로 옹호했다. 에라스무스는 모든 사람은 자유의지를 갖고 있으며, 따라서 예정론은 성경 안에 담긴 가르침과는 일치하지 않는다고 주장했다.

그는 모든 사건들에 대한 하나님의 예지하심이 사건들의 원인이 된다는 믿음에도 반대하였다. 또한 사람의 자유의지가 기초가 되기 때문에 회개, 세례, 회심 등의 교리들을 주장할 수 있다고 보았다. 은

---

31  Desiderius Erasmus and Martin Luther, *Luther and Erasmus: Free Will and Salvation*. The Library of Christian Classics: Ichthus Edition. E. Gordon Rupp, A. N. Marlow, Philip S. Watson, B. Drewery, trans. and eds. (Philadelphia: Westminster Press, 1969).

총이란 단순히 사람으로 하여금 하나님을 아는 지식에 가까이 가도록 돕는 역할을 하는 것이며, 선과 악 사이에서 자유의지를 사용하도록 지지하고 있으며, 예수 그리스도의 속죄를 통해서 구원에 이르도록 하신 것을 택할 수도 있도록 되어졌다고 주장했다.

루터는 1525년 12월, 『의지의 노예』(De servo arbitrio)에서 에라스무스의 글을 조목조목 반박하였다. 루터의 반론은 에라스무스의 글보다 무려 네 배나 더 되는 긴 논문이 되었다.[32] 루터는 모든 인류는 타락함으로서 인간의 이성이 손상을 입은 것만이 아니라, 완전히 파괴당했다고 주장했다. 인간의 타락으로 인해서 정죄 외에는 다른 운명이 없으며, 구원을 얻을 만한 어떤 공로도 하나님께 비칠 수 없다고 폭로했다.

> 만약 그리스도가 그의 피를 통해서 우리를 구원하셨다는 것을 믿는다면, 우리 모든 인류가 잃어버림을 당했다고 고백하도록 압박을 받고 있는 것이다. 그렇지 않으면, 우리는 그리스도를 필요가 없다고 말하거나 혹은 사람의 가장 쓸모없는 부분을 위한 구속주였다고 말해야 하는 것인데, 이것은 신성모독이자 벌 받을 행위이기 때문이다.[33]

---

[32] Martin Luther, *The Bondage of the Will: A New Translation of De Servo Arbitrio* (1525), *Martin Luther's Reply to Erasmus of Rotterdam*, J.I. Packer and O. R. Johnston, trans. (Old Tappan, New Jersey: Fleming H. Revell Co., 1957). Career of the Reformer III. *Luther's Works*, Vol. 33 of 55. Philip S. Watson and Benjamin Drewery, trans. (Philadelphia: Fortress Press, 1972).

[33] Packer and Johnston, eds., *Luther: the Bondage of the Will*, xviii: 786.

에라스무스는 인간이란 이성적이라고 주장하는 휴머니즘, 즉 기독교 인문주의 철학자였다. 아담과 하와가 타락했지만, 그들의 이성이 완전히 부패한 것이 아니라, 단지 손상되었을 뿐이라고 보았다. 그리스도에게로 돌이키는 것은 인간의 공로가 된다고 보았다.

루터는 결코 기독신자의 삶에서 인간의 공로라고 하는 것은 인정할 수 없다고 반박했다. 루터의 반박은 어거스틴의 견해를 따르는 것이었고, 타락으로 인해서 하나님을 알 수 없게 되어버렸다는 것이다. 어거스틴에 의하면, 죄악된 인간은 결국 은총에만 전적으로 의존하지 않으면 안된다는 것이다. 루터는 에라스무스가 강조하는 이성적인 개혁이란 전혀 쓸모가 없다고 반박했다.[34]

1520년 12월에 펴낸 『주장』(Assertio)에서, 루터는 교황 레오 10세의 정죄 선언에 맞서서 자신의 정당성을 옹호하였다. "네가 지켜야 한다"고 하신 하나님의 선포된 계명에 대해서, 인간이 선택의 자유를 가지고 있으며, 그것을 놓고서 칭찬하거나 비난할 수는 없다고 루터는 주장했다. 사람이 자유로운 선택을 한다는 것은 매우 본질적인 것이라고 강변하면서 루터는 자유로운 선택권이 없다면 책임도 물을 수 없게 되며, 무법적인 상황이 되고 말 것이라고 강변했다.

루터는 인간이 스스로 노력하여 구원을 얻도록 하는 것을 가장 방해하는 것은 죄라고 반박했다.

---

34  Harry J. McSorley, *Luther: Right or Wrong? An Ecumenical Theological Study of Luther's Major Work, The Bondage of the Will* (New York: Newman Press/ Augsburg Publishing House, 1969).

> 모든 사람이 죄를 범하였으매, 하나님의 영광에 이르지 이르지
> 못하더니 그리스도 예수 안에 있는 구속으로 말미암아 하나님의
> 은혜로 값 없이 의롭다 하심을 얻은 자 되었느니라(롬 3:23, 24).

인간 스스로 선택하거나 노력함으로써 하나님께 나아가는 길은 완전히 막혀있다. 사람이 자신의 구원을 위해서 노력하는 것은 단지 율법주의로 나아가는 길이며, 이것은 모두 다 헛된 자기 합리화, 자기 정당화에 해당할 뿐이다. 예수 그리스도의 공로에 의존하여야만 구원이 주어진다.

인간에게는 자유의지가 없는데, 왜냐하면 그들이 가지고 있다는 그 어떤 의지라도 결국 죄의 영향에 의해서 압도당하고 있기 때문이다. 물론, 루터는 하나님의 권능과 전적인 주권에 관해서 확신을 갖고 있었다. 루터는 멸망당할 세상의 권주로서 사탄이 방해하고 있기에, 그 지배하에 있는 사람들은 구원을 받을 수 없다고 결론지었다. 하나님께서 사람을 구속하실 때에는, 의지를 포함하여 전체 총체적 인격을 다 포함하여 구원하시는데, 하나님을 섬길 수 있도록 자유케 하신다. 루터가 『의지의 노예』에서 자주 인용한 에스겔 18장 23절을 기억할 필요가 있다.

> 내가 어찌 악인이 죽는 것을 조금인들 기뻐하랴 그가 돌이켜 그
> 길에서 떠나 사는 것을 어찌 기뻐하지 아니하겠느냐(겔 18:23).

하나님께서는 사람이 어떻게 하느냐에 따라서 자신의 결정을 좌우당하지 않으신다. 완전히 자유하심 가운데 계신 하나님께서 그가 구속하기로 작정한 바에 따라서, 자유로이 용서를 베푸시고, 은혜를 하사하신다. 하나님의 자유하심은 아무런 구원받을 자격이 없던 죄인들에게 그리스도 안에서 드러내신 사랑으로 나타났다.

그 어떤 사람도 선과 악 사이에서 자신의 선택을 통해서 구원을 얻을 수 없다. 왜냐하면 사람은 자연적으로 악에 의해서 지배받고 있기 때문이다. 구원은 단순히 사람의 심령을 단독적으로 변화케 하여 선한 목적을 향해 가도록 돌이키는 하나님의 사역이요, 하나님의 작품이다. 따라서 루터는 하나님의 영광을 손상시키는 에라스무스야말로 진정한 기독교인이 아니라고 결론지었다.

에라스무스는 그 어느 때나, 어느 글에서나 결코 어거스틴을 칭송하지 아니하였다는 사실에 주목하여야 한다. 아담의 원죄와 그 직접적 유전을 강조한 어거스틴과는 달리, 에라스무스는 『엔키리디온』(*Enchiridion*, 기독교 군사의 교본, 1518년)에서 오리겐의 인간론에서 영향을 받은 것들을 분명하게 드러냈다.[35] 인간에게는 창조성과 존엄성이 있음에 더 무게를 두면서, 인간의 이성적 활동과 교육을 통해서 주어지는 지식을 강조했다. 에라스무스가 전형적인 인문주의적 낙관론을 피력한 것으로, 보편적인 교육과 사회적인 개선을 진행하면 전쟁을 포기하도록 사람들을 설득할 수 있다고 믿었다.

무엇이 에라스무스의 인문주의사상의 근원적인 뿌리였던가를 들

---

35  A. Friesen, *Erasmus, Anabaptists, and the Great Commission* (Grand Rapids: Eerdmans, 1998), 20.

여다보자. 에라스무스는 데살로니가전서 5장 23절에 대한 오리겐의 해설을 받아들였다. 헬라사상의 이원론적 사고 구조에서 영향을 받은 오리겐이 인간의 세 가지 구성요소 중에서 육체만 철저하게 타락했고, 영은 여전히 그대로 보존되어있다고 했기 때문이다. 에라스무스는 영을 강조하면서 휴머니즘적인 낙관주의를 장려하는데 매우 유용한 기반으로 오리겐의 해석을 활용했다. 에라스무스는 헬라적 기독교를 자신의 사상적 근간으로 채택하였다. 이것은 지식적으로만 확장된 중세 말기의 또 다른 변형에 해당한다.

그러나 종교개혁의 시대에 어거스틴의 글을 읽었던 거의 대부분의 개신교 지도자들은 원죄와 부패한 본성에 대해서 심각하세 반성하지 않을 수 없었다. 에라스무스로 대표되는 르네상스 휴머니즘은 인간에 대해서 낙관적이요 긍정적인 입장을 취해오고 있었다. 모든 인간에게는 하나님의 부르심에 반응할 수 있는 자유의지가 남아있는 것인가에 대한 설명에서 마틴 루터와 에라스무스가 격돌하게 되었다.

루터의 반격에 깊이 상처를 받은 에라스무스는 1526년 6월에 『자유의지 옹호』(*Hyperaspistes diatribae*)에 이어서, 제2차 반론을 1527년 9월에 출판하였다. 에라스무스의 연이은 공격들은 다소 난해하기도 하여 큰 반향을 일으키지 못하고 말았다. 결국 에라스무스는 지성사회에서 종교개혁과 로마가톨릭을 모두 다 비판하는 입장을 취했다가, 양편으로부터 불신을 받아서 비극적인 대단원의 막을 내리게 되었으며, 양쪽 모두의 비판으로 완전히 논의의 대상에서 제외되어 버렸다.

보름스 칙령을 다시 루터에게 적용하려는 제국의회파에 맞서서 1529년 스파이어(Speyer)에서 루터의 지지자들이 강력하게 반발하면서 회합한 곳. 여기서 "저항자" 혹은 "개신교인" 프로테스탄트(Protestant)라는 용어가 만들어졌다.

루터가 자신의 고향 아이스레벤에서 지역분쟁을 해결하고자 1546년 1월 23일 비텐베르크를 방문하고 설교했다. 몸이 쇠약해져서 1546년 2월 18일, 이 집에서 하나님의 부름을 받았다.

제10장 | 루터의 칭의 교리와 노예의지론    265

루터가 아이스레벤에서 마지막으로 머물던 방. 그 당시 소유자는 Philipp Drachstedt 박사였다. 1863년 프러시아 국왕 윌리엄 1세가 구입하여 수리를 마치고 박물관으로 기증했다. 벽에는 루터의 부모님 초상화가 걸려있다.

루터의 후계자 암스도르프가 안수를 받고 이곳 자이츠(Zeitz)에 부임한 첫 개신교 목사가 됨. 이 도시에 정착한 루터의 손자, 요한 에른스트 루터가 마르타와 이곳에서 결혼식을 올렸고, 8명의 자녀를 낳았다. 그 후손들이 지금까지 이 도시에 살고 있다.

# 제11장
## 칼빈의 신학과 종교개혁자들의 차이점

루터가 종교개혁의 선구자로서 활약하던 시기에 수많은 젊은 신학도들이 성장하고 있었다. 최고 신학자로 손꼽히는 칼빈 (1509-1564)은 종교개혁이 유럽 전지역에서 활발하게 전개되어 나가는 시기에 프랑스에서 태어난 제 2세대 종교개혁자이다. 루터, 멜랑히톤, 츠빙글리, 불링거, 무스쿨루스, 부써, 버미글리, 기롬파렐, 외콜람파디우스, 우르시누스, 잔키우스, 올레비아누스, 아레티우스 등 기라성 같은 종교개혁자들 중에서 당대 최고의 신학자로 평가받았다.[1]

칼빈은 프랑스에서 아주 가까운 동료와 함께 종교개혁의 신앙을 받아들인 것이 문제가 되어서 추방을 당했다. 쫓기는 몸으로 프랑스 변방에 숨어 지내다가, 스위스 제네바에 건너와서 종교개혁에 앞장서게 되었고, 마지막 죽음을 맞이하기까지 목회와 연구와 강의에 몰두하였다.

칼빈의 영향력이 확산되자, 그를 조롱하는 대적자들이 맞서서 종

---

1 Adriaan C. Neele, *Petrus van Mastrich (1630-1706). Reformed Orthodoxy: Method and Piety* (Leiden: Brill, 2009), 84. Bruce Gordon, *Calvin* (New Haven: Yale University Press, 2009), "John Calvin was the greatest Protestant reformer of the sixteenth century, brilliant, visionary and iconic." 김재성, 「개혁신학의 광맥」 (이레서원, 2001; 킹덤북스, 2012), 114-162.

교개혁을 방해하고 무너뜨리려고 하였다. 하지만, 사람들이 조롱하던 것과는 달리, 칼빈주의라는 말은 가장 순수한 성경적 기독교 신앙의 대명사라고 불리게 될 정도로 엄격하고 순결한 믿음을 추구하는 신앙적 전통이 등장하게 되었다.

## 1. 경건한 기독교 신학과 교회의 정립

종교개혁 시대의 최대 쟁점이었던 칭의론을 중심으로 칼빈의 핵심적인 공헌들을 살펴보고, 그 배경이 되는 인간에 대한 이해를 가장 중요한 칼빈의 신학사상으로 제시하고자 한다. 하지만 워낙 방대한 연구가 진행된 주제들이기에, 탁월한 성경적인 해석을 남긴 칼빈의 저술들을 종합적으로 간추린다는 것은 상당히 어려운 작업이다.

필자는 그동안 한국교회에 칼빈의 개혁주의 신학사상에서 몇 가지 중요한 해석들을 제시한바 있다.

첫째, 칼빈의 신학사상은 경건이 핵심이라고 말할 수 있다. 칼빈의 신앙사상과 삶은 "경건"으로 압축되어진다.[2] 경건은 성도의 심령으로 품을 수 있는 최고의 태도와 자세인데, 사랑보다 더 높은 위치에 놓을 수 있고, 믿음, 두려움, 존경심, 경외심, 지식을 기본 요소로 연결시키고 있다.

프랑스 파리에서 수학한 후에, 오를레앙과 부르쥬에서 법학을 수

---

2　Ford Lewis Battles, ed. *The Piety of John Calvin. An Anthology Illustrative of the Spirituality of the Reformer* (Grand Rapids: Baker, 1978), 13-26.

학한 칼빈은 다른 지역에서 일어나는 종교개혁에 대해서는 전혀 관심을 갖지 않았다. "갑작스러운 회심"을 경험한 후에,[3] 하나님의 섭리 가운데서 제네바의 목회자로 부름을 받아서 1536년에 설교자로 나섰다. 초창기 종교개혁자들 사이에서는 전혀 알려지지 않았으나, 1538년 스트라스부르그에서 프랑스 피난민을 담당하는 목회자로 부름을 받아서 마틴 부쎄를 만나게 되면서 독일어권 지도자들과 스위스 북부 츠빙글리파 종교개혁자들에게 알려지게 되었다.

둘째, 칼빈은 하나님께 복종하고 헌신하면서 자신의 심장을 바친 목회자로서 유산을 남겼다. 제네바시의 목회자로서 칼빈에게는 반대파들로 인해서 갖가지 고충이 많았는데, "나의 심장을 드리나이다"는 헌신과 사명감으로 주어진 임무를 감당했다. 딱딱한 조직신학자나 예정론주의자가 아니었고, "따뜻한" 심령을 가지고 있었다.[4]

셋째, 개혁주의 신학사에 길이 남겨놓은 칼빈의 공헌은 성경주석과 『기독교강요』를 통해서 일관성 있는 성경해석을 제시한 점이다. 계시의 말씀을 다루는 칼빈의 입장은 결코 이성주의나 철학적인 접근이 아니다. 성령의 감동을 중시하여 온전한 삼위일체 신학을 확고히 세우면서 초대교회부터 전해오는 정통신학을 확고히 지켰다.

또한, 경륜적 삼위일체, 사역적 삼위일체론을 세우면서 성부의 주관, 성자의 완성과 성취, 성령의 적용 사역으로 중세 신학을 뛰어넘

---

[3] 김재성, 『칼빈과 개혁신학의 기초』(수원: 합동신학대학원 출판부, 1997), 제2장 "갑작스러운 회심: 가톨릭 휴머니스트에서 프로테스탄트로."

[4] Bernard Cottret, *Calvin: A Biography* (Grand Rapids: Eerdmans, 2000), xiv-xv. 김재성, 『나의 심장을 드리나이다: 칼빈의 생애와 신학』(용인: 킹덤북스, 2001; 2012), 369, 619.

었다. 중세 로마가톨릭에서는 구원을 받기 위해서 인간이 성취해야 할 일곱 가지 성례를 통과해야 하며, 성직자들이 교회에서 이것을 시행한다고 가르쳤다. 그러나 칼빈은 성령의 적용 사역이라고 강조하면서, 믿음, 소명, 중생, 회개, 칭의, 성화, 양자됨, 견인, 영화를 성도들에게 접목시켜서 그리스도와의 연합을 이루게 하는 것으로 풀이했다. 그래서 워필드 박사가 칼빈은 '성령의 신학자'라고 정의하면서, 루터는 '칭의의 신학자' 어거스틴은 '은총의 신학자' 토마스 아퀴나스는 '성례의 신학자'라고 규정하였다.[5]

칼빈의 초상화. 당시에 한스 홀바인(1497-1543)이 그린 것이다.

---

5  B.B. Warfield, "John Calvin the Theologian," in *Calvin and Augustine* (Philadelphia: P&R, 1956), 487. 김재성,「존 칼빈, 성령의 신학자」(서울: CLC, 2004; 2014).

칼빈의 『기독교강요』 1559년 최종판 표지.

## 2. 그리스도와의 연합: 의의 전가와 칭의와 성화

16세기 유럽 종교개혁자들이 가장 심각하게 토론하면서 로마가톨릭과 논쟁을 하였던 주제는 칭의 교리이다. 교황에 맞서서 성경의 최고 권위에 대해서 논쟁하기도 했고, 종교개혁자들 사이에는 성만찬 교리를 가장 중요한 교리로 다루기도 했었다. 종교개혁의 핵심 신학은 값없이 주시는 은혜로 인해서 믿음으로 의롭다하심을 받는다는 칭의 교리였다. 오늘날 이렇게 중요한 칭의론을 간과하거나 무시하려는 경향이 일반 복음주의 교회에서도 흔히 나타나고 있는데, 참으로 경계해야 할 현상이다.[6]

칼빈의 칭의론과 구원론은 당시 광범위하게 영향을 끼쳤던 르네상스 인문주의 철학자 에라스무스가 도덕주의와는 본질적으로 다른 내용이다. 츠빙글리와 부써를 비롯하여 대부분의 종교개혁자들은 헬라어 신약성경을 편집한 에라스무스로부터 큰 영향을 받았다. 에라스무스는 로마가톨릭의 칭의론에는 사람이 점차 의롭게 되어가는 과정으로 가르치고 있는 것이 잘못되었다고 지적했다.

그러나 에라스무스도 역시 인간 스스로 노력하여 그리스도를 본받아서 더 나은 도덕적 생활을 유지할 수 있다는 정도에 멈추고 말았다. 에라스무스의 영향을 받은 츠빙글리와 부써는 칭의가 어떻게 얻어지는가를 설명하면서, 성령의 갱신사역을 통해서 성도가 중생하게 됨에 따라서 성도 자신이 율법을 지킬 수 있게 되어졌으므로 스스로 그리스도를 모델로 삼아서 닮아가는 것이라고 하였다.

그러나 칼빈은 루터의 칭의론을 계승하였고, 어거스틴의 은총론에 동의하면서, 그리스도와의 연합과 그 혜택으로 주어지는 칭의와 성화를 광범위하게 정립하였다. 칼빈은 루터와 비텐베르크의 개혁자들을 결코 경쟁자로 생각하거나 비판해야 할 대상이라고 말하지않았다.

루터도 여러 차례 칼빈의 탁월한 학문을 칭송해마지 않았다. 게리

---

6  W. Robert Godfrey, *The Reformation Sketches* (Phillipsburg: P&R, 2003), 79.

쉬 교수는 칼빈의 사상과 글에서 루터의 영향이 현저하게 담겨있었고, 두 사람 사이의 상호 관심과 호감이 자주 표현되었음과 상호 공통분모가 크다는 점을 사료를 통해서 밝혀주면서, 두 종교개혁자의 차이가 크다는 말을 쓸데없이 반복하지 말아달라고 주문한다.[7]

칼빈이 얼마나 루터를 존중했던지 한 가지 사례에서 밝혀진다. 1545년에 비텐베르크의 개혁자들과 하인쯔(Heinz von Wolfenbüttel) 사이에 논쟁이 일어났다는 것을 알게 되자, 칼빈은 즉각 제네바시의 회의 허락을 받아서 화해를 도모하는 특별예배를 거행하였다. 이 날 칼빈은 시편 115편 1-3절인 "여호와여 영광을 우리에게 돌리지 마옵소서 우리에게 돌리지 마옵소서 오직 주는 인자하시고 진실하시므로 주의 이름에만 영광을 돌리소서...."에 대해서 설교하였다.

> 나는 오직 제네바에서만 이 말씀을 해야 한다고 생각하지는 않습니다. 복음이 선포되는 모든 동네와 모든 지역에서 이 말씀을 해야 한다고 생각합니다.... 우리들 스스로 자신들의 입장에서 서서 서로 나눠지고 떨어져야만 합니까? 그들은 우리로부터 멀리 떨어져 있다고 우리가 말해야 합니까? 아닙니다. 그들도 교회에 소속되어 있는 분들이요, 우리도 그들의 회원입니다.[8]

---

7　B. A. Gerrish, *The Old Protestantism and the New: Essays on the Reformation Heritage* (Edinburgh: T&T Clark, 1982), 27-48.
8　*Calvini Opera*, 32:460-61.

또한 칼빈은 종교개혁 첫 세대의 글들을 종합하여 뛰어난 체계를 재구성하였다. 그리스도를 중심으로 하여 칭의론을 설정하는 것이 매우 독특하고 두드러진다.

여기서 칼빈은 그리스도를 중심으로 하여 칭의론을 설정하는 것이 매우 독특하고 두드러진다. 칼빈은 츠빙글리와 부써 등 다른 개혁 신학자들과는 달리 본질적으로 사람이 수행하는 도덕적인 측면에 대해서는 완전히 배제시켜 버렸다.[9]

칼빈은 믿음을 받아서 그리스도와 연합됨(*insitio in Christum*)의 결과로서 성도에게 칭의와 성화라는 그리스도의 혜택(*beneficia Christi*)이 동시적으로 분리할 수 없이 주어진다고 강조하였다.

칼빈이 칭의 교리를 처음 언급한 것은 1539년판 『기독교강요』에서다. 칼빈은 칭의 교리가 "신앙의 중심 요체"이자 모든 경건의 종합이라고 묘사한다. 경건의 신학을 집중하는 교리가 칭의론이다. 칼빈은 루터의 기본개념을 계승하여, 칭의란 법정적인 선언이며, 의롭게 되는 것은 우리 자신이 변화해서 어떤 의를 이루어 가는 것이 아니라는 점을 명쾌히 밝혔다. 오직 우리가 의롭게 되는 것은 그리스도의

---

9  A. McGrath, *Iustitia Dei*, vol. 2:37; "The strength of Calvin's understanding of justification thus becomes apparent, in that it is evident that justification is now conceived *Christologically*, thus permitting the essentially moral conception of justification associated with Zwingli and Bucer to be discarded." Philip G. Ryken, "The Believer's Union with Christ," in *John Calvin: A Heart for Devotion Doctrine & Doxology*, ed. Burk Parsons (Lake Mary: Reformation Trust, 2008), 191-200. J. V. Fesko, *Beyond Calvin: Union with Christ and Justification in Early Modern Reformed Theology* (1517-1700) (Bristol: Vandenhoeck & Ruprecht, 2012). 이 책에서 페스코 교수는 루터와 칼빈의 칭의론은 그리스도와의 연합 교리에 긴밀히 연계되어 있으며, 본질적으로 차이가 없다고 강조한다. 하지만, 칭의론만으로 중심 교리를 삼아서 구원론의 서정을 재구성하려 한다거나, 전체 개혁신학을 다시 세워야만 한다는 주장은 경계해야 할 사항이다.

의로움을 전가시켜주시기 때문이다.

로마가톨릭에서는 첫 번째 칭의가 세례를 받을 때에 원죄를 씻어내는 은혜로 작동한다고 가르친다. 하지만 탐욕과 정욕을 품은 성향은 남아있는데, 실제 행동으로 옮겨지기 이전에는 죄가 아니라고 본다. 점차 교회의 가르침을 받아들이고, 특정한 죄에 대해서 고해와 속죄를 수행하면, 칭의가 증가되어 간다. 하지만 최종적 칭의는 그 누구도 확신할 수 없다. 로마서 4장 5절에 하나님은 경건치 않은 자들을 의롭다고 하셨다. 로마가톨릭에서는 의롭게 된 자를 의롭다고 선언하실 수 있을 뿐이다.

그러나 칼빈은 "믿음으로 의롭게 되는 것"과 "행동으로 의롭게 되는 것" 사이에는 아무런 연관성이 없다고 주장했다. 1540년에 출판한 『로마서 주석』에서 칼빈은 아브라함의 믿음이 자랑할 것이 없음에 주목했다.

> 하나님의 선하심을 믿음으로 받아들여서 의롭다 하심을 받은 것이다. 그가 한 것은 오로지 자신의 참상을 고백하고서 하나님의 긍휼을 구한 것 밖에 없었다.... 사람들은 실제로 그 사람들 자신들 속에는 없는 것을 믿음을 통해서 외부로부터 가져오는 까닭에, 믿음의 의는 전가된 것이라고 하는 것이 옳다.[10]

루터처럼 칼빈도 역시 그리스도를 믿는다는 것은 일반적으로 하

---

10 Calvin, *Commentary on Romans 4:3*.

나님의 자비와 은혜를 확신하는 것으로 끝나는 것이 아니라, 나를 향한 그분의 은총을 확신하는 것을 의미한다. 그리스도에 대한 믿음을 통해서 내가 선택되었다는 것과 마지막 날에 하나님의 심판대 앞에서 이루어질 의롭다는 선언을 이미 받았음을 알게 되는 것이다.

칼빈은 1536년 『제네바 교리문답』에서 믿음이란 "복음을 통해서 하나님이 그리스도로 인하여 우리의 아버지와 구주가 되시겠다고 선언하신 바에 따라서 우리를 향한 하나님 아버지의 선의를 아는 확실하고도 확고한 지식이다"고 규정하였다.[11]

하나님께서 우리에게 선의를 품고 있다는 진리는 객관적이지만, 우리의 주관적인 경험을 변할 수 있다. 따라서 최종적인 결론은 언제나 하나님의 약속과 은총에 달려있다. 칭의에는 어떤 사람의 공로나 도덕적 변화가 개입할 수 없다.

> 사람들이 아무리 자유의지의 능력에서 나오는 무언가를 하나님의 은혜에 덧붙이고자 애쓸지라도, 결국 그것은 좋은 포도주를 더러운 물로 희석시키는 것과 같은 오염에 불과하다.[12]

칼빈은 하나님께서 우리를 마치 의로운 것처럼 받아들이는 것이기에 의로워질 수 있다고 말한다.

---

11 Geneva Catechism 1536, in *Selected Works of John Calvin: Tracts and Treatises*, ed. Henry Beveridge & James Bonnet, 7 vols. (Grand Rapids: Baker, 1983), 2:132.

12 Calvin, *Institutes of Christian Religion*, II.xv.5.

그러므로 우리는 "칭의"를 단순히 하나님께서 은총 안에서 우리를 받아들이시며 우리를 의롭게 취급하시는 그분의 용납으로 해석한다. 칭의는 죄의 사면과 그리스도의 의로움의 전가로 구성된다.[13]

칼빈의 주장들은 루터의 노선과 거의 일치한다. 루터가 1519년에 선포한 "두 종류의 의로움"과 1535년 『갈라디아서 주석』에서 다루었던 입장을 받아들이고 있음이 드러난다.[14] 믿음으로 주어지는 칭의에의 확신은 결코 차가운 사색이 아니다. 그리스도께서는 우리의 구원을 획득하기에 충분한 공로를 십자가 위에서 대신 죄책을 짊어지셨고, 그분의 삶으로 우리를 대신해서 모든 의를 성취하셨다.[15]

예수 그리스도 안에서 우리에게 나타나는 말할 수 없는 은혜에 의지하여, 하나님이 우리에게 자비로우신 분이심을 인정하게 된다. 은혜에 대한 확신은 성령의 역사로 인하여 복음과 말씀에서 찾게 된다.

또한 칼빈은 성도와 그리스도와의 인격적인 연합으로 인해서 사람에게 속한 것으로 취급된다는 것을 강조했다.[16] 칼빈은 성도가 그리스도에게 접붙임이 된다고 말하였다. 인간이 의롭게 되는 근거는

---

13 Calvin, *Institutes of Christian Religion*, III.xi.2.

14 Karla Wübbenhorst, "Calvin's Doctrine of Justification," in *Justification in Perspective: Historical Developments and Contemporary Challenges*, ed. Bruce McCormack (Grand Rapids: Baker, 100-101.

15 Calvin, *Institutes of Christian Religion*, III.iv.30.

16 Richard B. Gaffin Jr. "Justification and Union with Christ," in *A Theological Guide to Calvin's Institutes*, eds., David Hall & Peter Lillback (Phillipsburg: P&R, 2008), 248-269.

그리스도의 의로우심 때문인데, 성도와의 사이에 친밀한 인격적인 관계를 맺게 되어지는 바, 이러한 영적인 연합이다.[17]

이러한 설명은 칼빈이 1541년 레겐스부르그에서 개최된 가톨릭과 개신교 간의 화해 토의에서 밝힌 것이기도 하다. 칼빈은 로마가톨릭 참석자들이(Nicholas Granvella, Gasparo Contarini, Johannes Eck) 그리스도의 의로우심의 전가(imputation)에 대해서 수긍하는 것에 대해서 긍정적으로 만족하여 1541년 5월 11일자 편지를 파렐에게 보냈다.[18] 그러나 상호 간에 다른 강조점을 강조하여 화해와 일치된 조항을 결정하는데 실패했다.

무엇보다도 먼저, 칼빈의 칭의론에서는 예수 그리스도를 중심으로 인식되는 것에 주목해야만 한다. 츠빙글리와 부써는 칭의를 필연적으로 도덕적인 개념으로만 생각하여, 예수 그리스도와의 연계성이 없다. 부써는 성령에 대해서 책도 출판했고, 츠빙글리의 경우에도 성령의 사역을 말하고 있지만 이들은 재생시키는 사역을 통해서 신자의 중생에만 집중하고 그친다.

칼빈은 예수 그리스도와의 연합으로 인하여 주어지는 혜택이 칭의와 성화라고 풀어낸다. 성화는 칭의의 결과라고 하거나, 반대로 칭의를 얻기 위해서 성화를 해야 한다는 것도 아니다. 이 둘이

---

17 Calvin, *Commentary on Romans* 6:5. J. Todd Billings, "Union with Christ and the Double Grace: Calvin's Theology and Its Early Reception," in *Calvin's Theology and Its Reception*, eds., J. Todd Billings & I. John Hesselink (Louisville: Westminster Knox Press, 2012), 49-71. D. E. Tamburello, *John Calvin and the Mysticism of St. Bernard* (Louisville: Westminster Knox Press, 1994).

18 J. V. Fesko, *Justification* (Phillipsburg: P&R, 208), 352.

서로 구분은 되지만 분리되지 않는다. 성화와 칭의는 모두 그리스도와의 연합에서 나오는 은택들이다. 성도의 삶 속에서 그리스도와 연합이 실현되고 있기 때문에, 변화된 새사람이라는 지위와 신분이 주어진다.[19]

루터의 이신칭의 개념을 보다 견고히 하는 칼빈의 믿음에 관한 설명도 역시 그리스도와의 연합을 통해서 드러난다. 성도는 믿음으로 의롭다하심을 얻는다(롬 1:17). 이 구절에서 믿음에 의한 칭의를 강조하게 되면, 그리스도에 의하여 주어지는 칭의가 감소된다. 믿음은 칭의를 얻는 도구적 수단으로서 단순히 그리스도를 받아들이는 것이다.[20] 믿음으로 얻게 되는 칭의에서도 역시 칼빈은 그리스도와의 연합의 필연적인 결과로서 칭의가 주어짐을 강조한다.

칼빈은 개혁주의 칭의론의 기틀을 정립하여, 확고한 종교개혁의 신학을 총체적으로 정립할 수 있었다. 오직 믿음, 오직 은혜, 오직 성경, 오직 그리스도만이라는 공통분모가 칭의론을 구성하는 요소들이요, 예수 그리스도와의 연합을 통해서 칭의가 이루어진다.

그러나 츠빙글리와 부써는 에라스무스를 의존하는 도덕주의로 기울어져서 부정적인 영향을 남기고 말았다. 루터가 강력하게 선포한 칭의론은 초기 종교개혁의 핵심이었지만, 칼빈을 제외하면 사실상 중심 진리에서 밀려나고 말았다. 칼빈의 사망 이후로는 종교개혁 후기 개혁파 스콜라주의가 등장하여 예정론과 언약 신학을 강조하게 된다.

---

19 Calvin, *Commentary on First Corinthians* 5:17.
20 Calvin, *Institutes of Christian Religion*, III.xi.7.

칼빈이 하나님의 은혜로 인하여 값없이 주시는 믿음의 선물을 통해서 그리스도와의 연합을 이루고, 그 기초에서 나오는 칭의와 성화를 혜택으로 누리게 된다는 점을 강조하였다. 믿음은 복음에 대한 지식, 복음의 메시지에 대한 동의, 그리스도에 대한 신뢰로 구성되어진다. 이 믿음은 빈손으로 그리스도를 받아들이는 것이요, 그 어떤 사랑이나 선행을 바치고 난 후에 하나님으로부터 의롭다는 판결을 받는 것이 아니다.

> 칭의와 관련하여 믿음은 하나님의 은총을 얻기 위해서 우리의 어떤 것도 내놓지 않고, 단지 우리에게 필요한 것을 그리스도로부터 받는 수동적인 몸짓이다.[21]

종교개혁자들이 주장하는 칭의 교리가 법적인 허구라고 비판하는 로마가톨릭의 주장은 근거가 없다 그리스도는 언약의 머리가 되시고, 자신의 지체이자 몸에 해당하는 성도들에게 완전한 의로움을 전가해주셨다. 우리가 아담 안에서 전가된 죄를 갖고 있으나 그리스도께서 우리의 죄를 자신에게 전가하심으로서 죄를 감당하셨다는 것은 결코 허구가 아니다(고후 5:21).

로마가톨릭의 칭의론은 1545년 트렌트에서 종교회의를 통해서 정리되었고, 이를 받아들이지 않는 자들에게 강력한 저주를 선언했

---

21 Calvin, *Institutes of Christian Religion*, III.xiii.7.

는데, 여섯 개 조항으로 요약할 수 있다.[22] 칼빈은 1547년 로마가톨릭이 트렌트 종교회의에서 발표한 칭의론에 대해서 반박하였다.[23]

첫째, 칼빈은 하나님의 은혜와 협력하도록 되어졌다는 인간의 의지적 작동에 대해서 반박하였다. 도리어 하나님의 은총만이 의지를 거듭나도록 만들어야 한다고 역설했다. 하나님의 은혜는 주권적이며 거부할 수 없는 것이어서, 은혜로 사람의 의지가 새롭게 만들어지는 것이다. 전체적인 면에서 요약하면 다음과 같다.

> 그들의 오류는 하나님과 우리자신들과를 대조적으로 구분한 나머지, 하나님의 은총에 대해서 동의하는 가운데서 거룩한 의지의 순종이 우리에게 전달되어지는 것으로 생각한 것이다. 이와는 반대로, 이것은 하나님 자신의 합당한 사역일 뿐이다.[24]

칼빈은 로마가톨릭교회가 오래된 고전성을 주장하지만 그런 것 자체가 거짓됨을 지적하였다. 칼빈은 어거스틴의 은총 교리가 종교개혁자들에게 가장 큰 영향을 주었음을 역설하였다.

둘째, 칼빈에게서 믿음은 결정적인 주제이다. 칼빈은 로마가톨릭교회가 가르치던 구비된 믿음과 미비된 믿음이라는 구분을 거부한

---

22  *Canons and Decrees of the Council of Trent: Original Text with English Translation*, tr. H.J. Schroeder (London: Herder, 1941).

23  John Calvin, *Acts of the Council of Trent: With the Antidote*, ed. & tr. Henry Beveridge (1851) in *Selected Works of John Calvin: Tracts and Letters*, 7 vols. (Grand Rapids: Baker, 1983), 3:17-188. 김재성, "칼빈의 칭의론과 트렌트 종교회의," 「신학정론」 13권 1호 (1995), 208-212.

24  Calvin, *Acts of the Council of Trent: With the Antidote*, 3:113.

다. 칼빈은 참된 성경적 믿음이란 결코 지성적인 문제라고 할 수 없다고 주장했다. 믿음은 하나님의 약속을 신뢰하며, 하나님의 의로우심을 의존하는 것이다.

> 믿음은 우리 자신의 어떤 것을 하나님을 향해 가져가는 것이 아니다. 하나님께서 자발적으로 우리에게 제공하시는 것을 받아들이는 것이다. 참된 믿음이란 불완전하더라도, 완전한 의로움을 소유한다. 왜냐하면 하나님의 선하심에 대해서 감사하는 존경심이 있기 때문이다.[25]

믿음이 사랑과 선행을 만들어 내는 것인데, 이런 것들은 칭의의 일부분이 될 수는 없다.

셋째, 믿음으로 주어지는 주입과 은총에 대해서 칼빈은 합당한 구분을 제시하였다. 성도의 칭의에서 기초가 되는 것은 오직 그리스도의 완벽한 의로우심이 전가되기 때문이며, 우리의 것으로 간주되기 때문이다. 믿음은 우리 밖으로 눈을 돌려서 그리스도와 그의 사역을 희망과 힘으로 삼는 것이다. 물론 하나님의 은혜가 우리 안에 주입되어져서 변화되고 거룩해진다고 말할 수 있지만, 그런 주입이 칭의를 이루는 일부가 될 수 없다. 로마서 4장 14절에서 사도 바울이 가르친 바와 같이, "완전한 의로움만이 우리를 심판대 앞에서 우리를 살려낸다. 우리 자신의 내부에 있는 것이 아니라, 오직 예수 그리스도

---

25  Calvin, *Acts of the Council of Trent: With the Antidote*, 3:125.

의 온전하심에서만 의로움을 찾아볼 수 있다."[26] 믿음이 바로 그리스도와 결합시키는 통로가 된다.

넷째, 칼빈은 로마가톨릭의 결정적인 오류는 칭의와 성화를 혼동한데서 온 것이라고 지적하였다. 칼빈은 로마가톨릭에서 칭의와 성화를 구별하여야 하는데, 항상 결합시키고 있어서 문제가 발생한 것이라고 비판하였다.

> 우리는 의롭다 하심을 받은 자에게 곧바로 갱신도 필수적으로 수반된다는 점을 인식한다. 의롭다고 하신 사람들 모두를 그리스도께서 거룩하게 하시느냐 마느냐는 논쟁의 여지가 없다. 믿음으로 칭의를 얻은 자들을 회개[성화]와는 별개로 취급하는 것은 그리스도 자신을 나누는 것이요, 복음을 찢어버리는 것이다.[27]

로마가톨릭교회는 성화를 강조하면서 도덕주의 혹은 율법주의에 빠져 버렸다. 칭의는 성화와 같은 것이 아니다. 성화는 항상 칭의와 분리할 수 없으며, 단지 구별을 할 수 있을 뿐이요, 칭의를 얻은 자에게는 성화가 수반되어지는 것이다.

다섯째, 누구도 하나님의 계명을 완벽하게 지킬 수는 없다고 칼빈은 지적하였다. 모든 사람은 죄와 결부되어져 있다. 따라서 오직 예

---

26　Calvin, *Acts of the Council of Trent: With the Antidote*, 3:115.
27　Calvin, *Acts of the Council of Trent: With the Antidote*, 3:116.

수 그리스도의 완벽한 의로움을 믿음으로 받아야만 의인이라고 선포되고, 간주되는 것이다.

> 심지어 바울 사도마저도 자신의 인격에 관해서 진술하면서, 자신의 의지로 최선을 다했지만, 완벽함으로부터는 저멀리 떨어져 있다고 고백했다.[28]

여섯째, 구원의 확신은 칼빈에게 있어서 매우 중요한 주제였다. 그리스도를 신뢰하는 믿음은 그리스도인들에게 자녀됨의 확신을 가져다 준다. 믿음은 기쁨과 보장을 선사하며, 우리가 확실하게 하나님과 합당한 관계를 맺고 있음을 자신하게 만든다.

> 우리의 하늘에 계신 아버지 하나님께서는 우리의 영원한 양자됨의 거울로 아들을 붙잡고 계시기에, 그리스도에 의해서 우리에게 주어진 것을 견고히 붙잡고 있는 자들은 그 누구도 멸망에 이르지 않는다.[29]

칼빈이 트렌트 종교회의 선언문에 대해서 적절히 반박한 것은 우리에게도 큰 교훈이 된다. 지금도 전 세계 교회에서는 성화를 강조한 나머지 도덕주의와 율법주의에 빠지거나 혹은 그 반대로 아예 칭의론

---

28 Calvin, *Acts of the Council of Trent: With the Antidote*, 3:134.
29 Calvin, *Acts of the Council of Trent: With the Antidote*, 3:135.

에만 치우친 나머지 반율법주의를 강조하는 현상들이 나타나고 있다.
한국교회에서는 극도의 분파적인 신율법주의가 등장하기도 하였다. 이런 오류들을 극복하도록 균형 잡힌 구원론이 요구되는데, 칼빈의 해설에서 그리스도인의 삶에 중심이 되는 칭의 교리가 제시되어져 있어서 큰 유익을 준다.

## 3. 초기 종교개혁자들의 핵심적인 교훈들

위에서 설명한 것과 같이, 칼빈은 매우 중요한 주제인 칭의론과 구원론의 정립에서 혁신적인 설명을 제시하여 큰 업적을 남겼다. 동시대 인물들이지만 칼빈보다 약간 앞서서 활동했던 거의 대부분의 종교개혁자들은 에라스무스의 영향 하에서 도덕적인 칭의론으로 변질시켰기 때문이다.

에라스무스가 강조하는 르네상스 인문주의 철학에서 가장 핵심되는 것은 인류의 본질과 미래에 대한 낙관론이다. 인문주의자들은 인간이 번성하도록 창조되었다는 쪽으로만 강조한다. 인간이 불순종으로 타락하여 에덴동산에서 추방되었다는 사실은 관심을 두지 않는다. 로마서에서 사도 바울은 죄의 노예 상태에 있는 인간을 위해서 유일한 해결책을 제시했다.

> 하나님이 그의 피로 말미암아 화목제물로 세우신 예수 그리스도 안에 있는 구속으로 인해 믿음을 통해서 얻는 선물이다(롬 3:24-25).

칼빈은 오히려 루터의 칭의론을 견고히 계승하였다. 개혁주의 칭의론과 인간론에 초점을 두고 칼빈과 다른 종교개혁자들과의 차이점을 비교해 보고자 한다.

### 1) 멜랑히톤(1497-1566)의 개혁사상과 칭의론

필립 멜랑히톤은 루터보다 열네 살이나 어렸지만, 종교개혁의 초기부터 모든 진행과정에 간여하였다. 루터가 1519년 라이프찌히 논쟁에 갔을 때에, 멜랑히톤이 함께 동행하였다. 루터는 이 논쟁에서 오직 성경만이 기독교인이 신뢰하는 최고의 권위라고 주장하였다. 멜랑히톤이 종교개혁에 기여한 부분은 측량할 수 없을 정도로 광범위한데, 루터의 절대적인 신뢰와 사랑을 받았으며, 총명한 학문을 인정받아서 후계자로 추대되었다.

하지만 직접 행동에 나서지 않으려 했던 성품을 지녔기 때문에, 또한 헬라어, 수사학, 철학, 교육학 등에 관심을 두고 연구했기 때문에 신학적인 저술은 별로 없다. 루터에 못지않은 공헌을 남겼지만, 이런 이유들로 해서 종교개혁의 신학자로서 멜랑히톤은 별로 크게 주목을 받지 못했다.[30]

1521년 루터가 보름스의회에 참석한 후, 바르트부르크 성에 숨어서 성경을 번역하는 동안에 비텐베르크에서 종교개혁을 지도했다. 필립은 최초의 조직신학 교과서로 손꼽히는 『신학 총론』(*Loci Communes*)을 1525년에 간행하고 지속적으로 개정판을 출판하면서

---

30 Clyde Leonard Manschreck, *Melanchthon, the Quiet Reformer* (New York: Abington, 1958).

전체 종교개혁진영에 영향을 끼쳤다. 1530년에 찰스 5세가 참석하는 아우구스브르그의회에서 루터 대신에 참석하여 개신교 신앙을 요약하여 제출하였는데, 아우구스브르그 신앙고백서이다.

루터의 칭의 개념과 의지의 노예와 본성에 대한 강조는 사위이자 후계자인 멜랑히톤으로 넘어오면서 조금 다른 용어와 강조점을 드러냈다. 맥그라스 교수는 멜랑히톤과 칼빈의 칭의론이 다르다고 평가하였다. 분명한 것은 루터가 강조한 법정적, 외부적 개념은 멜랑히톤에게서는 다소 약해진다. 왜냐하면 이 개념 한가지만을 집중적으로 강조하지 않았다. 인간은 자신의 노력과 행위만으로는 구원을 얻을 수 없고, 오직 믿음으로만 의롭다 하심을 얻는다.

멜랑히톤의 칭의론이 기본적으로 루터와 칼빈과 거의 유사하지만, 회심을 일으키는 동력이 말씀과 성령이라는 초기 주장과 다른 입장을 내놓았다. 그의 1535년판 『신학 총론』(Loci)에서, 1543년 재판에서 칭의를 가져오는 세 가지 동시적 원인들을, 말씀, 성령, 인간의 의지라고 인정하였다. 멜랑히톤은 인간의 의지가 작동한다고 하더라도 회심의 과정에서 공로를 내세울만한 것은 아니라고 항상 주장했다.

하지만 여전히 그의 사상 속에서 에라스무스와 가까운 의지적 결단이 중요하게 취급되어졌는데, 이것은 종교개혁자들이 일관성있게 오직 하나님의 단독사역(monergism)이라고 주장하던 것과는 크게 차이가 나는 것이다.

또한, 멜랑히톤은 루터의 성경적 칭의 인식에 대해서 크게 강조하는 않았다.³¹ 멜랑히톤은 루터의 해석보다는 에라스무스의 입장을 따랐다는 것이 로마서 4장 3절을 해석한 부분에서 드러난다. "아브라함이 하나님을 믿었으므로, 그것이 의로 전가되었다"는 부분에서, 믿음의 확실성이란 하나님의 약속을 바라보는 것이라고 설명했다. 결국 사람의 의지적 신뢰가 강조되고 있다.³² 멜랑히톤은 칭의란 율법을 충족시키는 새로운 역량이라고 새롭게 정의하면서, 그리스도인들은 자발적으로 율법을 충족시키려는 새로운 자유라고 하였다.

멜랑히톤의 칭의론이 루터와 칼빈의 강조점과는 다소 다르다는 점이 드러난다. 루터는 인간론에서 노예의지를 주장했는데, 인문주의에 영향을 입은 멜랑히톤은 자유의지는 은총의 영향 아래 믿음으로 상승된다고 주장했다.

이런 멜랑히톤의 영향으로 인해서 루터파 정통주의자들이 만든 1577년 3월에 나온 『일치 신조』(the Formula of Concord)에서는 인간의 자유의지가 은총에 의해서 해방된다고 주장하였다. 칼빈은 1546년에 멜랑히톤의 『신학 총론』을 프랑스어로 출판하는데 적극적으로 도왔고, 서문을 써 주었다. 멜랑히톤의 책으로부터 칼빈의 『로마서 주석』과 『기독교강요』가 영향을 받은 것이 많았다.³³ 반대로 성례와 성만찬론에서는 멜랑히톤이 칼빈의 영향을 받았다.

---

31 R. Flogaus, "Luther versus Melanchthon? Zur Frage der Einheit der Wittenberger Reformation in der Rechtfertigungslehre?" *Archiv für Reformationsgeschichte* 91 (2000):6-46.

32 Philip Melanchthon, *Commentary on Romans*, tr. Fred Kramer (St. Louis: Concordia, 1992), 18, 28, 70.

33 Richard Muller, *The Unaccommodated Calvin: Studies in the Foundation of a Theological Tradition* (Oxford: Oxford University Press, 2000), 126-30.

## 2) 초기 종교개혁자들과 도덕주의적 칭의 교리

스위스 북부 쮜리히의 츠빙글리와 불링거, 외콜람파디우스 그리고 스트라스부르그의 부써는 르네상스 휴머니즘의 당대 최고 철학자 에라스무스로부터 도덕적 접근법에 영향을 받아서 칭의 교리를 규정했다. 사실은 로마가톨릭 신부를 하다가 종교개혁으로 돌아선 1세대 종교개혁자들은 당대 최고의 인문주의 철학자 에라스무스의 영향을 깊이 받았다.

이들 초기 종교개혁자들은 에라스무스가 제창한 도덕주의적 칭의 교리만을 받아들인 것이 아니라, 인문주의자들이 신조처럼 간직하던 인간 본성에의 낙관론을 함께 간직하게 되었다. 르네상스 인문주의는 활발한 낙관주의와 인류 미래의 가능성을 확산시켰다. 고전적인 원문을 읽으면서, 특히 시와 수사학, 신플라톤주의와 유대교 신비주의 문헌에서 지혜와 인간의 존엄성을 찾으려 했다. 인간의 진보에 대한 예찬과 인간의 자유의지에 대한 가능성을 노래하였다.

> 오 위대하고 놀라운 인간의 행복. 이것은 그가 원하는 것을 소유하며, 그가 바라는 것이 이루어지도록 그에게 주어져 있도다![34]

츠빙글리(1484-1531)의 관심사는 주로 교회의 개혁과 재생, 기독교 르네상스라고 하는 인문주의적인 비전이었다. 그는 복음의 중

---

34  P. O. Kristeller & P. P. Wiener, eds. *Renaissance and Essays* (Rochest, N.Y.: 1962), 193.

심교리로 칭의를 중요시하지 않았고, 에라스무스가 주장한 그리스도의 철학과 유사하게 도덕주의를 핵심 개념으로 삼았다.[35] 사도 바울은 로마서 4장 9절과 5장 1절 등에서 강조한 것은 믿음으로 얻는 의로움이다. 그러나 츠빙글리는 자신의 의지로 올바로 믿음으로 얻는 의로움과 새 사람의 도덕적 성품을 강조하였다. 츠빙글리는 칭의는 세례 자체가 그리스도를 섬기기로 작정하는 것을 표현하는 상징으로만 보았다.[36]

하인리히 불링거의 경우에 독일 콜론대학교에서 수학했기에, 루터와 멜랑히톤의 저술에서 크게 영향을 받았다. 불링거는 중세 말기 로마기톨릭 신학보다는 교부들의 신학과 성경에서 더 큰 영향을 받았다. 1523년에 카펠에서 츠빙글리를 만났고, 재세례파와 싸우게 되면서 언약 신학을 세우게 되었다.

로마가톨릭과 싸우던 츠빙글리가 전사하자, 쥐리히교회에 부임하였다.[37] 하이델베르그의 우르시누스도 7년 동안(1550-1557) 멜랑히톤에게서 학문을 배우고 내려갔다. 불링거는 칼빈처럼 그리스도와의 연합에 대해서 동의하면서도, 구원의 서정에 강조를 두었고, 칭의가 성도의 가슴 속에서 먼저 기초를 이루어야 하고, 그 후에 성화가 이루어진다고 주장했다.[38]

---

35 McGrath, "Humanist Elements in the Early Reformed Doctrine of Justification," 5-30.
36 Ulrich Zwingli, "On Baptism," in G. W. Bromiley, ed., *Zwingli and Bullinger* (Philadlephia: Westminster, 1953), 131.
37 David C. Steinmetz, *Reformers in the Wings* (Grand Rapids: Baker, 1971), 133-42.
38 Heinrich Bullinger, *The Decades of Hery Bullinger*, 2 vol. (1849-52: Grand Rapids: Reformation Heritage Books, 2004), 4.1.

칭의란 의의 전가가 아니라, 의의 실현이라고 보았는데, 이 점은 독일이나 쮜리히에서나 에라스무스의 도덕주의 칭의론이 널리 영향을 끼쳤다고 생각되는 부분이다.

로마가톨릭에서 장래가 촉망되던 플로렌스 출신의 성직자였던 피터 마터 버미글리(1499-1562)는 43세의 나이에 종교개혁을 따르기로 작정하고, 1542년부터 1547년까지 스트라스부르그에서 부써와 동역하였다. 토마스 크랜머를 도와서 약 6년 동안 옥스퍼드대학교에서 교수사역을 수행했다. 메리 여왕의 등장으로 다시 스트라스부르그로 되돌아 와서 교수로 사역하다가 (1553-56) 마지막은 쮜리히에서 생애를 마쳤다.

버미글리는 칼빈과 편지를 주고 받았는데, 성만찬에 있어서 공감하는 부분이 많았다. 그리스도의 영적 임재를 강조하는 탁월한 성만찬 신학을 전개하여 1561년 뽀이시의 대화모임에 초대를 받았다. 거기서 버미글리는 베자와 함께 성만찬에 대한 개혁주의 입장을 변호하였다. 특히, 버미글리는 성만찬에서처럼 구원론에서도 종합적으로 그리스도와의 연합을 강조하였다.[39]

버미글리는 삼중적인 연합, 즉 성육신적 연합, 믿음을 통해서 신비적 연합, 성화를 이루는 영적인 연합을 주장했다. 개혁주의 칭의 개념에 동의하여 외부적 칭의를 가르쳤고, 칭의가 모든 것보다 앞선다는 것을 강조했다.

칼빈은 버미글리를 제네바로 초청하여 이탈리아 피난민들의 교회

---

39　Peter Martyr Vermigli, *The Life, Early Letters, and Eucharistic Writings of Peter Martyr*, ed. Joseph C. McLellan & G. E. Duffield (n.p.: Sutton Courtney, 1989).

를 인도해 줄 것을 요청했었다. 개혁주의 진영에서 널리 영향력을 발휘하던 버미글리는 하이델베르크대학교에서 초빙을 받았다. 나이가 많고 건강이 여의치 않아 사양한 버미글리는 자신을 대신하여 그의 제자 우르시누스를 추천하여 가르치도록 하였다.

마틴 부써(1491-1551)는 1518년 4월 말에 개최된 하이델베르그 논쟁에서 루터로부터 큰 감동을 받아서 종교개혁자로 회심을 결행하게 되었고, 훗날 영국 종교개혁에 큰 영향을 끼쳤다.[40] 원래는 도미니크파 출신 신부였으나, 인문주의 교육을 받아서 점차 에라스무스에게 깊은 영향을 받았다.[41] 구약의 율법을 철학으로 대체시키는 방식으로 부써는 에라스무스를 활용했다. 성경 전체와 기독교 교리는 윤리로 축소되고 말았고, 도덕주의를 정립시킨 것이다.

부써는 종교개혁자들 중에서도 경건주의자라는 이미지를 갖고 있었고, 화해와 타협의 신학자였다. 때로는 로마가톨릭과의 모임에서도 융화를 시도하였다.[42] 그의 이런 특징들이 칭의론에서도 나타나서, 루터와 에라스무스를 종합하려 한다.

인간의 죄를 용서받으며 그리스도의 의를 전가받는 것을 첫 번째 칭의라고 규정했고, 인간이 의롭게 되는 것을 두번 째 칭의라고 하였다.[43] 첫 번째 칭의는 법정적인 선포를 강조하는 루터의 견해이고, 두

---

40 Gerhard Brendler, *Martin Luther: Theology & Revolution* (Oxford: Oxford University Press, 1991), 124. 이와 관련된 내용은 이 책 제 170쪽 각주 3번을 참고할 것.

41 K. Koch, *Studium Pietatis: Martin Bucer als Ethiker* (Neukirchen: Neukirhener Verlag, 1962), 10-15.

42 Hasting Eells, *Martin Bucer* (New Haven: Yale University Press, 1931), 296.

43 M. Bucer, *Metaphrasis et enarratio in epist. D. Pauli ad Romanos*, 231.

번째 칭의는 인간의 선행을 드러내야 한다는 성화 개념으로 다분히 에라스무스의 도덕주의와 일맥상통하는 것이다. 좋은 나무가 좋은 열매를 맺듯이, 의롭게 된 죄인은 반드시 선행을 해야만 한다.[44]

바젤의 개혁신학자, 요하네스 외콜람파디우스(1482-1531)는 츠빙글리와 가깝게 교류하면서, 역시 쥐리히의 경향을 따라서 칭의에 대해서 도덕주의적으로 접근하였다. 그는 중생을 강조하였는데, 칭의는 그것을 바탕으로 풀이하였다. 히브리서 10장 24절을 근거로 하여, 선명한 믿음이 선행으로 드러나도록 끊임없이 자신을 돌아보아야만 한다고 역설했다. 결국 믿음의 윤리적 차원을 강조한 것이어서, 에라스무스의 영향 하에 있었던 것이다.[45]

## 4. 전적 타락과 부패한 의지

수많은 종교개혁자들 중에서 칼빈의 개혁신학이 어떻게 차별화를 이루고 있는지에 대해서 분명하게 밝혀주는 인간 본성에 대한 설명을 살펴보고자 한다. 칼빈의 칭의론은 결국 그의 인간 본성에 대한 탐구와도 연계되어 있음을 간과해서는 안되기 때문이다. 구원을 받을 자격이 없는 사람을 창조주 하나님께서 어떻게 받아주셨는가를 생각해 보아야 한다.

---

44  W. P. Stephens, *The Holy Spirit in the Theology of Martin Bucer* (Cambridge: Cambrige University Press, 1970), 48-100.

45  E. G. Rupp, *Patterns of Reformation* (London: Epworth, 1969), 3.

인간의 본성에 대한 철학적 논의는 오래된 플라톤주의에서 중요하게 취급되었다.[46] 플라톤은 영혼과 육체를 나누어서 구분하되, 육체를 근본적으로 죄악시하는 개념을 부인하였다. 우리의 죽음에 이르게 되는 것은 본성 그 자체에서부터 나오는 것이 아니라, 아담의 타락을 통해서 오염되고 부패했기 때문이라고 보았다. 사도 바울은 아담의 죄와 그리스도의 의가 하나님의 백성들에게 전가되었다는 것을 강조하였다.[47] 우리 심령의 깊은 곳에 교만한 것이 큰 문제의 근원이라고 칼빈은 지적했다.

원래 아담과 이브는 선한 피조물이었고, 삼위일체 하나님의 도덕적 속성들을 반영하고 있었다. 순종에 합당하게 지어졌으나, 선택의 자유함을 사용하면서 자신의 욕망에 따라서 스스로 타락시켜 멸망을 자초하고 말았다. 아담에게 주어진 것은 "자유 선택권"이었다고 칼빈은 설명한다.[48]

> 하나님은 사람의 영혼에 지성을 주셔서 그것으로 선과 악을, 옳고 그름을 분별하게 하셨고, 또한 이성의 빛을 안내자로 주셔서 우리가 피해야 할 것과 좇아야 할 것을 구별하게 하셨다... 그러므로 아담은 자기가 원하면 얼마든지 설 수가 있었는데, 전적으로 자기 의지로 타락한 것이다... 선과 악을 선택하는 것은 전적으로 그의 자유였다...

---

46 John M. Frame, *A History of Western Philosophy and Theology* (Phillipsburg: P&R, 2015), 67.

47 John Murray, *The Imputation of Adam's Sin* (Grand Rapids: Eerdmans, 1959).

48 Calvin, *Institutes of Christian Religion*, I.xv.8. 칼빈의 인간론에 관해서는 J. I. Packer, *Christianity: The True Humanism* (Waco: Word, 1986)을 참고할 것.

처음에는 영혼의 각 부분이 의를 형성하고 있었고, 아담의 정신이 견고하게 서 있었으며, 그의 의지가 선택할 자유를 누리고 있었다.

칼빈은 아담의 후손들은 부패한 상태를 물려받았고, 유전적인 오염도 이어 받았음에 유의하라고 충고한다. 아담의 후손들은, 조상 아담처럼, 자유 선택권을 가질 수 없다. 영적인 멸망 상태에 속한 자들은 잃어버린 것을 사람들은 죄책, 오염, 죽음 가운데서 태어난다. 인간은 이제 죽음으로 방향이 결정되어져 있을 뿐이다.

중세 말기, 로마가톨릭에서는 아담의 범죄가 전 인류에게 죄악된 경향성을 남겼지만, 자유의지가 완전히 상실된 것이 아니라고 주장했다. 본래의 기능을 발휘하기에는 다소 결함이 있어서 부족하게 되었을 뿐이라고 주장했다. 중세 신학에서는 아담의 원죄를 받아들이지만, 그 영향력에 대해서는 총체적인 부패라고 생각하지 않았다. 죄책이 죄악된 본성을 포함하고 있으며 이런 경향성이 마음과 의지에 영향을 미쳐서 은총과 합작하여 중생에 이르게 된다고 주장했다.

사람의 본성에 대해서 새로운 인식을 가진 종교개혁자들의 주장들이 설득력을 발휘하게 된 배경에는 중세 말기 유명론과 르네상스와 기독교 휴머니즘의 시대를 거치면서 어거스틴의 신학사상이 널리 퍼졌기 때문이다.[49] 이 당시에만 어거스틴의 글을 읽었던 것은 아니

---

49 Roland H. Bainton, *The Reformation of the Sixteenth Century* (Boston: Beacon Press, 1952), 110. H. G. Koenigsberger & G. L. Mosse, *Europe in the Sixteenth Century* (New York: Holt, Rinehart and Winston, 1968), 145. William J. Bouwsma, "The Two Faces of Humanism," in *Itinerarium Italicum: The Profile of the Italian Renaissance in the Mirror

고, 중세시대 오랜 기간 동안 어거스틴의 저술들을 통해서 영향을 입어왔었다.

그러나 루터와 종교개혁자들은 가톨릭교회에 대한 순종, 특히 성례에 관한 강요에 대항하여 어거스틴이 제시한 구원론에 깊이 고무되어졌다. 워필드 박사가 이를 간파하여 어거스틴의 구원론이 어거스틴의 교회론을 이기고 궁극적으로 승리한 사건이라고 평가한 바 있다.[50]

어거스틴과 펠라기우스와의 논쟁을 파악했던 칼빈은 바로 인간의 의지가 하나님의 은혜와 협력하는 것이 아니라는 점을 분명히 밝혔다. 여러 차례 칼빈은 사람의 부패한 본성에서 작동하고 있는 의지는 하나님의 은혜의 결과물이라고 설명하였다.

> 그리하여 그는 [사도 바울] 다른 곳에서, 하나님께서는 연약한 의지를 도우시고 부패한 의지를 교정시킬 뿐 아니라, 우리 속에서 의지를 갖도록 역사하시도록 하신다고 말한다(빌 2:13). 이로 보건대, 이미 말한 바와 같이, 의지 속에 있는 모든 선한 것이 다 오직 은혜의 역사라는 것을 쉽게 알 수 있는 것이다.[51]

---

*of Its European Transformations*, ed. Heiko A. Oberman & Thomas A. Brady Jr., (Leiden: E. J. Brill, 1975), 3-60.

50  B. B. Warfield, *Calvin and Augustine* (Philadelphia: Westminster Press, 1956), 332.

51  Calvin, *Institutes*, II.ii.6.

이런 논지에서 칼빈은 구원을 이루는 과정에서 인간의 공로로 의를 이룰 수 없음을 거듭해서 강조한다.

> 만일 털끝만큼이라도 우리 자신에게서 나오는 것이 있다면, 우리에게도 약간의 공로가 있게 될 것이다. 그러나 바울은 우리에게서 공로를 완전히 벗겨버리고자, 우리는 하나님이 전에 예비하신 일을 위하여 그리스도 안에서 창조함을 받은 존재이므로(엡 2:10) 우리는 아무 것도 받을 자격이 없음을 가르치며, 더 나아가서, 우리에게 있는 모든 선한 행실들이 다 본래 시초부터 하나님께로부터 온 것임을 가르치고 있다. …
> 더 나아가서 우리가 그 구원의 역사에 결코 참여하지 않았음을 분명하게 밝히고 있다. 이는 마치, 구원의 전부가 하나님께로부터 오는 것이므로 사람에게는 조금도 자랑할 것이 없다고 말하는 것과 같은 것이다.
> 은혜가 의지보다 선행한다는 뜻이라면, 의지를 가르켜 은혜의 추종자라고 부른다 해도 무방할 것이다. 그러나 변화된 의지 자체가 하나님께서 행하신 것이므로, 사람이 자기 의지로 그 선행하는 은혜에 순종한다고 보는 것은 그릇된 논리이다.
> … 바로 앞에서 바울의 바울의 글에서 보았듯이(빌 2:13), 은혜가 그 의지 자체를 만들어내는 것이다.[52]

---

52  Calvin, *Institutes*, II.ii.6.

종교개혁자들은 르네상스 휴머니즘이 인류의 창조에 과도하게 집중하면서 낙관론을 펼쳐나가는 것에 의문을 갖게 되었다. 로마의 멸망을 목격했던 어거스틴은 인간의 타락과 에덴동산에서의 추방에 관해서 철저하게 초점을 맞추고 있었다. 어거스틴은 서로마제국이 급격하게 멸망해가는 것을 직접 목격하였기에, 기독교 왕국으로서 밝은 미래가 올 것이라는 기대를 접어버리고, 『하나님의 도성』에서 문명사의 재앙에 대한 성찰을 하였다.

## 5. 영적인 무능력

헛된 삶을 마감하지 않으려면, 인간이 누구인가를 알아야 한다. 그렇지 않으면, 헛되고 헛되며 헛되고 헛되도다 하는 인간의 삶에 대해서 허망한 야망에 사로잡히다가 그치고 만다.

인간의 본질이 무엇이냐에 대해서 칼빈은 루터의 기초적인 저술들을 근간으로 삼아서 보다 성경을 더 면밀하게 검토하여 기념비적인 성취를 이루었다. 특히, 칼빈도 여러 논쟁들을 거치면서 차분하게 로마가톨릭의 문제점을 지적하였다. 칼빈에 의해서 인간의 본성에 대한 설명이 더욱 더 상세하게 밝혀졌다.

칼빈은 기독교 신학사에서 인간의 본성에 대해서 가장 부정적이고, 비관적으로 "전적 타락" 혹은 "전적 부패"(total depravity)의 개념을 강조한 신학자로 알려졌다. 칼빈은 하나님의 형상이 죄로 인해서 오염되어졌고, 전인격이 더 이상 하나님의 영광을 드러내지 못하게 되고 말았음을 상세하게 풀이하였다.

그러나 진정 칼빈의 말이 무엇이었던가를 좀 더 세밀히 들여다보아 주기를 바란다. 칼빈의 전적 타락에 대한 개념과 용어는 매우 부정적으로 인식되어졌고, 어두운 측면만을 강조하는 쪽으로 풀이되고 있다. 그러나 칼빈은 사람이 하는 모든 일이 다 죄와 연계되어있다는 의미로 비판한 것은 아니다. 우리 눈에 보이는 외적인 행동들이 모두 다 죄악이라는 의미도 아니다. 전적으로 부패했다는 말은 총체적으로, 광범위하게, 종합적으로 인간의 본성은 하나님의 모든 죄와 죄책 아래 있다는 의미이다.

칼빈의 인간론, 특히 인간 본성에 관련된 내용에는 두 가지 내용에 대해 주목하지 않을 수 없다.

첫째, 인간 본성의 전적 부패라는 용어를 사용하지만, 하나님과의 관계에서 사용해야 할 용어이다. 이 전적 부패라는 용어는 본성상 하나님을 향한 어떤 사랑도 인간의 삶의 동기적 원리로 존재하지도 않고, 작동하지도 않는다는 말이다. 전적 부패한 양심은 마비되어서 하나님의 뜻을 분별할 수 없다는 말로 오해해서는 안된다.

칼빈은 전적 부패에 대해서 강조하면서도, 모든 사람에게 주어진 일반 은총을 역설했다. 전적 부패를 말하면서, 사람은 자신에게 주어진 것을 가지고 얼마든지 이웃과 문화와 국가를 위해서 선하게 살아갈 수 있다. 칼빈은 아담에게 주어진 하나님의 형상이 지워졌으나, 완전히 상실되거나 파괴되지는 않았다고 보았다.

이것은 재세례파의 급진주의적인 문화 파괴에 대해서 칼빈의 강력한 반론에 담긴 논쟁에 잘 표현되어 있다. 칼빈은 이방인들이 과학과 예술, 의학과 철학, 법학과 정치학 등 여러 분야에서 진보를 보이는 것은 성령의 일반 은총이라고 보았다.

> 비록 인간에게 주신 형상이 그 완전한 상태로부터 타락하고 왜곡되어 있기는 하나, 그럼에도 불구하고 여전히 하나님의 놀라운 선물들로 옷입고 장식되어 있다.

이것은 하나님이 훼손된 인간의 본성 안에 아주 놀라운 선물들을 많이 남겨두셨기 때문이라고 칼빈은 강조하였다.

칼빈은 인간이 타락하여 의지의 자유를 빼앗긴 이후에도, 여전히 자연적인 능력을 갖고 있으며, 하나님은 이것을 활용하여서 하나님의 뜻을 이루어나가신다는 점에 주목했다. 하나님의 형상을 가지고 태어나는 모든 인간들에게는 보편적으로 탁월한 은사들을 성령님께서 내려주셨다.

> 우리는 세속 저술가들에게서 이런 문제들을 접할 때마다, 그들 속에서 비치는 진리의 환한 빛을 보면서, 비록 타락하여 그 온전함에서 부패해 있는 상태이긴 하지만 그래도 사람의 지성이 과연 하나님의 탁월한 은사들로 아름답게 장식되어 있다는 것을 배워야 할 것이다.···· 인간 본성이 그 참된 선을 빼앗긴 이후에도 주께서는 정말로 많은 은사들을 그 본성 속에 남겨두셨다.[53]

---

53 Calvin, *Institutes*, II.ii.15.

아담의 타락으로 인해서, 인간에게 주신 도덕적 능력은 죄의 영향으로 인해서 부패하고 말았다. 인간의 조건 속에는 부패한 본성이 자리잡고 있다. 칼빈은 어거스틴의 설명에 전적으로 동의하였다.

> 타락 이후로 모든 값없는 은사들이 사람에게서 사라졌고, 남아 있는 자연적 은사들도 부패한 상태에 있다는 어거스틴의 가르침은 정말로 옳은 것이다.

그 이유는 하나님이 주시는 은사들은 더러워질 수 없으나, "부패한 사람에게는 이 은사들이 더 이상 순결하지 못하게 되었다." 이제는 하나님이 주신 은사들이 칭송을 받지 못하고 말았다. "하나님이 보시기에는 불안정하고 덧없는 것에 불과하다는 말을 덧붙이지 않을 수 없는 것이다."[54]

여기서, 칼빈은 "신적인 감각"(*sensus divinitatis*)이 주어져 있다는 강조점에 주목하게 된다. 인간에게는 "영원을 사모하는 마음"(전 3:11)이 있는데, 이는 결코 말살시킬 수 없도록 인간의 마음에 각인되어져 있다고 지적했다.

"인간의 마음 속에 본능적으로 신에 대한 지각이 존재한다는 것을 우리는 논란의 여지가 없는 사실로 받아들인다."[55]

우상숭배하는 자들이나 미신을 따르는 자들이나 각종 종교에 유

---

54 Calvin, *Institutes*, II.ii.16.
55 Calvin, *Institutes*, I.iii.1.

혹되어 있는 사람들을 보면, 비록 타락한 인간의 마음이라 하더라도 그 속에는 영원을 사모하는 일반적인 계시가 들어있다는 증거를 발견할 수 있다. 모든 사람에게 남아있는 하나님의 형상은 다소 역설적인 조건이다.[56]

비록 하나님의 기준에서 볼 때에는 합당하지 못하며, 극히 제한적인 범위에 이르지만, 그래도 인간은 일반 은총의 열매들을 맺어서 사회와 가정을 유익하게 할 수 있다. 한편으로는 전적 부패에 대한 강조를 하지만 그것으로 인간 본성의 진면목을 다 드러낸 것은 아니다. 다른 한편으로는 사람은 이웃에게 무조건 선하고 착한 일을 할 수 없다고 핑계할 수 없으며, 밤낮 살인과 강도와 강간을 일삼는 자들을 정당화할 수 있는 것도 아니다. 그 어떤 경우에도 극단으로 치우쳐서 인간성의 본질을 왜곡해서는 안된다.

칼빈은 하나님의 창조 세계에 담겨놓은 일반 계시에 대해서도 분명하게 입장을 언급하였다.[57] 하나님께서는 사람이 충분히 이해하도록 자신의 영광을 드러내셨지만(시 104:2; 11:4; 롬 1:19-23), 문제는 인간의 분별력이 무능력하게 되어서 하나님의 계시를 알아보지 못하게 되었다. 히브리서 11장 3절에서, 오직 중생한 사람만이, 믿음의 빛을 가지고 피조물의 세계가 하나님을 보여주는 극장과 같다는 사실을 깨닫게 된다.

바빙크는 칼빈의 『기독교강요』의 출발점은 사도신경에서 나온 것으

---

56 Michael Horton, *For Calvinism* (Grand Rapids: Zondervan, 2014), 35.

57 Calvin, *Institutes*, I.v.1.

로 "하나님에 대한 추상적인 개념으로서가 아니라, 자연과 성경을 통해서 인간에게 알려진 하나님으로부터 시작한다"고 평가했다.[58] 훗날 헤르만 바빙크는 기독교가 다른 종교와 달리 특별한 점은 성경을 통해서 주시는 하나님의 특별 계시에 기초한다는 사실에 주목했다. 그리고 종교개혁자들에 의해서 중요한 진리를 깨닫게 되었다고 평가했다.

> 종교개혁은 자연적 계시와 초자연적 계시를 구분하는 것에 이의를 제기하지 않았지만, 여기에 원칙적으로 전혀 다른 의미를 부여했다. 초자연적이라는 말은 일차적으로 죄로 가득한 타락한 인간의 생각과 소원을 훨씬 뛰어넘는 계시를 지칭하기 위해 붙여졌다....개혁파 신학자들은 인간의 지성이 죄로 어두워져서 자연적 계시조차도 제대로 알거나 이해할 수 없다고 생각했다. 그래서 하나님은 성경이라는 안경을 주셔서 우리가 자연적 계시를 읽도록 도우셔야 했다.[59]

둘째, 전적 부패, 즉 인간의 내재적 부패성이란 하나님과의 관계에서 영적인 선으로 인정을 받을 만한 것을 할 수 없다는 무능함을 의미이다. 인간은 모든 것에서 본성적인 죄인이고, 이미 "무능한 죄인"이므로 구원에 이를만한 선을 행할 수 없다는 의미이다. 이것이 칼빈의 원죄 이해와 인간 타락에 대한 이해이다. 칼빈은 타락을 매우

---

58  Herman Bavinck, *Reformed Dogmatics* (Grand Rapids: Baker, 2015), I:30–31항.
59  Bavinck, *Reformed Dogmatics*, I:85항.

심각하게 취급했다. 아담의 후손들은 에베소서 2장 1절인 "허물과 죄로 죽었던 자"가 되었고, 하나님 앞에서 의로움을 향해서 자유로운 선택을 할 수 있는 능력을 잃어버렸다.

> 육에 속한 사람은 하나님의 성령의 일들을 받지 아니하나니 이는 그것들이 그에게는 어리석게 보임이요, 또 그는 그것들을 알 수도 없나니 그러한 일은 영적으로 분별되기 때문이라(고전 2:14).

어거스틴과 같이, 칼빈은 타락으로 인해서 이중적인 결과, 죄책과 부패가 초래되었다고 보았다.

첫째, 아담의 죄책이 인류 모두에게 전가되었다는 사실이다. 로마서 5장 12-19절에 대한 이해에 근거하여, 인간은 모두 다 죄의 책임에서 벗어날 수 없다는 점에 주목하였다.

둘째, 아담의 부패가 우리 모두에게 영향을 주고 있는 바, "원죄"의 영향이 "상속된 부패"를 야기하고 있으며, 인간의 선하고 순결했던 본성이 타락했다고 주장했다.

칼빈이 가장 주목한 인간의 부패한 본성은 우상숭배로 전락한 모습이다. 원래 하나님께서는 모든 인간으로 하여금 "종교의 씨앗"(semen religionis)을 품고서 참된 의로움의 열매를 맺을 수 있게 해 주셨다. 그러나 열매를 맺기도 전에 그 나무는 잘라져서 무용지물이 되었고, 우상을 숭배하는 자"가 되고 말았다(롬 1:18-23).[60] 인간

---

60 Calvin, *Institutes*, I.iv.1. Calvin, *Commentary on the Romans* (Grand Rapids: Baker, 1996), 71.

은 우상숭배를 하면서 하나님의 신성을 모독하는 행위를 하고 있다. 아담에 주셨던 영광스럽고 아름다운 하나님의 형상은 "깨어진 그릇" (a shattered vase)처럼 산산조각 나고 말았다.⁶¹

결국 칼빈이 인간의 본성에 대해서 주장한 바를 요약하면, 우리 인간이 스스로 죄인이 될 것인가의 여부를 결정지을 수 있는 의지의 자유가 작동하지 않는다는 것이다. 우리 인간들이 모든 원하는 것들은 그 것을 계획하고 준비하는 과정 속에서 이미 죄악에 관계된 욕망에서 벗어날 수 없다.

> 인간의 의지는 죄의 굴레에 완전히 묶여 있기 때문에, 선을 향하여 움직일 수 없고, 꾸준하게 선을 추구한다는 것은 더더욱 불가능하다. 왜냐하면 그런 움직임은 바로 하나님께로 향하는 회심의 시초인데, 성경은 그것이 전적으로 하나님의 은혜에 달려있다고 말씀하기 때문이다....자유를 빼앗긴 의지는 필연적으로 악으로 이끌릴 수 밖에 없다는 내 말을 납득하기 어려운 것으로 생각하는 사람이 있다면, 참 의아스러운 일이다.... 사람이 타락에 의하여 부패하였을 때에 강압에 의해서 억지로 죄를 지은 것이 아니라 자신의 의지로 죄를 지은 것이며 외부로부터 어떤 억압에 의해서가 아니라 자기 자신의 욕심에 이끌려 죄를 지은 것이라는 점이다. 그의 본성은 너무나 부패해 있어

---

61　Michael S. Horton, "A Shattered Vase: The Tragedy of Sin in Calvin's Thought," in *A Theological Guide to Calvin's Institutes*, eds., David W. Hall & Peter A. Lillback (Phillipsburg: P&R, 2008), 151-167.

서 오직 그는 악을 향해서만 움직일 수 있을 뿐이다. 그러나 그 것이 사실이라면 이는 사람이 분명 죄를 지을 수 밖에 없는 필연성에 매여 있다는 것이 분명히 드러나는 것이다.[62]

칼빈은 인간의 의지로 하나님의 은혜와 협력하는 것도 아니라는 점을 분명히 밝힌다. 로마가톨릭에서 주장하는 신인협력설에 대해서는 피터 롬바르드가 왜곡했다는 점을 강력하게 논박했다.

> 의지가 그 본성에 있어서는 선을 대적하며, 오직 하나님의 능력으로만 회신한다는 것을 인정하면서도, 일단 그렇게 준비를 갖춘 다음에는 의지가 활동하는 데에서 자기 몫을 한다고 생각하는 사람도 있을 것이다. 어거스틴이 가르쳤듯이, 은혜가 모든 선행에 먼저 작용하는 것이며, 의지는 은혜의 인도자로서 앞서 가는 것이 아니라 그 추종자로서 은혜의 뒤를 따라 가는 것이다. 이 거룩한 분은 전혀 악의가 없이 그렇게 가르쳤는데, 피터 롬바르드가 이른 터무니없이 왜곡시켜서 그런 뜻으로 만들어버린 것이다.[63]

사람은 하나님이 명령하신 것들을 수행할 수 있는 능력이나 의지가 과연 남아있는가?

---

62 Calvin, *Institutes*, II.ii.5.
63 Calvin, *Institutes*, II.ii.7.

그래서 선행을 하고 공로를 세우고자 스스로 노력하면서 특히 수도원이나 은둔처에서 독신, 기도, 명상, 순례, 고행, 헌금 등을 통해서 구원에 이르는 업적을 세울 수 있을까?

인간의 본성은 죄로 얼룩져서 하나님이 창조할 때 주셨던 거룩성을 상실하였기에, 스스로는 구원에 이르는 선한 공로를 세울 수 없다.

타락하기 이전에 인류는 선한 의지를 가졌으나, 타락 이후의 인간은 아무리 선하고 착한 일을 한다하더라도, 죄에 의해서 얼룩져있다. 심지어 이웃을 사랑하는 선한 동기에서 시작했다고 하더라도 결국에는 인간의 의지는 자만심과 교만함, 자기 의로움과 타인에게서 오는 평판 등으로 얼룩져있다. 사람의 죄성은 원래 인간에게 주어진 창조적 능력 속에 담겨 있었던 것은 아니다.

하나님이 원래는 사람과 만물을 선하게 지으셨다. 그러나 죄로 인해서 하나님의 피조물들이 오염되고 부패케 되었다. 사탄은 창조의 능력을 갖지 못했지만, 하나님의 피조물 세계에 들어와서 진리와 정의를 파괴하고 오염과 부패를 유발한다. 그러나 사탄이 하나님의 선하신 피조세계를 완전히 무너뜨릴 수는 없다.

로마가톨릭 신학자들은 본성의 부패성에 대해서 너무나 가볍게 취급했고, 인간은 악한 의지를 가졌기 때문에 무능하다고 보았다. 그럼에도 본성적으로는 의지를 가졌기 때문에 무능하지 않다고 주장했다. 로마가톨릭교회에서는 인간이란 이성과 의지라는 능력을 갖고 있으므로 자신이 할 수 있다면, 변화시킬 수 있다고 생각한 것이다. 루터는 이런 의지는 존재한 적도 없고, 노예적일 뿐이라고 규정하였다. 칼빈은 죄의 결과로 자유의지가 타락 후에는 더 이상 존재하지 않는다고 가르쳤다. 시편 58편 3절과 에베소서 2장 3절은 우리가 "본질상 진노의 자녀"라고 선언한다. 모든 육체는 죄가 있고, 하나님 앞에서 그 길이 부패했다(욥 14:4; 요 3:6; 롬 3:9; 왕상 8:46; 시 143:2; 잠 20:9; 전 7:20; 갈 3:22; 요일 1:8).

칼빈의 신학은 종교개혁의 성숙도를 보여준다. 그는 초대 교부들의 글을 면밀히 살피면서 어거스틴을 비평적으로 수용했고, 중세신학자 피터 롬바르드의 오류에 대해서 비판했다. 루터의 장점을 계승하면서도 오직 성경적인 강조에만 의존했다. 비록 종교개혁이 여러 지역에서 서로 다른 교리적 강조점들을 주장하면서 정착해 나가고 있을 때에도, 칼빈은 르네상스 인문주의 에라스무스와는 형식과 내용에서 현격히 차이점이 많았던 것이다.

결국, 칼빈이 남긴 최고의 신학적 성취는 인간관에 연계되고, 기독론에 접촉되어지는 그의 구원론에서 찾아볼 수 있다. 믿음 자체의 역사를 강조하는 루터와는 달리, 성령의 적용사역을 종합적으로 제시하는 칼빈의 성숙한 신학사상이 큰 영향을 끼쳤다. 루터처럼 믿음을 선물로 받게 되면 자동적으로 예수 그리스도의 의를 의지하게 되고, 성화의 의로움도 자동적으로 주어지는 것이라고 말하는 것이 아니다. 칼빈은 루터보다 깊고, 보다 정밀하게 "그리스도와의 연합"의 교리를 근간으로 하는 이중 은총의 교리, 칭의와 성화를 성도들의 지침으로 세우는 방향으로 나아갔다.[64]

---

[64] B. B. Warfield, *Calvin and Augustine* (Philadelphia: Presbyterian & Reformed, 1954), 332. Ronald S. Wallace, *Calvin's Doctrine of the Christian Life* (Edinburgh: Oliver and Boyd, 1959), 17-27. Mark A. Garcia, *Life in Christ: Union with Christ and Twofold Grace in Calvin's Theology* (Milton Keynes: Paternoster, 2008). J. Todd Billings, *Calvin,*

특히, 칼빈은 예수 그리스도와의 연합을 근거로 하는 칭의와 성화라는 이중 은총을 상세하게 정리하였다. 그리스도 안에 있는 자들에게는 믿음으로 칭의를 얻게 하시며, 동시에 거룩한 삶의 길을 소홀히 할 수 없도록 성령께서 이끌어가신다.[65] 칼빈은 그리스도 안에 있는 자에게 주시는 칭의와 성화를 동시에 강조하면서, 원죄로 인하여 타락한 본성의 영향으로 말미암아 부패한 심정을 가지고 있는 성도들의 모습에 대해서 성경적으로 철저히 분석했기 때문이다. 어거스틴의 주장을 따라서, 하나님의 은혜를 입고 살아가는 생애 동안에 추구하고 분투노력해야만 할 것을 엄중하게 요구하게 되어진 것이다.

이러한 교리적 기초를 근간으로 하여, 새로운 기독교 신앙인의 모습, 칼빈주의자라는 이름을 가진 신앙인의 모습을 역사에 남기는 업적을 쌓았다. 이것은 예수님과 사도들의 터 위에 세워진 기독교의 본질을 회복하였다는 평가를 받고 있다.

---

*Participation, and the Gift: The Activity of Believers in Union with Christ* (Oxford: Oxford University Press, 2007). Michael S. Horton, "Calvin's Theology of Union with Christ and the Double Grace: Modern Reception and Contemporary Possibilities," in *Calvin's Theology and Its Reception*, ed. J. Todd Billings and I. John Hesselink (Louisville: WJK, 2012), 72-94.

65 J. V. Fesko, *Beyond Calvin: Union with Christ and Justification in Early Modern Reformed Theology* (1517-1700) (Bristol: Vandenhoeck & Ruprecht, 2012), 14-33. "Union with Christ has the double-benefit of justification and sanctification. But the hallmark of an early modern doctrine of union with Christ is according theological priority to justification over sanctification, or priority of the forensic over the renovative."(p. 29)

칼빈이 1538-1541년까지 목회했던 스트라스부르그 성 니콜라스교회.

제네바 성 베드로 예배당의 위엄성을 드러낸 측면 모습. 1535년에 기욤 파렐이 외치는 개혁사상을 받아들였고 로마 가톨릭 주교가 떠났다.

제11장 | 칼빈의 신학과 종교개혁자들의 차이점  **311**

제네바 성 베드로 예배당의 정면 모습. 1536년에 파렐의 강권으로 제네바의 설교자가 된 칼빈은 수많은 논쟁과 반대에 부딪히면서도 성경 강해 설교와 교부들의 신앙에 바탕을 둔 일관된 성경해석을 통해서 기독교의 복음을 체계적으로 구축하였다.
1553년에 이르러서야 비로서 칼빈의 경건한 신학사상이 제네바를 완전히 변화시켰다.
칼빈의 교훈들은 낙스와 청교도들에 의해서 개혁교회의 모범으로 존중을 받았고, 이곳에서 훈련받은 지도자들에 의해서 전세계로 퍼져나갔다.
칼빈은 목회자이면서도, 가장 순수한 기독교 신앙을 탁월한 체계와 논지를 갖추어서 제시하므로서 지난 2천년 동안 최고의 신학자로 손꼽히고 있다.
칼빈은 왜곡된 로마 가톨릭 신학 사상들과 이단적인 사색들에 대해서는 철두철미하게 논박을 가하면서도, 전체적으로는 성경에만 의거하는 경건한 신앙의 교리를 체계적으로 제시하였다.
지금도 전세계 신학대학에서 칼빈의 신학사상이 가장 비중있게 가르쳐지고 있다.

# 제12장
## 종교개혁의 유산

　우리가 역사 의식을 가지고, 루터의 종교개혁 오백 주년을 기념하는 것은 종교개혁이 남긴 신앙 유산이 엄청나게 크기 때문이다. 종교개혁은 신학적인 성취를 근간으로 하여, 신앙인들의 삶과 생활을 바꿔놓았다. 세계를 지배하던 로마가톨릭교회의 낡은 관행과 잘못된 관습을 고치고 새롭게 정립해 나가는 과정이었다. 이제 우리는 그들의 신앙 유산을 재발견하여 새로운 감격과 기쁨을 맛보게 되기를 소망한다. 특히, 정치적 억압과 극심한 박해 하에서 엄청난 희생과 인내를 견디면서 흘린 순교자들의 유산을 잊어서는 안된다.

　한국교회는 종교개혁자들의 신앙 유산을 물려받았고, 개혁주의 신앙고백들을 받아서 예배와 기도생활을 수행하여 왔다. 필자는 종교개혁자들과 칼빈이 남긴 엄청난 공헌들의 근저에 포함되어 있는 고난과 인내의 신학적인 유산을 제시하고자 한다. 특히, 루터를 넘어서서 인류 역사상 최초로 "칼빈주의"라는 새로운 형태의 기독교를 만들어내는데 결정적인 공헌을 남긴 칼빈의 교회사적인 성취와 신학사상 속에서, 고난과 인내의 교훈들을 밝혀보고자 한다.

　필자는 세계 신학자들의 세미나에서 종교개혁의 신앙 유산과 초기 한국교회가 받은 놀라운 체험들에 대해서 깊이 생각할 기회가 있었다. 개혁주의 신앙인들이 남겨준 고난과 희생의 삶에 대한 주제를 미국 위스콘신대학교에서 종교개혁사 연구와 칼빈의 제네바에 대해서 탁월한 연구업적을 남긴 로버트 킹던 박사(1927-2010)에게서 필자는 너무나 중요한 강의를 들을 수 있었다.

그는 한국에서 열린 세계 칼빈학회 강연에서 자신의 외할아버지가 북장로교회 선교사로 평양에서 숭실학교를 지켰던 맥큔 선교사(S. G. McCune, 1928.9~1936.3까지 학장 재직)라고 증언했다. 맥큔 선교사는 일제하에서 신사 참배를 거부하다가 자진 폐교하기에 이른다. 킹던 박사는 핍박당하던 초기 한국교회 성도들과 선교사들의 희생을 잃어버리지 않도록 선조들의 신앙유산에 대해서 재인식히는 계기를 마련해 주었다.

종교개혁을 연구하면서 킹던 박사는 제네바에서 칼빈과 칼빈주의자들이 엄청난 고통을 이겨내고 신앙적인 성과를 잘 되살려냈다.[1] 당시 칼빈을 비롯한 종교개혁자들이 가졌던 견고한 저항정신과 신앙의 내면에는 우상숭배에 대한 미움과 하나님을 향한 두려움이라고 진단하였다. 미사의 우상, 성찬의 우상들에 대해서 종교개혁자들은 고난을 당하면서도 확신을 가졌다. 우상숭배를 거부했던 신앙인의 확신이 가득 차 있었다. 두려워할 대상은 눈에 보이는 로마가톨릭의 권세자들이나 거대한 조직과 힘을 가지고 있던 국왕이나 군주들이 아니라, 양심과 마음을 꿰뚫어보시는 전능하신 하나님이시다.

---

1 Robert M. Kingdon, *Geneva and the Coming of the Wars of Religion in France* (1555-1563) (Geneva: Librairie Droz, 2007).

## 1. 신앙유산: 고난과 인내

환난과 인내는 신학적인 주제로서는 인기있는 조항은 결코 아니다. 하지만, 모든 기독교 신자들은 십자가 위에서 죽임을 당하신 그리스도와 연합되어 있고, 날마다 십자가를 지고서 그 자취를 따라가야만 한다. 엉겅퀴와 가시로 뒤덮여있는 세상 속에서 일상생활을 하려면 갖가지 어려움들과 관련되어 살아가고 있기에 피할 수 없는 문제이다. 더구나 종교개혁자들이 살아갔던 역사적 사건들과의 관련성에 있어서도 결코 가벼운 주제라고 할 수 없다.

우리는 지금 루터의 종교개혁 500주년 기념의 해를 맞이하여 오늘날의 시대에 주는 의미를 추구하는 매우 역사적인 시점에 처해 있다. 하지만 종교개혁자들의 삶이 그러했듯이 현대 한국 기독교인들도 결코 쉽지 않은 환경적 요인들 속에서 살아가고 있다.

필자는 종교개혁자들과 칼빈의 삶 속에서 고난을 이겨내고, 인내하면서 믿음의 경주를 달려갔던 신앙의 유산을 되새겨 보고자 한다. 그들이 남긴 위대한 신앙의 성취에 대해서 근원적인 요인들이 바로 이런 고난당하면서도 의미 있게 자신들의 봉사생활을 추슬러 나갔다는 점을 살펴보고자 하는 것이다. 특히, 칼빈의 위대한 공헌으로 인류 역사상 가장 온전한 기독교 신앙이 제시되었다고 하는 평가를 받고 있는데, 그 배면에는 고난과 인내라는 신앙유산이 있었기에 가능했다는 점을 중점적으로 살펴보려 한다.[2]

---

[2] Thomas J. Davis, ed., *John Calvin's American Legacy* (Oxford: Oxford University Press, 2010).

16세기 유럽 종교개혁자들의 신학과 삶에 담긴 특징으로 고난과 인내, 연단과 고통당하는 교회에 대한 이해를 기본적으로 제시하고자 한다. 그 바탕 위에서 지난 130년 역사 속에서 한국교회에 흐르고 있는 동일한 특징이 고난과 인내, 연단과 고통당하는 상한 심령이었음을 다시금 되돌아보고자 한다.

기독교가 전래된 지 130여 년이 지났고, 한국 장로교회 총회가 구성되어진 지 100주년에 즈음하여 뜻깊은 행사들이 있었다. 이런 역사의식을 갖고서, 선진들의 믿음을 되새겨 보게 될 때에 매우 중요한 교훈들을 발견하게 된다. 지난 날 한국교회가 남긴 신앙적 유산을 되새겨보는 것은 후손들의 매우 적절한 자세이자 올바른 태도라고 생각한다.

## 2. 고난당하신 그리스도를 본받아

고난과 인내가 기독교 신앙의 핵심 요소라는 것이 성경적으로 중요한 교훈이다. 그러나 로마가톨릭교회에서는 고난과 인내에 대해서도 왜곡된 신앙을 교육시키고 실행하고 있다.

기독교에서 가르치는 진정한 고난의 의미를 어디에서 어떻게 깨우쳐야 할 것인가?

로마가톨릭교회에서는 매년 9월 15일을 "고통의 성모 마리아 기념일"(Feast of Our Lady of Sorrows)로 제정하고 축일로 지키고 있다. 성모 마리아의 고난절을 소중히 여긴다는 말이다. 어머니가 아들의 고통을 뒷바라지하면서 당했을 몸과 마음의 고통을 모든 성도들이 고통을 당할 때에 본받아야 한다고 가르치고 있다.[3]

필자는 정말로 충격을 금치 못하고 있다.

과연 성경에 전혀 근거가 없는 성모의 고난을 어찌하여 이토록 조작해서 강조한다는 말인가?

이것이 무슨 의미가 있는가?

성모의 고통이 무슨 교훈을 주는가?

세상에 사람의 그 무엇을 기념해야 한다는 말인가?

그녀보다 더 고난을 당한 여인들은 성경에 수없이 많이 나온다. 그런데 어찌하여 로마가톨릭에서는 전혀 성경적 근거가 없는 모호한 가르침으로 무지한 성도들에게 혼란을 주고 있는 것인가!

칼빈은, 루터와 츠빙글리와는 전혀 다르게, 어떤 마리아 찬가나 마리아 찬양, 마리아를 예수 그리스도의 수준으로 높이는 것에 대해서 단호히 우상 숭배하는 것이라고 배격하였다.[4] 루터와 츠빙글리는 성장기에 상당히 오랫 동안 로마가톨릭 신부로서 살았기 때문에, 그들의 수많은 전통과 관습을 무비판적으로 받아들였던 것이다.

---

[3] Charles Journet, *Our Lady of Sorrows*, trans. F. J. Sheed (New York: Sheed and Ward, 1938), 20. Reginald Garrigou-Lagrange, O.P., *The Mother of the Savior and Our Interior Life*, trans. Bernard J. Kelly, C.S.Sp., D.D. (Rockford: Tan Books and Publishers, 1993). Fredrick William Faber, D.D., *The Foot of the Cross or The Sorrows of Mary* (Rockford: Tan Books and Publishers, Inc., 1978). According to Roman catholics, the events of the Annunciation, Presentation, Flight into Egypt, Loss of the Child Jesus, and the Wedding Feast of Cana were the splinters of suffering which prepared "Lady for the Cross" in its entirety. They believe that all of these episodes of suffering that enabled Mary to fully assume Her role as the Mother of Mercy.

[4] *Calvin's commentary on Luke 1:34*; 1:48. Calvin, *Institutes of the Christian Religion*, IV.vi.8-10. IV.iv.2.

필자는 고난에 관련한 성경적 교리가 과연 종교개혁자들에 의해서 어떻게 다루어졌는지를 특별히 칼빈의 해설에서 찾아보려고 한다. 16세기 종교개혁자들은 성경에 담긴 하나님의 교훈만을 표준으로 삼았기 때문에, 예수 그리스도의 고난과 인내를 모든 성도들이 따라가야 할 기준으로 삼았으며, 정치 세력가들의 압제와 로마가톨릭 교권주의자들의 박해 속에서 고난당하며 인내하면서 순교신학을 제시하였음에 주목하고자 한다.

또한 이 주제를 다루고자 하는 이유는 종교개혁이 시작된 지 약 5백여 년이 지난 오늘날 기독교 교회 안에는, 또 다른 종교개혁이 요구되고 있기 때문이다. 특히 복음주의자들이라고 자처하는 교회와 신학자들이 번영신학과 세속주의적인 성공을 부추기고 있으며, 포스트모더니즘이라는 인식체계가 복음의 본질을 왜곡시키는 신학자들의 사례가 빈번하기 때문이다. 종교개혁자들이 남긴 오직 성경으로라는 신앙유산과 개혁자들의 투철한 희생정신으로 순교를 각오하지 않으면, 성경신학도 조직신학도 바르게 세울 수 없게 되면서, 교회가 온전한 가르침 없이 혼란을 겪게 되기 때문이다.[5]

필자는 현대교회의 혼란에 대한 해답의 일환으로, 초기 한국교회 성도들의 신앙유산을 다시금 되새겨 보면서, 어떻게 정치적으로 강압적이던 일본 제국주의자들과의 충돌을 어떻게 이겨냈는지를 기억해보고자 한다. 한국교회의 회개운동과 새벽기도가 제시하는 영적인 해답을 다시 한번 되돌아보고자 한다. 고난을 이겨내신 예수 그리스

---

5 Richard C. Gamble, "The Relationship between Biblical Theology and Systematic Theology," in *Always Reforming*, ed. A.T.B. McGowan (Leicester: IVP, 2006), 211-239.

도로부터 부여되는 신앙의 능력을 회복하고 기독교인의 영향력을 깊이 체득하여서, 오늘날에도 현대교회가 전 세계사회에서 다시금 찬란한 영광을 발휘하게 되기를 소망한다.

### 1) 파문을 당한 루터

16세기 유럽의 종교개혁 전체 진행과정은 각 지역이나 국가마다 혼란과 혼돈 속에서 교리가 다른 여러 그룹들 사이에서 새로 등장한 개신교교회를 놓고서 엄청난 대립과 갈등의 연속이었다. 종교개혁자들이 공통으로 받아들인 핵심 교리는 모두 다 성경을 최종 권위로 인정하는 재발견과 확신에서 나왔다. 특히 어거스틴이 강조한 하나님의 은혜로만 주어지는 믿음을 통해서 칭의가 주어진다는 점을 확신하게 되었으니, 죄의 노예 상태에 있는 인간의 부패에 대해서 비관적이었고, 오직 은혜의 시발점은 하나님에게만 소망이 있을 뿐이라고 강조하였다.[6]

루터는 교회 갱신의 진행과정이 어떻게 전개될 것인가에 대해서 완벽한 청사진을 가지고 있었던 것이 아니었다. 한치 앞을 알 수 없는 혼란 속에서 95개 조항을 발표한 이후로 루터는 지속적으로 로마 가톨릭의 교황과 공격을 당했다. 루터는 테첼의 과도한 면죄부 판매에 대해서 철저히 회의적이었고, 오직 믿음으로만 구원을 얻는다는 성경적인 확신만큼은 분명하였다(롬 1:17). 1518년 하이델베르크 논

---

[6] Diarmaid MacCulloch, *The Reformation: A History* (N. Y.: Penguin, 2003), 103-110, 145-6.

쟁에서 자신의 이신칭의 교리와 구원론을 거듭 성경에 근거하여 옹호하면서, "영광의 신학"이 아니라 "십자가의 신학"을 제창하였다.[7] 하나님께서는 인간들이 보기에는 가장 어리석은 방식으로 자신을 계시하셨는데, "십자가의 신학"을 통해서 나타났다. 그래서 루터가 가장 자주 인용하고 즐겨 생각하던 것이 바로 시편 2편 4절인 "하늘에 계신 이가 웃으심이여, 주께서 세상의 군왕들을 비웃으시리라"는 말씀이었다.[8]

루터는 고난과 고통의 시간들 속에서 가장 탁월한 논문들과 복음의 진수를 밝히는 기념비적인 저술을 발표하였다. 루터는 엄청난 압박 속에서 로마가톨릭교회 권세자들과 날카롭게 충돌하면서, 맹렬하게 자신의 주장들을 『독일귀족에게 드리는 편지』, 『교회의 바벨론 유수』, 『기독교인의 자유』 등 명문을 발표하였다. 두려움과 고통의 세월 속에서도 450편의 논문, 3,000개의 설교, 2,580개의 편지 등, 모두 100여권에 달하는 저술을 남겼다.[9]

개인적으로 루터는 둘째 아이 엘리자베트가 낳은 지 몇 달 만에 죽었고, 셋째 막달리나는 1542년 13살의 나이에 병으로 사망했다. 이

---

[7] Jaroslav Pelikan and Helmut Lehmann, eds., *Luther's Works* (St. Louis: Concordia Publishing House, Philadelphia: Fortress Press, 1955–86), 55 vols., 31:39–40. "22. A theologian of glory calls evil good and good evil. A theologian of the cross calls the things what it actually is." "24. Yet that wisdom is not of itself evil, nor is the law to be evaded; but without the theology of the cross man misuses the best in the worst manner."

[8] Carl R. Trueman, *Luther on the Christian Life: Cross and Freedom* (Wheaton: Crossway, 2015), 38, 60–65. "Thus, he knew that life is tragic. It is full of sound and fury. It is marked by pain and frustration" (p. 199쪽).

[9] Lewis W. Spitz, *The Protestant Reformation*, 1517–1559 (New York: Harper & Row, 1984), 89, 94.

일로 너무나도 상심한 루터도 쇠약해지고 말았다. 1536년부터는 건강이 나빠졌고, 한쪽 귀에 염증이 발생해서 큰 고통을 당했다. 1521년 1월 3일, 교황 레오 10세는 루터의 신부직을 파면한다는 교서를 발표하고(*Exsurge Domine*), 이단으로 정죄하였다. 당대 최고 권력으로부터 정죄당한 자라는 낙인을 갖고 살았던 루터의 생애는 고난의 여정이었다.

### 2) 츠빙글리의 순교

16세기 유럽은 사회적 정치적 경제적 불안 속에 처해 있어서 종교개혁자들은 그 누구도 극심한 살해의 위협에서 안전할 수 없었다.[10] 초기 스위스 종교개혁자들이 처했던 상황은 극한적인 대립의 연속이었다. 1522년 겨울, 쮜리히에서 일단의 성도들이 모여서 로마가톨릭에서 제정한 금식 주간의 음식 규칙을 어기고 집주인이 제공하는 쏘시지를 먹었다. 그 모임에 있으면서도 유일하게 소지지를 먹지 않았던 츠빙글리는 바로 그 다음 달, "음식의 선택과 자유"라는 제목으로 설교하였다.

성경이 명시적으로 금식 기간을 명령한 것이 아니라면, 또한 특정한 음식을 피하도록 요청하는 것이 아니라면, 그리스도인들은 무엇을 먹든지 자유하다"고 담대히 츠빙글리는 선포하였다. 기독교인들은 정당한 의무를 준수할 것이지만, 우상숭배처럼 만들어진 엉터리 교리는

---

10  D. G. Hart, *Calvinism: A History* (New Haven: Yale University Press, 2013), 2.

거부한다는 것이 바로 스위스 종교개혁의 핵심 주제가 되었다.

마침내 1523년 11월, 쮜리히 시의회는 하나님께서 선포하신 것들에 관한 것이 아니라면 그 어떤 기독교인이라 하더라도 지켜야할 의무는 없다고 결의하였다. 따라서 사람은 언제든지 모든 음식을 먹을 수 있고, 그로 인해서 금식 규정의 일환으로 치즈와 버터에 관한 취득금지 결정은 로마가톨릭교회의 속임수일 뿐이다고 결의하였다.

스트라스부르그의 마틴 부써와 볼프캉 까피토는 쮜리히의 결정에 동참하여 1530년에 동일한 조항을 채택하였다. 참된 교회라고 한다면, 하나님께서 직접 계시하시지 않은 규칙들을 만들어내서는 안된다는 인식에 공감하였다. 결국 츠빙글리는 약 10여 년의 투쟁을 전개하다가, 스위스 내륙의 가톨릭 주들에게 경제 봉쇄로 압박을 가했다. 1531년 로마가톨릭 진영과의 전쟁에서 일반 병사의 복장으로 싸우다가 카펠 시토 수도원 근처의 산비탈에서 패배하게 되었고, 츠빙글리는 갑옷을 입은 채 참살되었다.

바젤의 종교개혁자 외코람파디우스도 역시 몇 주 후에 츠빙글리의 패전 소식을 듣고 사망하였고, 미코니우스가 계승하였다. 쮜리히에서는 불링거가 뒤를 이어서 종교개혁의 바톤을 이어받았다.

### 3) 대학살에 쓰러진 무명의 성도들

종교개혁이 전개되는 과정에서 군주들은 정치적 자율성에의 요구와 연계되었음을 감지하고 강압적으로 박해를 가했다. 1550년대와 1560년대에 개혁파 개신교는 눈부시게 확장되었고, 상대적으로 로마가톨릭은 침체되어갔고, 점차 종교개혁의 정당성이 확립되어졌다. 그러나 스페인과 포르투칼, 이탈리아 종교재판소에서 얼마나 많은 성도들이 고문, 죽임 등의 희생을 당하였고, 감옥에 던져지고, 고향과 재산을 다 잃고 피난길에 올라야만 했던가는 정확하게 파악할 길이 없다.

우리가 개혁신앙의 후예들이라면, 결코 잊어버리지 않고 기억해야할 종교개혁의 무명 용사들이 엄청나게 많다. 지면 관계상 자세히 쓸 수는 없지만, 1572년 8월 24일 주일, 성 바돌로매의 날에 프랑스 왕 찰스 9세와 캐써린 왕비가 승인한 왕실 군대가 가프파르 드 꼴리니 장군을 살해하고, 가장 야만적인 살인을 저질렀다.[11]

3일 동안에만 저명한 개신교 귀족들과 위그노들이 5천 명이나 되었다. 프랑스에서 가장 성공한 왕 헨리 3세와 4세도 가톨릭 열광주의자들에 의해서 살해되었다.[12] 프랑스개신교회에서는 살아남을 방법은 전쟁이었고, 1570년부터 20여 년 동안 전투가 계속되었다.

잉글랜드에서는 1536년과 1549년에 개신교 지도자들에게 잔인한 보복이 가해졌다. 1535년에는 독일 뮌스터에서 재세례파가 멸절을 당했다. 노르웨이, 스웨덴, 네델란드, 폴란드, 헝가리와 체코슬로바키아 보헤미안 개신교들이 가장 무서운 박해를 받았다. 이런 치열한 대립과 혼란들 속에서 종교개혁자들은 하나님이 종말을 준비하는

---

11 B. B. *Diefendorf, Beneath the Cross: Catholics and Huguenots in 16th Century Paris* (Oxford University Press, 1991).

12 Mack P. Holt, *The French Wars of Religion, 1562-1629* (Cambridge University Press, 2005), 76-98.

성도들에게 고난을 보내신 것이라고 격려하였다. 특히 칼빈은 하나님의 계획과 예정, 한 치의 실패도 없는 치밀한 섭리에 대해 강조 하므로서 많은 사람을 설득하였고 걱정과 염려에 잠긴 자들에게 좋은 해답을 주었다.[13]

## 3. 고난과 인내 속에서 빚어진 칼빈

제네바에서 종교개혁의 첫 출발과 진행 과정은 독일어를 사용하는 루터의 작센 지방이나 츠빙글리의 쮜리히와는 완전히 다른 상태였음을 주목해야 한다. 제네바 시가 주변의 지역과 함께 독립을 쟁취하자마다, 먼저 파렐이 시의회를 설득하여 주교가 통치하던 정치구조를 완전히 종교개혁 진영으로 돌아서게 하였다. 그 후에 칼빈이 들어와서 도시 전체를 체계적으로 변화시켜서 개혁주의 신앙을 근간으로 하는 교회 중심의 도시로 전환시키는데 환난과 고난과 인내가 필요하였다.

현재의 일상생활 속에서 여러 가지 환난들을 당하면서 고생하는 성도들이 과연 행복하다고 말할 수 있을 것인가?

환난 중에서도 성도는 인내하면서 즐거워해야할 이유가 있는가?

행복을 위한 것이 아니라면, 어째서 고난이 주어지는 것인가?

---

13 Calvin, *Institutes of the Christian Religion*, tr. F. L. Battles (Philadelphia: Westminster Press, 1959), I.xvii.1-14. Paul Helm, *The Providence of God* (Leicester: IVP, 1994), 52, 178.

### 1) 성령께서 엄청난 하나님의 사랑으로 가득 채우신다

종교개혁의 소용돌이 속에서 스트라스부르그에 피신하여 살고 있었던 칼빈은 환난과 인내를 누구보다도 깊이 인식할 수 있었다.

> 우리가 환난 중에도 즐거워하나니 이는 환난은 인내를, 인내는 연단을, 연단은 소망을 이루는 줄 앎이로다(롬 5:3-4).

칼빈은 1539년에 펴낸 로마서 5:3-4 주석에서, 성도들이 기본적으로 가져야할 환란과 인내에 대해서 분명한 인식을 다음과 같이 제시한다.

"환난은 경건한 자들의 행복을 방해할 수 없을 뿐만 아니라 도리어 그들이 기뻐하고 즐거워하는 것을 한층 더 촉진시킨다."

특히, 성도들은 괴로움을 인식하지 못하는 것도 아니요, 고통을 피하려하는 것이 아니며, 인내의 과정이 필요 없다고 하려는 것이 아니다. 그리스도인들은 지극히 온유하시고 인자하신 하나님께서 그들의 유익을 위해서 환난들을 주시는 것임을 알기 때문에 "슬픔과 괴로움 속에서도 큰 위로를 얻는다"고 말해야만 한다.

> 그러므로 여기에서 우리는 하나님이 성도들에게 환난을 주시는 목적이 무엇인지에 대해서 가르침을 얻는다. 우리가 하나님의 자녀임을 나타내고자 한다면, 우리는 환난들을 통해서 인내를 익히는 것이 마땅하다는 것이다. 그런데 실제로 환난들이

그러한 소기의 목적을 이루지 못한다면, 그것은 우리의 타락으로 인해서 하나님의 역사가 아무런 효과를 내지 못하고 수포로 돌아가고 만 것이다. 왜냐하면, 인내로써 환난들을 감당함으로써 자신의 소망에 자양분을 더해 주시고 확증해 주시는 하나님의 도우심을 느끼는 사람 외에는 믿는 자들이 기뻐하고 즐거워하는 것을 환난이 방해하지 못한다는 것을 증명할 수 있는 사람은 아무도 없기 때문이다. 따라서 인내를 배우지 못한 자들이 구원을 이루기는 어렵다.[14]

이어서 칼빈은 고린도후서 4: 8-9을 상기시킨다.

우리가 사방으로 우겨쌈을 당하여도 싸이지 아니하며 답답한 일을 당하여도 낙심하지 아니하며 박해를 당하여도 버린 바 되지 아니하며 거꾸러트림을 당하여 망하지 않는다(고후 4:8-9).

어떻게 이런 일이 가능하다는 것인가?

칼빈은 성령님께서 우리를 향하신 하나님의 사랑(*benevolentia*)를 끊임없이 느끼게 하도록 아무리 어려운 상황에서도 풍성하고 가득차 넘치도록 우리의 심령을 가득히 채운다고 강조하였다. 칼빈은 여기서 문법적으로 형성된 교훈의 의미를 강조하면서, 어거스틴의 해석에 대해서 조심스러운 교정을 추가하였다. 성령으로 중생한 자들이

---

14 *Calvin's Commentary on Romans 5:3*.

라서 우리가 강한 능력으로 하나님의 사랑을 붙잡는 것처럼 해석해서는 안된다는 것이다. 오직 성령님께서 성도들을 지켜주시며, 위로하여 주시고, 내적인 힘을 공급하시기 때문이다.

> 하나님의 성령이 우리의 완악한 마음을 대신하고 있을 때에는, 완악한 자들에게는 오직 분노와 아우성만을 낳았던 환난이 그들에게는 인내를 낳는 통로가 된다.[15]

칼빈은 성령이 우리에게 부어진바 됨으로써 하나님의 사랑을 받고 있음에 대해서 확신하게 되었다고 강조한다. 우리를 향하신 하나님의 사랑에 대한 이러한 지식은 하나님의 성령으로 말미암아 우리에게 부어진다. 왜냐하면, 하나님께서 자신의 종들을 위해 준비해 두신 복된 일들은 사람의 눈과 귀와 생각으로부터 감춰져 있고, 그 일들을 계시해 주실 수 있는 분은 오직 성령뿐이기 때문이다.[16]

### 2) 개신교회 성도들이 당한 환란과 핍박들

로마가톨릭이 시행하던 미사와 성례를 거부하는 자들에게 엄청난 고난이 주어졌다. 칼빈과 칼빈주의 개혁 신앙을 가진 성도들에게는

---

[15] Ibid. 김재성, 『성령의 신학자, 존 칼빈』 (서울: CLC, 2014); Gwyn Walters, *The Sovereign Spirit: The Doctrine of the Holy Spirit in the Writings of John Calvin* (Edinburgh: Rutherford House, 2009), 134-145.

[16] *Calvin's Commentary on Romans 5:5.*

잔인한 고난과 압박이 가해졌다. 그런 가운데서도 프랑스개신교회들은 험난한 고초를 이겨내고자 했었다. 로마가톨릭의 오류와 문제점을 그저 말로만 비판하거나 불평하는 수준이 아니고, 행동으로 미사 참석 거부를 결행했다. 교황의 권고를 거역하는 자들에게는 기독교 공동체를 해치는 자라는 박해가 주어졌고, 급기야 무수히 살해를 당하고 말았다.

칼빈은 매우 신랄하게 로마가톨릭교회 내에서 시행되던 성찬물에 대해서, 눈에 보이는 성물들 속에 그리스도가 거기에 있으므로 숭배해야 한다는 논리에 대해 우상숭배라고 규정하였다. 로마가톨릭교회에서는 자기들의 권위를 내세우고자 지기들 마음대로 욕심을 채우려는 갖가지 규정을 만들었다고 비판하였다. 소위 성체라는 이름하에 빵을 들고 다니면서 온 마을이 행렬을 지어서 거룩한 몸에 경배를 표하도록 하는 전통을 만들었으며, 미사를 거룩한 예식이라 하였고, 축일, 성상과 성물 숭배, 금식일 규정 등을 제정하였다. 그러나 칼빈은 이런 갖가지 왜곡된 내용을 우상숭배라고 비판하였다.[17]

참된 교회의 회복을 위해서 전통이나, 다른 지역의 관행과도 투쟁해야만 했던 칼빈이었기에 고통을 피할 수 없었음을 지적하고자 한다. 스위스 제네바의 경우, 앞을 향해서 종교개혁을 더욱 더 심화시키면서 로마가톨릭의 권위를 거부할 것인지, 아니면 다시 되돌아갈 것인지를 놓고서 1535년부터 1555년까지 무려 20년 이상 내부적으

---

17 Calvin, *Institutes of the Christian Religion*, tr. F. L. Battles (Philadelphia: Westminster Press, 1959), IV.xvii.35-37.

로 심각한 갈등이 있었다.[18] 토마스 뮌쩌 등 무정부주의자들의 급진적인 농업 혁명과 재세례파가 뮌스터에서 일으킨 광란의 왕국 건설 등 과격한 모습도 많았다.

말라기 2장 4절에 대한 주석에서, 칼빈은 참된 교회에 대한 종교개혁자들의 주장에 대해서 로마가톨릭의 조직체의 강력한 도전을 하고 있음을 상기시키면서, 참된 교회론에 대해서 명쾌한 선언을 제시하였다.

> 우리가 교황의 신부들에게 저항할 때에, 우리는 하나님의 언약에 저촉되는 행동을 하는 것이 아니다. 우리가 항상 머물러 있어야하고, 오랫동안 지켜져야만 하는 교회의 질서로부터 떠나는 것이 아니기 때문이다.
>
> 우리는 말씀을 선포하고 목회적 진분을 왜곡시킨 사람의 사악함에 대해서 정죄하려는 것이 아니다. 우리는 그 사람들을 추궁해서, 참된 질서를 회복하려고 하는 것이다. 따라서 우리는 담대하게 교황권 전체를 파괴하려고 한다. 우리는 참된 교리를 약화시키지 않는다는 확신으로 충만하다.... 참으로, 교회의 질서, 진리의 선포, 그리고 목회자들의 진정한 존엄성은 교회가 신성모독으로 더럽힌 것들을 깨끗하게 만들지 않는 한 한 결코 세워질 수 없다.[19]

---

18　Bruce Gordon, *Calvin* (New Haven: Yale University Press, 2009), 26.

19　Calvin, *Opera*, 44:433; "When we resist the papal priests, we do not violate God's covenant, that is, it is not departure from the order of the church, which ought ever be

## 3) 고난당하는 자들을 위한 간청

칼빈의 『기독교강요』에서 매우 인상 깊은 구절을 지적하고자 한다. 그는 이 책의 내용을 다섯 번이나 추가하면서, 고난과 인내 속에서 신학적인 사색과 성경해석의 새로운 기원을 성취하였다. 그는 인문주의 법률학자에서 회심한 이후, 신학적인 성숙과 학문이 깊어지면서 더욱 더 정교하게 정리된 『기독교강요』를 발표하였다.

1536년부터 1559년까지 다섯 번 증보되었는데, 서문은 1539년에 약간 수정한 채로 최종판에까지 남아 있음에 주목하게 된다. 헌사를 받은 프랑스 국왕 프랑소와 1세(1515-1547)가 사망한 지 12년 후에 발간된 최종판에서도 이 왕께 바치는 청원서는 그냥 그대로 책의 서문으로 남아있었다는 사실이 매우 주목되는 부분이다.

초판의 머리에 등장하는 헌정사는 1534년 8월에 쓴 것인데, 여기에 나오는 연단과 고통이 참된 교회의 특징이라는 주장이 담긴 서문은 결코 마지막 판까지 전혀 수정하지 않았다. 칼빈은 여기서 박해받은 개신교들을 위한 탄원과 변호에서, 특히 로마가톨릭을 떠나서 종교개혁에 가담한 자들을 가혹하게 핍박할 것이 아니라, 국왕께서 직

---

remain sacred and inviolable. We do not then, on account of men's vices, subvert the pastoral office and the preaching of the word; but we assail the men themselves, so that true order may be restored. We therefore boldly attempt to subvert the whole of the papacy, with the full confidence that we minimize nothing of true doctrine... Indeed, the order of the church, the preaching of the truth, and the very dignity of pastors, cannot stand unless the church is purged of its defilement and its filth removed."Pete Wilcox, "Calvin as Commentator on the Prophets," in *Calvin and the Bible*, ed. Donald McKim (Cambridge: Cambridge University Press, 2006), 126.

접 진정한 성도들과 재세례파 급진주의자들을 비교하여 보라고 청원하였다. 1535년 여름 무렵에 뮌스터의 재세례파 수천 명이 살해당하고 종결되었던 비극이 유럽을 긴장시키고 있었는데, 이런 공포와 두려움이 팽배하던 그 당시 시대적 분위기가 그대로 이 서문에 담겨있는 것이다.

칼빈은 하나님을 알고 하나님께 영광을 돌리는 것이 기독교의 본질이라고 지적하고, 그런 삶에는 연단과 고난을 당하는 것이 참된 교회의 모습이라고 주장하였다.[20] 칼빈주의자들에 대한 고난과 박해는 프랑스, 이탈리아, 스페인과 저지대 국가들에서 두드러졌고, 신성로마제국이라고 자부하던 유럽의 각처에서 정치적이며 군사적인 분야에서도 점차 확산되었다.

종교개혁자들의 중요한 신앙적 유산이자 특징적인 신앙생활의 모델은 고난당하는 교회의 모습이었고, 이는 초대교회로부터 계승되어졌으니 특히 순교자의 피는 교회를 위한 씨앗이라는 터툴리안의 교훈이 회자되었다. 칼빈이 국왕에게 보내는 호소문 속에 마지막 부분은 매우 강렬하다.

> 가련한 교회는 잔인한 살육에 의해 피폐되거나, 혹은 추방을 당해 유배 중에 있거나, 혹은 협박과 공갈에 압도당하여 감히 입도 열지 못하고 있는 형편입니다. 그럼에도 불구하고 불경건한 자들은 광분해서 이미 기울어가고 있는 벽을 강타하고 그들

---

20 Calvin, *Institutes of the Christian Religion*(1536), tr. and annotated by Ford Lewis Battles (London: Collins, 1986), "Prefatory Address to Francis I, King of France," 1-2.

이 악착같이 추구하고 있는 박멸운동을 계속하고 있습니다....
우리 자신에게로 모든 영광을 돌릴 기회를 제거하고, 하나님만
이 홀로 영광스럽게 부각되며 우리는 그분 안에서 기뻐하고 있
는 것보다 믿음에 더 부합되는 일이 어디 있겠습니까?[21]

위에 인용한 청원서에서는 호소와 변호에 최선을 다하고자 노력 했다고 할 수 있다면, 실제 그가 살면서 영향을 발휘하던 제네바에서 는 훗날까지 지속된 칼빈의 관심 사항 중에 하나는 인간의 모든 행동 과 삶에서 모든 초점을 하나님께 영광을 돌려야만 한다는 성경의 가 르침을 확고히 제네바에서 정착시키고자 하는 것이었다.

그래서, 칼빈은 다시 돌아온 후에 시의회에 "교회 법령집"을 청원 하여 당회를 확고하게 시정부로부터 독립적인 기관으로 세웠다.[22] 칼 빈은 당회장으로서 도시 전체가 하나님을 섬기는 일을 위해서 세례 를 받고, 성례를 집행하며, 건전한 윤리 생활과 교육을 받는 일을 집 행하는 중요한 기관을 지도하였다.

1541년 『제네바 교리문답서』에서 하나님을 영화롭게 하는 일을 매 우 강조하였다. 칼빈은 유일하신 참 하나님과 그의 보내신 예수 그리 스도를 아는 것이 영생이라(요 17:3)는 표어를 강조하였고, 하나님께 영광을 돌리고자 하는 신앙심에서 거룩한 두려움과 존중하는 삶을

---

21  Ibid. 9.

22  Erik A. de Boer, "The Congregation: An In-Service Theological Training Center for Preachers to the People of Geneva," in *Calvin and the Company of Pastors*, ed. By D. Foxgrover (Grand Rapids: CRC Publication, 2004), 71.

추구하였다. 이 하나님을 아는 참된 지식은 오직 계시의 말씀만이 제시하는 것이요, 참된 지식의 목표는 하나님의 영광을 구현하는 것에 있다. 1541년 『제네바 교리문답서』는 다음과 같이 명쾌하고 단호하게 제시한다.

> 1항 무엇이 사람의 제일되는 목표인가?
> 하나님을 아는 것입니다.
> 2항 왜 이런 사실을 고백하는 것입니까?
> 하나님께서 우리를 창조하셨으며, 우리 안에서 영광을 받으시고자 우리를 세상에 보내셨기 때문입니다. 따라서 그분이 우리의 창조주이시므로 그분의 영광을 위하여 우리의 모든 삶을 바쳐야만 하는 것은 전적으로 합당한 것입니다.
> 6항 하나님을 아는 참된 지식은 무엇입니까?
> 하나님께 합당한 영광을 돌려질 수 있도록 하기 위해서, 그분을 아는 것입니다.
> 어떻게 하는 것이 하나님을 영화롭게 하는 일을 합당하게 하는 것입니까?
> 하나님께 합당한 영광을 돌리는 것은 그분 만을 의지하는 믿음을 가지는 것이며, 그분의 뜻에 따라서 그분을 섬기는 것입니다.[23]

---

23 Calvin's Catechism (1541). Richard C. Gamble, "Calvin as Theologian and Exegete: Is There Anything New?" *Calvin Theological Journal* 23 (1988):178-194.

칼빈은 어렵고 힘들지라도 성경의 가르침을 따라서, 하나님을 하나님으로서 공경하는 일을 실천하도록 가르치면서, 모든 제네바 시민들이 일상생활에서 습관화가 되게 하도록 지속적으로 노력하였다.

## 4. 칼빈의 인내와 찬란한 열매

종교개혁운동이 정당한 것의 회복이라서 개신교가 교회를 새롭게 세워나가는 것들에 대해서 성경적인 확신과 합법성을 가졌다하더라도, 칼빈의 개인적인 삶을 살펴보면 시대적 고난과 개인적인 고통의 연속이었다.[24]

1531년 5월 26일, 칼빈의 아버지(Girard Cauvin)가 사망했는데, 고향 노용의 로마가톨릭교회로부터 출교처분을 받았고, 종부성사를 치루지 못하였다. 칼빈은 이런 처절한 상황에 대해서 자세히 기록해 놓지는 않았다. 그 후로 본인은 피난민의 신세가 되고 말았다. 프랑스에 들어가게 되면, 칼빈은 즉각 체포될 처지에 놓여있었다. 어린 아들 쟈크의 죽음, 1549년 봄 오랫동안 병고로 고생하던 아내의 죽음, 끊임없이 자신의 신체적 질병 등으로 칼빈은 괴로움을 당하였다. 하나님의 섭리 가운데서 전개되는 고난을 이겨내고 인내하면서, 전 세계 기독교 교회를 통해서 수 천 명의 자녀를 가졌다고 칼빈은 위로를 삼았다.[25]

---

[24] Bruce Gordon, *Calvin* (New Haven: Yale University Press, 2009), 46, 193; "suffering is God's will."

[25] Calvin, *Opera*, 7:576. Herman Selderhuis, "Calvin, 1509-2009," in *Calvin & His*

환난을 이겨내고 인내를 이루고자 진력했던 칼빈은 제네바의 설교자에서 스위스 지역의 지도자로 각인되었고, 마침내 전 세계적으로 칼빈주의 신학과 신앙을 체계화시켰다.[26] 칼빈주의자들에 대한 고난과 박해는 프랑스, 이탈리아, 스페인과 저지대 국가들에서 두드러졌고, 신성로마제국이라고 자부하던 유럽의 각처에서 정치적이며 군사적인 분야에서도 점차 확산되었다.[27]

종교개혁자들의 중요한 신앙적 유산이자 특징적인 신앙 생활의 모델은 고난당하는 교회의 모습이었고, 이는 초대교회로부터 계승되어졌으니 특히 순교자의 피는 교회를 위한 씨앗이라는 터툴리안의 교훈이 회자되었다.

20세기에 저명한 개신교 역사학자 에밀 레오나르드(Emile G. Léonard, 1891-1961)는 "새로운 문명의 창안자"(founder of new civilization)로서 "새로운 신앙인의 모습, 칼빈주의자"(a new type of man, the Calvinist)라는 명칭이 칼빈에 의해서 새롭게 창조되었다고 평가하였다.[28] 그런 평가를 내릴 수 있는 근거는 다음과 같다고 제시되었다. 즉, 역사상 최초의 모습을 드러낸 새로운 기독교 신앙인 칼빈주의자는 이렇다.

---

*Influence, 1509-2009*, eds., Irena Backus & Philip Benedict (Oxford: Oxford University Press, 2011), 150.

26 Michael W. Bruening, *Calvinism's First Battleground: Conflict and Reform in the Pays de Vaud, 1528-1559* (Dordrecht: Springer, 2005), 4.

27 Philip Benedict, *Christ's Churches Purely Reformed: A Social History of Calvinism* (New Haven: Yale University Press, 2002), 281.

28 Emile G. Léonard, *A History of Protestantism* (London: Thomas Nelson, 1965), v. 1. The Reformation, 292-355.

첫째, 윤리적으로 엄정하고,

둘째, 고난과 박해와 시련에도 새로운 교회를 중심으로 믿음을 견고히 지켜내며,

셋째, 직업의 소명의식을 가진 성도를 말한다.

지금까지 그 어느 곳에서도 볼 수 없었던 새로운 기독교 신앙인의 유형, 칼빈주의가 역사에 제네바를 중심으로 퍼져나가게 되었다.

개혁주의교회들은 고난 속에서 인내하고 하나님의 섭리 가운데서 위로를 삼으면서 교회를 지켜냈다. 그것이 바로 새로운 기독교인이 모습이었고, 역사 선상에 등장하는 새로운 교회가 굳건하게 세워진 것이다. 고난을 이겨내는 경건한 삶은 칼빈과 초기 종교개혁자들, 후기 개혁주의 신학자들, 청교도들이 물려준 신학적인 유산들을 계승하는 길이다. 진정한 개혁 신학의 내용들은 성경에 담긴 가르침이고, 이것은 예수 그리스도로부터 주어지는 위로의 메시지이다. 교리의 핵심이 되는 그리스도의 복음은 고난의 삶을 살아가는 성도들에게 위로이자 격려를 주는 희망의 메시지이다.

칼빈에 대해서나 개혁주의 교회와 목회자들에 대해서나 너무나 왜곡된 이미지들과 비난들이 가해졌다. 반대파가 제기한 칼빈에 대한 모함과 비난은 영원히 지워지지 않는 선입견을 만들어 버렸다. 칼빈의 삶이 처해있던 역사적 정황들과 목회 및 가정의 상황들은 전혀 고려되지 않은 채, 반대자들에 의해서 만들어진 왜곡된 정보들만이 널리 퍼져있다.

칼빈은 개인적으로나 성경 해석에 있어서나, 고난 받는 성도들에 대한 하나님의 위로를 잘 증거하고 설명하였다. 칼빈은 "위로의 신학

자"로 불리우고 있는데, 그러한 용어를 사용하려면 먼저 "환난과 인내의 신학자"가 되어야만 가능한 일이다.[29]

미국 캘리포니아 웨스트민스터신학교 스코트 클락 교수는 요한 칼빈은 위로의 신학자로서 하나님으로부터 나오는 위로를 강조하였다. 즉, 고난당하는 자기 백성들에게 주시는 가장 중요한 은혜, 곧 예수 그리스도라는 점에 대해서 가장 잘 설명하였다고 평가하였다.

특히, 위로라고 하는 것이 다음 잘 견디고 난 후에 2차적으로 받는다거나 다음 세상에서 받게 되는 것이라고 생각하는데, 칼빈의 경우에는 그 위로의 핵심이, 곧 예수 그리스도이다. 복음의 축복을 항상 받아들이고 깊이 인식하게 되는 것이 고난당하는 성도들에게 주시는 하나님의 위로이다.

고난과 박해 속에서도 인내의 경주를 살아가도록 성도들을 격려하는 메시지는 칼빈의 저술 곳곳에서 발견된다. 『기독교강요』 제3권 8장은 성도의 삶에 대해서 가장 정교하고 아름답게 풀이한 부분이다. 여기서 칼빈은 그 어떤 기독교 신학자보다도 더 깊은 해석을 제시하였고 있는데, 그 자신의 환경과 삶이 반영된 것으로 보인다.[30] 기

---

29  R. Scott Clark, "Calvin as Theologian of Consolation, 1–5," 1; "... For Calvin, the consolation that Christ gives to his people, by the gospel, through the Spirit, is not second prize but to be valued above that which we lost. ... To be sure Calvin could be severe with enemies and even friends. As a school boy some referred to him as "The Accusative Case," but he was also a theologian of consolation."
http://wscal.edu/blog/entry/3364 cf. William G. Naphy, "New Sources and New Ideas on the Life and Career of Calvin, 1541–1557," in D. Wright, A. Lane & J. Balserak, eds., *Calvinus Evangelii Propugnator: Calvin, Champion of the Gospel*, Calvin Studies Society, (Grand Rapids: CRC Publication, 2006): 40–53.

30  R. C. Gamble, "Calvin on Discipline and Freedom of Conscience: Observed within the Sixteenth Century Context," in *Ordenlich und fruchtbar*, ed. Herman Selderhuis.

독교인의 생활에 관한 교리, 즉 성화론의 절정에 해당하는 부분인데, 바로 앞에 장에서 "자기를 부인하는 삶"에 대해서 언급하였고, 한걸음 더 나아가 가장 힘들고 어렵지만 성도들이 생활 속에서 고난을 감당해야만 하는 이유와 교훈들을 밝혀주고 있다.

1항에서 6항까지는 십자가에 대한 일반적인 기초적 진리를 풀이하였다.

1항에서는 예수님의 십자가와 성도의 고난이 연계되었음을 밝히고, 성도가 고난과 십자가를 지는 삶을 살아야만 하는 근거는 우리의 구세주 예수 그리스도께서 영속적으로 십자가를 지고 가셨기 때문이다. 그의 사랑을 입은 성도들의 삶에서도 역시 십자가를 지는 삶으로 부르셨다.

2항에서는 성도들은 자신을 낮추게 하는 가난, 고난, 환란, 치욕, 질병, 죽음이라는 십자가를 통해서 하나님의 은혜를 의지하게 된다는 것이다. 칼빈은 십자가를 지는 일에 대해서, 3권 8장 3항에서부터 6항까지를 할애하였다. 그리스도인의 인내와 순종을 연계시켜서 설명하였다.[31]

3항에서 심지어 죽음이라는 의미가 담긴 십자가를 통해서 얻는 유익이 있음을 설명한다.

4항에서는 십자가는 고난이지만 성도를 단련시키는 의미가 있음을 강조한다.

---

Festschrift fur W. Van't Spyker (Kampen: Kok, 1997), 141.

31 Michael Horton, *Calvin on the Christian Life: Glorifying and Enjoying God Forever* (Wheaton: Crossway, 2014).

5항에서는 십자가는 영적 질병을 치유하는 약에 해당하는 경우, 즉 도구가 된다고 하였다.

6항에서는 하나님이 우리를 징계하시는 도구이자 수단에 해당하는 경우들을 설명하였다. 우리가 아무리 냉혹하다고 느낀다 하더라도, 그 속에 담겨있는 따뜻하신 하나님의 친절하심을 알아야만 한다.

7항과 8항에서 칼빈은 좀 더 포괄적으로 박해와 의를 위한 고난으로서 십자가를 지는 일을 "풍성하고 유일한 위로"(singular comfort)라고 설명한다. 예수님은 산상보훈에서(마 5:10) 핍박당하는 자들은 복이 있다고 하였다. 가난, 모욕, 멸시, 미움, 감옥, 심지어 죽음이라도 그 자체로서는 불행이요 치욕이지만, 동시에 그리스도인의 명예이기에 사도들의 모범을 따라서 기뻐하라고 촉구한다(행 5:41). 하나님께 소망을 두는 성도들에게는 핍박뿐만이 아니라 치욕까지도 임한다고 설명한 사도 바울의 가르침을 상기시킨다(딤전 4:10).

> 극심한 고통과 큰 괴로움을 당하지 않았다면, 성도는 십자가 위해서 인내를 보여줄 수도 없다. 가난 때문에 고통을 당하거나 질병으로 고생하거나 치욕으로 찔림을 당하거나 죽음에 대한 위협을 당하는 일이 전혀 없다면, 용기나 절제가 과연 무슨 쓸모가 있겠는가? ...
> 이를 통해서 또한 성도의 인내가 드러난다. 아주 예리하게 찌르는 아픔이 있지만, 하나님을 경외함이 그를 억제시켜서 지나친 행동을 삼가게 되는 것이다. 그리고 이를 통해서 활기가 드러난다. 슬픔과 암울함으로 짓눌린 상태에서도 그는 하나님께로부터 오

는 신령한 위로로 만족하며 그 가운데서 안식을 누리는 것이다.[32]

칼빈은 십자가와 인내를 연계시켜서, 아프고 고통스럽고 눈물 나며 한숨이 그치지 않은 현실 속에서도 진정한 경외와 순종을 실천하자고 격려한다. 이러한 칼빈의 해석들과 진술들 속에서 우리가 놓치지 말고 주목하여야할 부분은 목회적 접근이라고 에드가 교수는 지적한다.[33]

칼빈은 성도들이 고통을 당할 때에 자연스러운 슬픔에 쌓여서 절망에 던져지지 않도록 배려하려고 노력하고 있는 것이다. 고통 당하는 자들에게 제시히는 해결책이 바로 인내이다. 극심한 환란 속에서도 인내하면서 하나님의 뜻에 따라서 살아가신 예수님을 본받아서 살아가자고 촉구한다(3권 8장 10항).

> 그러므로 인내에 대한 그리스도인의 권면은 이런 본질을 갖고 있다. 가난이나 유배, 옥에 갇히는 것이나, 모욕이나 질병이나 가까운 사람이 죽는 일이나 어떤 형태의 악한 일이 생기든 간에, 그런 모든 일들 하나하나가 하나님의 뜻과 그의 섭리가 아니고서는 일어나지 않는다는 것을 생각하여야 하며, 더 나아가

---

32 Calvin, *Institutes of Christian Religion*, III.viii.8.

33 William Edgar, "Ethics: The Christian Life and Good Works According to Calvin," in *A Theological Guide to Calvin's Institutes*, eds., David W. Hall & Peter A. Lillback (Phillipsburg: P&R, 2008), 331; "Throughout these discussions one must note the pastoral approach taken by Calvin. He is concerned that believers not be plunged into despair because of the natural feeling of sorrow engendered by suffering. The remedy is the cultivation of patience."

서 하나님께서 지극히 완전한 질서대로 그런 모든 일을 행하신
다는 것을 생각해야 한다....
어쩔 수 없어서 그런 환난을 조용히 감사하는 마음으로 받아들
이는 것이 아니라, 그 환난으로 말미암아 우리에게 있을 유익
을 생각하며 거기에 만족하며 견디는 것이다... 십자가의 쓰린
고통을 신령한 기쁨으로 이기는 일이 얼마나 절실한가 하는 것
이 분명해 진다.[34]

고난당하는 성도들을 위해서 하나님은 기쁨을 주신다. 위로는 하나님의 백성들에게 주어지는 훈장이나 상급이 아니라, 예수 그리스도이다. 하나님의 풍성한 은혜는 성령에 의해서 강림하시는 그리스도의 임재와 동거하심이 말씀 가운데서, 그리고 성례와 기도 가운데서 오늘도 모든 성도들에게 주어진다.

## 5. 순교신학

앞에서 소개한 바 있거니와, 제8차 세계칼빈학술대회에서 로버트 킹던 박사는 매우 인상적인 고백과 역사적 증언을 남겼다. 그분의 외할아버지가 되시는 죠지 샤논 맥퀸(George Shannon McCune, 윤산온, 1872-1941) 박사께서 일제하에 평양숭실학교 교장으로 재직하시다

---

[34] Calvin, *Institutes of Christian Religion*, III.viii.11.

가 신사 참배를 거부하고 저항하다가 고난을 당한 후에 추방되었던 역사를 상세히 발표하였다.[35] 우리 한국교회가 경험한 것은 이미 전 세계에 널리 영향을 주고 있음을 재인식하면서, 필자는 그의 강연에서 한국교회에 면면히 흐르고 있는 신앙유산을 다시 한번 일깨우는 계기를 가졌었다. 우리가 잊어서는 결코 안되는 선교사들의 피와 순교, 사랑의 빚이 있었다.

> 과연 칼빈주의자로 살았던 내 할아버지가 세속 권세에 저항했던 것이 올바른 선택이 아니었던가? 한국은 과연 그러한 칼빈과 종교개혁자들의 신앙전통을 지켜나오고 있는가를 여러분들이 결정해야만 할 것이다. 우리가 사람을 기쁘게 할 수 없으며 오직 하나님만을 기쁘시게 해야 한다.[36]

필자는 그 후로 한국교회의 신학적인 논의들에 대해서 점검하면서, 한편으로는 고난을 이기고자 했던 선진들에게서 큰 도전을 받았으면서 다른 한편으로는 세속화되면서 종교개혁의 정신을 잃어버리는 한국교회의 현실에 대해서 부끄러움을 금할 수 없었다. 1988년, 킹던 박사의 발표 직후에 그 자리에서 일본의 저명한 칼빈학자 와타

---

[35] George S. McCune, "The Korean Shrine Question," *The Presbyterian Tribune*, January 20, 1938. 안종철, "식민지 시기 윤산온 선교사의 활동과 그의 가족의 한국학 연구,"「한국기독교역사」70호 (2005년 4월):29-41.

[36] Robert McCune Kingdon, "Calvin and Calvinists on Resistance to Government," in *Calvinus Evangelii Propuganaor: Calvin, Champion of the Gospel*, International Congress on Calvin Research, Seoul, 1988. Eds., D. Wright, A. N. S. Lane, J. Balserak (Grand Rapids: Calvin Studies Society, 2006), 54-65.

나베 교수가 신사 참배는 국민의식이라고 주장했다. 그는 신사 참배를 거부한 한국교회에 대해서 부정적으로 평가하려하였고, 필자는 단호히 논박했다. 토론시간에 불편하고도 심각한 의견 충돌이 이어졌다.[37]

킹던 박사가 한국교회의 신사참배 거부운동과 고난에 대해서 발표한 지, 20여 년이 지난 후에, 종교개혁자들이 남긴 정신이 오늘날 어떻게 세계교회와 한국교회에 영향을 미치고 있으며, 오늘에 어떤 의미를 가지는가를 돌이켜 보면서 필자는 킹던 박사의 글을 다시 회상하면서 읽었다. 그리고 필자는 다음 부분을 이 논문에 연계하여 생각하도록 준비하게 되었다. 16세기 유럽 종교개혁자들과 칼빈이 경험했던 고난과 박해, 그리고 하나님의 섭리와 뜻에 대한 확신은 한국교회 속에서 어떻게 인지되었고, 녹아들어와 있는가를 살펴보고자 한다.

하나님께서 한반도에 내려주신 가장 역사적인 축복이자 특별한 은혜는 1907년 평양대부흥운동과 1909년 새벽기도운동에서 찾아볼 수 있다. 하나님께서는 18세기에 미국 대각성운동과 같이, 때마다 곳곳에 성령의 충만함과 기름부음을 베풀어주셔서 교회를 소생시켜주셨다.[38] 필자는 한국에서 벌어진 두 가지 영적인 운동들과 이런 신앙을

---

[37] 참고, 양현혜, 『한일 관계사 속의 기독교』(서울: 이화여자대학교출판부, 2009), 112. 1919년 3.1운동이 일어나자, 당시 약 400여 명에 미국 선교사들은 식민지 상황을 인정하면서 현재 권력과 권세에 복종할 것은 받아들이고 있었으나, 맥큔 선교사와 소수의 일부 선교사들은 당시 한국의 자주적인 통치와 발전의 능력을 믿고 격려하였다. 이와는 정반대로, 일본의 조선총독부 하에서 조선감리교 감독이었던 Herbert Welch는 1920년 2월 총독부의 방침에 협조적이어야 한다는 변명으로 일관하였다.

[38] D. G. Hart, *Calvinism: A History* (New Haven: Yale University Press, 2013), 172–174. Douglas A. Sweeney, *The American Evangelical Story: A History of the Movement* (Grand Rapids: Baker Academics, 2005), 27. Keith J. Hardman, Seasons of Refreshing: Evangelism and Revivals in America (Wipf & Stock Pub., 2006).

계승한 분들이 신사 참배 거부운동을 통해서 우상숭배를 거부한 일련의 사건들이 한국교회의 신앙적 유산이라고 확신한다.

특히 회개기도운동이 사경회와 부흥회, 성경공부모임과 기도모임을 통해서 갖가지 형태로 발전되어 지금까지 한국교회의 젖줄이 되었다고 지적하고자 한다. 한국 칼빈주의 개혁신학은 고난과 역경 속에서 형성된 기도운동과 우상숭배 거부, 참회운동이 중요한 요소들이다. 한국교회가 지닌 신학은 서양 학자들이 제시한 것처럼 이론적으로 정연하게 체계화하지는 못하였지만, 순교 신학이 깊은 영향을 미치고 있다.[39]

한국교회가 체득한 신앙유산들은 고난과 핍박 속에서 살았던 한국교회 신앙 선진들에게 주셨던 성령의 위로와 체험이었다. 전 세계 그 어느 교회에서도 그 유래를 찾아볼 수 없는 것들이요, 한국교회가 물려받아야할 선조들의 가장 중요한 유산이라고 확신한다. 이들 중요한 사건들 속에 한국교회가 형성한 신학적 뼈대가 형성되어졌다고 강조하고자 한다.

---

39 김정준, "신학의 아레오바고, 신학사상 창간에 부쳐," 「神學思想」 제1집 (1973), 4; "우리의 신학 연조는 길고도 짧다. 1901년 평양신학교가 설립된 당시부터 치면 이미 70여 년의 세월이 흘러갔다. 그러나 우리 교회가 진정한 의미에서의 신학적인 반성을 한 것이 60년대 이후라 할 때, 우리 한국 신학운동은 이래 겨우 12년을 조금 남짓한 소년의 시기를 마지하고 있다. 열두 살 된 소년에게 무슨 思想이 있을 것인가." 그러나, 한국신학대학교와 연세대학교 신학대학에서 교수를 역임했던 김정준 박사는 일본 청산학원에서 3년간 수학하고 1943년 졸업하였으니, 신사 참배 문제에 대해서는 전혀 말할 수 있는 처지가 아니었으리라 추정된다. 참고, "김정준, 연세신학을 중흥하다," 『인물로 보는 연세신학 100년』(동연출판사, 2015):402-424.

## 6. 상한 마음의 위로와 치유

칼빈을 비롯한 종교개혁자들이 남긴 유산의 핵심은 성도들에게 엄청난 격려와 용기를 주었다. 환란과 인내를 감당하는 성도들에게는 성령님의 역사로 인하여 영원한 소망이 충만하게 부어진다. 하나님은 심령이 찢어진 자들을 멸시하지 아니하시며, 외면하지 않으신다.

한국에서도 역시 가장 가련하던 시절에 하늘로부터 부어주시는 위로와 은혜를 베풀어주셨다. 한국교회가 체험한 은혜들은 국가 전체적으로 가장 어렵고 힘든 시대에 주어진 것들이다. 한국 사람들이 복음을 처음 받아들이게 된 것은 나라를 잃어버리고 극도로 혼란스러운 시절이었다. 국내외에서 열강들이 양육강식의 침략전쟁을 경쟁적으로 전개하고 있을 때에, 한국정치는 혼란을 거듭하고 있었다. 바로 그 무렵에 이르러서야, 초기 한국 개신교 선교사들이 내한할 수 있도록 입국의 통로가 열려지게 된 것이다.

1884년 9월 20일 알렌 선교사의 입국으로 개신교가 본격적으로 시작되었는데, 그 당시 구 한 말 조선에 살던 시민들은 "상처입고, 찢어진 가슴"을 가지고 구원의 메시지를 열망하던 사람들이었다. 필자는 초기 한국선교를 담당했던 여러 선교사들의 글에서 "상한 심령"을 언급하고 있음을 찾아볼 수 있었다. 평양대부흥운동의 현장에서 폭발적인 반응을 일으키는 설교를 했단 당사자, 윌리엄 블레어 선교사는 처음 한국인들을 만나고 난 후에 "찢어진 가슴"(broken heart)을 가지

고 살아가던 불쌍한 사람들이었다고 여러 차례 술회한 바 있다.[40]

에모리대학교 총장 캔들러(W. C. Candler)가 구한말 기울어가는 조선을 방문한 후에 쓴 글에서도 "찢겨진 심령"이 다음과 같이 언급되어 있다.

> 여러분은 마음이 깨진, 심령으로 애통하는 나라를 본 일이 있습니까?
> 보지 못하였다면, 한국을 보지 못했을 것이 확실합니다.
> 나는 여기 오기 전에 심령으로 애통하는 남녀를 본 일은 있습니다. 하지만, 한국을 보기 전까지는 온 겨레가 온통 그 뿌리에서부터 좌절한 모습을 보지는 못하였었습니다. 한국은 이제 희망이 없는 것 같습니다. 적어도 그들은 안팎에서 완전히 절망하고 있는 것 같습니다....세기를 두고 추구한 일본의 야망이 성취되고, 한국은 그 마지막 독립의 희망을 잃고 말았습니다.[41]

찢겨진 심령으로 좌절과 절망에서 허덕이던 나라. 희망이란 완전히 사라진 나라에 복음이 울려 퍼졌다. 최초의 서양 선교사 알렌이

---

40  William Newton Blair, *Gold in Korea* (Topeka; H. M. Ives & Sons, Inc., 1957), 12, "I am merely trying to show conditions and how these conditions have conspired in God's providence to work out salvation to Korea. The simple truth is that the Korean people have been a broken-hearted people. ... Korea's great preparation for the Gospel of Jesus Christ has been the preparation of a broken heart. The sacrifices of God are a broken heart spirit; a broken and contrite heart, O God, thou wilt not despise."

41  "A Broken Hearted Nation Turning to Christ," *Atlanta Journal*, An Eminent Opinion, The Korean Review, vol. 6, No. 12 (1906), 457. 민경배, 『한국기독교회사』, 254-255에서 재인용.

1884년 9월 20일 기울어가던 조선 땅에 입국하였다. 구한말에 들어온 기독교의 복음은 혼돈 속에서 방황하던 한국 땅에 예수 그리스도의 빛을 비춰주었다.[42] 한국 기독교인들이 가진 성경적인 신앙은 결코 하루 아침에 생겨난 것이 아니다.

이스라엘 민족이 약속된 땅에서 신앙의 초석을 놓기까지 무수한 시행 착오를 경험했었다. 비록 과오와 실수가 많았을지라도, 택한 백성들을 지켜주시는 하나님을 바라보면서 다시 성령의 무한한 위로와 충만을 향해서 희망과 소망을 가지고 나아가야만 한다. 모세는 광야에서 사십 년의 세월을 흘러 보내면서, 때로는 무료하고 한심스럽게 갈고 닦아야만 했다. 그는 또 사십 년을 광야에서 하나님의 은혜를 체험하게 된다. 그래야만 모세오경과 같은 놀라운 책이 나오는 것이다.

신앙은 때로 가족도 없이 야곱이나 요셉처럼 고난의 세월을 보내는 동안에 정금같이 빚어지기도 한다. 그저 나온 것이 아니라, 여러 가지 사건과 세월 속에서 되새기고 또 반복하면서 믿음은 하나님의 은혜로 한층 한층 다져지는 것이다. 성령의 위로와 말씀의 감화하시는 은혜가 오늘도 성도들의 회개기도에, 특히 새벽기도회에 함께 하고 있다.

---

42 김재성, "초기 한국 개신교 선교의 역사적 의의: 알렌의 의료 선교활동을 중심으로," 「국제신학」16권 (2014):49-72. idem, "1884년, 미국 북 장로회 한국선교와 그 역사적 의미," 「개혁주의 선교신학」8권 (2014):400-430.

# 제13장
## 종교개혁의 현대적 적용

파란만장한 지난 역사를 기억하고 연구하는 이유는 지금 우리가 거짓 것을 버리고 올바르게 살아가기 위함이다. 종교개혁자들이 공통적으로 가졌던 핵심적인 사상은 곧 성경말씀의 권위를 최고로 삼아서 기독교 신앙에 생명력을 불어넣었다는 점이다. 살아있는 말씀에의 확신은 윤리와 생활의 역동성을 불어넣어서 사회가 생동감있게 변혁하였다.

개혁주의 목회자들은 강해설교와 교리반을 학습하는 일에 주력했다. 거짓된 로마가톨릭의 관행과 관습에 맞서서 오직 예수 그리스도만으로 주어지는 은총에 의해 살리라고 외쳤다. 부패하고 썩어버린 사람의 선행으로는 안되고, 하나님이 주신 믿음으로 주 예수 그리스도와 연합되어지는 것임을 가르쳤다. 사람이 의롭게 변화해서 얻은 것이 아니라, 믿는 자에게는 외부적으로 선언해 주시는 것이다.

종교개혁의 본질은 최종 권위를 하나님의 말씀에 두었고, 하나님의 음성을 들으려 하는 중심을 갖고 있었다.

주의 말씀은 내 발에 등이요, 내 길에 빛이니다(시 119:106).

"The Candle is lighted, we can not blow it out."
(촛불은 불타고 있다. 우리는 그 불을 끌 수 없다) by John Garrett, 17세기.
앞줄, 왼쪽부터 후쓰, 멜랑히톤, 루터, 칼빈, 베자, 위클리프,
뒷줄에는 불링거, 잔키우스, 낙스, 츠빙글리, 피터 마터 버미글리, 부써, 퍼킨스 등

 

이 책, 특히 10장과 11장에서 루터와 칼빈이 세우고자 했던 신학의 근간이 바로 성경의 밝은 빛에 인간의 부패함을 비춰서 드러낸 것이기에 가능했음을 살펴보았다. 우리는 인간 본질의 부패성과 의지의 노예됨을 심각하고 엄중하게 받아들여야 한다. 이것은 지금도 이 땅 위에서 살아가는 모든 사람들에게 적용되는 영원한 진리이다.

지금 한국에서는 모든 종교가 윤리적으로 기틀을 제공하지 못하는 중에, 특히 유일한 소망이 되어야할 교회마저도 신뢰를 잃어버리는 일이 자주 발생하고 있다. 기독교를 반대하는 세력들에게 빌미를 제공하고, 핑계거리를 주는 일들이 많아서 가히 절망적이다. 로마가

톨릭교회를 개혁하고자 세워진 것이 개신교회요, 개혁신학인데, 오히려 성도들이 개신교회를 불신하고 교황의 무리로 되돌아간다고 하니 기가 막힐 노릇이다. 한국기독교의 모든 통계들은 가히 교회가 무너졌다고 해도 과언이 아닐 정도이다. 지역교회마다 내부적으로는 심각한 중병을 앓고 있고, 외부적으로는 목회 환경이 극도로 나빠졌다.

한국을 이끌어 나가고 있는 정치인들과 정부 관료들, 법조계, 기업가들, 학교법인 등에서도 상상치 못하였던 범죄들이 빚어지고 있다. 한국사회의 전반에 대해서 대안을 모색하지 않으면 안 되는 절체절명의 위기가 닥쳐온 지 오래되었다. 무엇보다도 더 심각한 일은, 대형교회와 유명한 목회자들이 드러낸 충격적인 부정 사건들로 인해서 기독교 전반에 대한 사회적 공신력이 땅에 떨어지고 말았다. 기독교 연합 기관들의 부패 스캔들로 인해서 한국기독교는 총체적 위기 상태에 빠진지 오래 되었고, 거의 침몰하는 상태에 놓이게 되었다.

이처럼, 한국사회와 기독교 교계 안팎으로 표출된 문제들은 수없이 많은데, 아무런 대안 없이 표류하고 있는 실정이다. 평화롭게 안정된 교회는 매우 드물고, 희망을 품고 성장하는 교회는 거의 없고, 주일학교의 쇠퇴로 인해서 양적인 성장은 사라졌다. 쇠퇴하고 있으면서도 분쟁과 대립에 빠진 교회들이 악취를 뿜어내고 있다.

## 1. 성경말씀의 본질적 회복

바울 사도는 갈라디아서 1장 8, 9절에서, 다른 복음을 전하는 자들에게 저주를 받으리라고 엄중한 경고를 발표했다. 다른 복음을 전하는 자들은 주님의 몸된 교회에 속한 자들이 아니다. 종교개혁자들은 로마가톨릭이 혼돈스럽게 왜곡시킨 가르침들을 거부하였다.

하나님께서 한국교회를 불쌍히 여겨주시고 다시금 은혜를 베풀어 주셔야만 희망을 찾을 수 있다. 한국교회 목회자들과 지도자들은 관행으로 시행하고 있는 바들을 정당화하려고만 하지 말고, 예배와 행정과 재정집행 등을 완전히 바꿔야만 한다. 총체적으로 각성하고 갱신하여 완전히 새로운 교회상과 성도의 모습을 세워나가야만 한다. 한국교회를 회복하게 하는데 있어서 조금이라도 대안이 되는 방안들을 찾기 위해서, 유럽의 종교개혁을 추적하여 보려고 한다. 종교개혁자들의 분투와 노력은 교회에 생명력을 불러일으켰고, 세상에 빛을 발하였다. 지난 5백 년 동안 기독교 신앙 체계를 다시 세워놓은 종교개혁을 되돌아보면서 교훈을 얻어야만 한다.

종교개혁자들이 가르쳐준 교훈들 가운데서 회복되어야하고, 가장 본질적으로 재활용되어야할 교훈은 오직 성경으로만이다. 현대신학의 영향으로 한국교회는 잡다한 신학사상에 감염되어서, 지성주의자들에게 정복당하고 말았다. 20세기 중반에 이르러서 신복음주의, 신정통주의, 오순절운동, 신사도운동, 근본주의, 바울신학의 새 관점

등, 각종 오염된 신학들로 성경의 순수성이 혼탁해지고 말았다.[1] 현대 최고 신학자들이라는 사람들이 망쳐놓은 유럽과 서구 교회처럼, 한국교회가 변질된 인간의 학설들로 물들어져서는 안된다. 성경의 영감과 권위를 근간으로 삼아야만 한국교회의 강단에서 순수한 하나님의 말씀만이 생명수가 된다.[2]

종교개혁자들은 성령의 살아있는 음성이 성경을 통해서 전파되는 것임을 확신했다. 종교개혁자들로 인해서 교회 안에서 말씀이 회복되고, 기도와 찬송이 되살아난 것이다.

## 2. 세상을 보는 눈을 열어주다

하나님의 말씀은 중세 말기의 타락한 교회를 정화했을 뿐만 아니라, 세계 인류의 방향을 바꿔놓았다. 잠언 29장 18절에 이렇게 말씀하셨다.

> 묵시가 없으면 백성이 방자히 행하거니와 율법을 지키는 자는 복이 있다(잠 28:18).

---

1 John D. Woodridge, *Biblical Authority: A Critique of the Rogers/McKim Proposal* (Grand Rapids: Zondervan, 1982). 이 책은 소위 현대 복음주의자들이라고 하는 학자들이 비평학적인 이론들을 가지고 성경의 영감과 무오류성에 도전하는 것들을 반박한 것이다.

2 Vern S. Poythress, *Inerrancy and the Gospels: A God-Centered Approach to the Challenges of Harmonization* (Wheaton: Crossway, 2012), 13.

종교개혁자들은 이 말씀을 교훈 삼아서 전 국가적으로 진리를 따라가는 길을 제시한 것이다. 종교개혁은 사람들의 사상을 가지고 인간의 지위를 회복시킨 것이 아니다. 하나님이 주신 계시의 말씀에 근거하여 교회를 회복시키고, 국가의 질서를 회복하는데 앞장섰다.

루터의 독일어 성경은 혼돈에 휩싸였던 독일을 살려냈고, 츠빙글리와 칼빈의 성경해석과 설교는 스위스를 구했으며, 낙스의 설교는 영국을 혼란에서 구해냈다. 위그노들은 희생과 인내로 부패한 프랑스 왕권의 횡포에 맞섰다. 종교개혁자들은 오직 말씀의 권위만을 높이고자 하였고, 중세 말기 로마가톨릭의 무지한 성례주의와 재세례파의 급진주의와 무정부주의를 반박하였다.

교회는 하나님의 말씀에 따라서 조직과 예배와 성도들의 교육 등을 변화시켰다. 종교개혁자들은 성경의 교훈에만 의존하여 성도들을 양육하고자 예배의 중심을 강해설교로 바꾸고, 성도들의 경건한 삶을 교화시켰다.

하나님께서는 에덴동산에서 인류의 첫 조상과 함께 말씀을 통해서 교통하셨다. 타락한 인간들에게 진리의 하나님께서는 계속해서 말씀을 주시고, 선지자들을 통해서 지속적으로 이끌어 주셨다. 그래서 사람은 단순히 빵으로만 사는 것이 아니라, 하나님으로부터 나오는 말씀이 있어야만 한다(신 8:4).

종교개혁자들은 성육신하여 세상에 오신 예수 그리스도의 말씀과 사탄의 속임수가 항상 대립적이라는 점에 주목했다. 아담은 에덴동산에서 사탄의 속임수에 넘어갔지만, 예수님께서는 광야에서 세 번이나 말씀으로 사탄을 무찔렀다(마 4:1-11).

사람의 행복을 추구하는 세속화된 교회의 물결을 신속히 정화해 나가야 하다. 심리적인 격려와 긍정적 사고방식은 하나님께서 주시는 평안과 약속과는 근본적으로 다른 것이다. 하나님께서 주시는 것은 인격적인 변화와 함께 오는 것들이다(요 14:27; 16:33; 롬 1:7; 빌 4:7). 그냥 세속적이요 지극히 세상적인 성공에 대해서, 교회 안에서도 동일하게 성도의 승리라고 칭송하는 일이 없도록 해야 한다. 미국의 로버트 슐러와 죠엘 오스틴 목사는 일부는 성공했는지 모르지만, 총체적으로는 부실하게 되었다.

성경을 합당하게 현재의 생활과 환경 속에서 적용하는 일이 가장 힘들고 어려운 일이다. 성경은 원리를 제시하였기 때문에, 각자의 적용이 다를 수 밖에 없다. 적용이라는 것은 성경을 통해서 우리의 믿음이 변화하고, 행동이 달라지며, 생각이나 느낌을 바꾸는 것을 말한다.

성경에 보면, 하나님의 주권과 인간의 책임을 동시에 강조하고 있다. 구원은 은혜로 주셨으므로 하나님의 단독사역이다. 하지만, "두렵고 떨림으로 너희 구원을 이루라"(빌 2:12)고 촉구하신다. 적극적 참여와 순종이 인간의 의무로 주어져 있다. 순종은 살아있는 믿음의 표식이다.

## 3. 실천적 적용: 우월의식이나 특권을 버리라

설교자로 혹은 교회에서 쓰임을 받는 사역자들이라 해도, 결코 자만해서는 안된다. 성경에 대해 많이 배웠고 깊이 연구하였다고 해도,

성경 지식이 부족한 사람들에 대해서 우월의식을 가져서는 안된다. 학식이 많은 사람이라고 해서 반드시 그 말씀을 지키고 살아간다고 할 수 없다.

자신이 하나님의 일군이요, 가장 충실하게 말씀을 준수하고 있다고 자부하는 사람이라도 하더라도, 언제나 겸손하게 자신의 처지와 태도를 돌아보아야 한다. 성령께서 소통을 시키는 것이지, 설교자의 능력에 따라서 열매가 더 나오는 것이 아니다. 설교는 하나님의 말씀을 소통하고 전달하는 것이다. 설교는 성경을 읽는 것이 아니다. 양떼들이 알아들을 수 있는 말로 다시 풀어놓는 작업이다. 말씀선포는 청중들의 삶으로 내려가서 적용시키는 작업이다.

지금 한국교회에서는 종교개혁의 본질로 돌아가야 할 중대한 상황인식이 필요하다. 국가적 재난에 직면해서 교회가 사회를 지도해 나가기 위해서 모든 면에서 부드럽고, 온유한 가르침이 필요하다.

첫째, 한국교회 강단에서는 현대 최고 학자들이 개발한 성경 비평학에 속아 넘어가지 말아야 한다. 학문의 발달이 가져온 성경의 파괴와 권위 훼손을 넘어서서, 혼란한 신학 사조들을 극복해야만 한다. 칼 바르트는 창세기 1장에서 3장 사이에 나오는 아담의 이야기가 실제 역사라고 인정하지 않았다.[3] 이처럼 저명한 신학자들이나 성경 비평학자들은 전 세계적으로 탁월한 신학자들이라고 알려져 있지만, 그들이 개발한 신학들은 하나님의 구속 역사를 교묘하게 재구성하거

---

3 Karl Barth, *Church Dogmatics*, tr. G. W. Bromiley & T. F. Torrance (Philadelphia: T&T Clack, 1936-63), 3.1.: 94-329. Cornelius Van Til, *Christianity and Barthinianism* (Philadelphia: P&R, 1962), 383.

나, 학술적 가설에 근거하여 이성적인 판단만으로 편집한 것들이다.

세계적인 신학자들이라도 하나님 앞에서는 자신의 명예와 권위를 쌓으려 하는 죄인임에 불과하다. 인간이란 잠시 있다가 지나가는 자들이요, 자신의 죄를 해결할 능력이 없다. 수많은 신학자들이 지성주의와 엘리트주의에 사로잡힌 지식인으로 전락해버렸다.[4] 그들의 저술과 학술적인 주장들에는 예수 그리스도의 복음과 경건의 능력은 없고, 지식과 이론의 우수성을 자랑하는 헛된 자부심만 가득하다. 전 세계적으로 소위 저명하다는 신학자들의 메마른 학문주의로부터 돌아서야 한다.

> 아버지께서는 모든 충만으로 예수 안에 거하게 하시고 그의 십자가의 피로 화평을 이루사 만물 곧 땅에 있는 것들이나 하늘에 있는 것들이 그로 말미암아 자기와 화목하게 되기를 기뻐하심이라(골 1:19-20).

16세기 종교개혁자들이 세운 모든 말씀의 초점은 성경에서 예수 그리스도의 복음이었다.[5] 성경의 신뢰성과 권위와 영감과 가르침들을 현대 성경 비평학이 무너뜨리고 말았다. 그들이 망가뜨린 성경의

---

4 김재성, 『교회를 허무는 두 대적』(용인: 킹덤북스, 2012), 424-439. 에타 린네만 박사는 자신의 스승이던 루돌프 불트만의 비신화화 신학에 대해서 거짓된 것이라고 철저히 비판하면서 참된 신앙을 고백하였다.

5 Peter Lillback, ed, *Seeing Christ in All of Scripture* (Philadelphia: Westminster Seminary Press, 2016), 86; "the unity of the religion of the Old and New Testaments focused on Christ. Central for the faith of the former is the fulfillment of the promise of the Messiah to come."

감동과 교훈을 회복하기 위해서, 16세기 종교개혁자들의 수준 이상으로 성경에 대한 탁월한 실력을 갖춰야만 한다. 하나님의 말씀을 혼탁하기 하지 않고, 살려내어서 성도들이 심령에 넣어주어서 큰 능력으로 작동하게 해야만 한다.

안타깝게도 과연 이 시대에 순수하게 하나님의 음성만을 선포하는 교회가 과연 얼마나 될까?

하나님께서는 참된 복음만을 선포하는 교회를 사용하시기를 원하신다. 복음은 사람들의 행복과 번영을 포함하지만, 그것들보다 근본적으로 성령은 죄에 대해서 꾸짖고 타락함을 회개하라고 외치신다(요 16:8-9). 성령을 거스르는 세대에 맞서서 목회자는 하나님의 음성을 선포해야만 한다. 설교는 성도의 회개를 불러일으키는 유일한 생명수이다.

하나님의 말씀에 대항하여 불순종하는 이들에게, 이토록 방탕해 버린 세대를 향하여서 회개를 촉구하고, 부흥을 호소하는 일을 누가 할 수 있을 것인가?

순수한 하나님의 말씀이 없는 나라와 백성들은 갖가지 우상들을 숭배하게 되고, 외부의 대적자들에게 먹히게 된다(사 5:5).

사탄은 하나님의 말씀을 싫어한다. 왜냐하면 그것은 진리의 계시이기 때문이다. 사탄의 전략은 교회 안에서 거짓을 확산시키는 것이다. 교회는 진리의 기둥과 터가 되어서 세상을 향해서 하나님의 계시를 증거하고 선포하는 기관이다. 하나님의 음성을 거역하는 자들에게는 말씀이 없어서 갈증을 느끼는 심판과 진노가 내려진다.

주 여호와의 말씀이니라 보라 날이 이를지라 내가 기근을 땅에 보내리니 양식이 없어 주림이 아니며 물이 없어 갈함이 아니요 여호와의 말씀을 듣지 못한 기갈이라 사람이 이 바다에서 저 바다까지, 북쪽에서 동쪽까지 비틀거리며 여호와의 말씀을 구하려고 돌아다녀도 얻지 못하리니(암 8:11-12).

둘째, 오늘날 한국교회의 문제점은 특정 교회를 이끌어나가고 있는 설교자가 다른 설교자보다 더 위대하다고 높이려는 풍조가 만연돼 있다는 점이다. 설교자들 사이에서 서로 남보다 자신만을 더 돋보이게 하고자 하는 왜곡된 비교 의식이 남보다 더 탁월성을 갖춘 자라고 스스로를 홍보하게 만든다. 설교자가 명예욕에 빠지게 되면 자기를 자랑하는 왜곡된 일들이 벌어진다. 담임목사 지위와 특수한 설교자라는 의식이 남다른 리더십을 갖춘 사람으로 더 돋보이도록 만드는 일에 연루되게 하는 것이다.

소위 유명한 설교자들은 여러 가지 초교파적인 교계 행사에서 중요한 자리에 앉게 된다. 더 나아가서 그 지역에서나 소속된 교단에서나 범기독교적인 단체에서나 명예로운 지위와 직책을 얻으려하고, 국가적인 유명인사로서 대외활동에서 이름을 떨치려 하는 목회자들을 많이 목격하게 된다.

셋째, 설교시간에 목회자 자신의 비전이나 프로그램에만 초점을 맞추는 것을 완전히 바꿔야 한다. 목회와 교회의 예배는 하나님의 영광과 그 위엄을 높이고 기리는데 초점을 두어야 한다. 예배와 목회 활동의 중심이 혼선을 일으키는 경우가 많다. 목회자는 하나님께 영광을 돌리는 사역을 중심으로 모든 예배와 행사들을 꾸며나가야 한다. 목회자 자신의 체험은 소중한 것이지만, 그것이 전체 교회를 이끌어가는 핵심이 되어서는 안된다.

지금 한국교회에서는 과연 어떤 말씀이 선포되고 있는가?

복음이 무엇인지를 분간하지 못하는 혼탁함이 한국교회를 휩싸고 있다. 복음의 핵심은 인간을 찾아오신 예수 그리스도이며, 하나님의 구원사역과 통치적 주권이다. 오직 예수 그리스도만을 부르짖었던 종교개혁자들처럼, 모든 설교자들은 지혜와 거룩함과 의로움과 구원이 되시는 예수 그리스도만을 보배로 삼아야 한다고 증언해야 마땅하다(고전 1:20).

교회를 이끄는 지도자들, 특히 목회자들은 교회를 마치 세속적인 사업체로 변질시키는 각종 유혹에 빠지지 말아야 한다. 교회건물이나 주변 교육과 봉사시설들을 확장하는 이유가 과연 어디에 있는가를 솔직하게 반성해야 한다. 목회의 핵심은 세상적인 사업과는 본질적으로 다르다. 목회 성공을 꿈꾸지 말고, 자신을 엄격하게 관리하고 돌아보아야 하며, 가족들과 이웃사랑과 봉사에 집중해야 한다.

넷째, 목회자들이나 교회 지도자들이나 지난 날 자신들의 수고와 업적을 자랑하면서 특권층을 형성해서는 안된다. 지식주의, 권위주의에 사로잡힌 목회자들이 총회, 노회, 당회에서 패권주의로 비쳐진다면 성도들과 세상은 절망에 빠질 수밖에 없다.

교단은 세속적인 의미에서 정치적인 조직으로 변질되어가는 경향을 벗어나지 못하고 있다. 선교연합단체, 전국적인 교단의 총회, 기독교연합기관, 신학교 이사회 등에서 일부 특수층만이 패권주의로

결탁해서 부패를 조장하기도 한다. 일부 목회자들은 기득권 세력층을 형성하여 패거리 행동을 하고 있다.

우리 한국교회에서는 언제부턴가 개척한 목사가 교회를 자기 소유의 기업으로 생각하는 사업가적 발상이 자리를 잡았다. 가난하고 척박한 곳에서 열심히 수고하여 목회를 이뤄낸 분들이 많다. 큰 교세를 크게 성장시켰고, 안정된 교회로 발전시킨 공로는 높이 존중을 받아 마땅하다. 하지만, 그런 과정에서 다른 사람들이 비판하거나 문제를 제기하는 것을 들으려 하지 않는 아집에 빠져버리는 것이다. 목회적 활동을 오직 충성주의자들과만 함께 하는 것은 부패한 관행을 정당화하는 결과가 빚어지게 된다.

다섯째, 교회 지도자들은, 목회자들이든지 평신도들이든지 더욱 더 낮아지고, 겸손해져야만 한다. 종교개혁자들은 설교자의 소명을 다하고자 노력하되, 자신들의 역할과 지위에 대해서 철저하게 겸손한 자세로 임하였다. 종교개혁자들은 설교자의 역할에 대해서 "왕의 대사"에 불과할 뿐이라고 자신의 지위를 확실히 이해하고 있었다. 대중전달 매체들이 급속히 발달함에 따라서 인터넷의 신속성이 더해졌고, 설교를 아주 잘한다는 "유명 목사," "인기 목사"가 자랑거리로 등장하였다. 설교자의 외모에 대한 평가가 혼돈을 부채질 하고 있다. 누가 얼마나 말을 얼마나 설교를 잘하느냐, 설득력 있게 표현하는 재능이 있느냐, 또는 웅변술로 포장된 호소력이 있느냐 등은 결코 설교자의 본질적인 헌신과는 무관한 것들이니, 속지 말아야 한다. 성도의 숫자에 따라서 목사의 능력을 평가하는 척도가 되고 있다. 심지어 성경만을 강해하는 설교를 한다고 자랑하는 교회에서조차도 "아

무개 목사의 교회"라는 말을 즐겨 사용한다.[6]

이것이야말로 칼빈과 종교개혁자들이 거부했던 일이다. 개인 목사의 우상화라고까지 할 만큼, 인기스타처럼 사람들의 갈채를 받고 등장하는 목회자들이 자신의 이름과 명성을 마케팅하는 세상이 되고 말았다. 사람이 화려하게 찬사를 받으려하는 부패한 인간성의 야욕이 무너져야만, 하나님의 영광이 드러나게 될 것이다.

이런 것은 일반 성도들에게도 마찬가지다. 자신이 어떤 교회에 소속되었느냐 하는 것은 그 성도의 내적 신앙성숙을 의미하지는 않는다. 어떤 성도가 큰 교회를 섬긴다고 해서 더 작은 교회에 봉사하는 성도보다도 훌륭한 기독교인이라고 말할 수는 없는 법이다. 기독교 신자들은 결코 허망한 엘리트주의에 사로잡혀서는 안된다.

---

6 Michael Horton, *Calvin on the Christian Life: Glorifying and Enjoying God Forever* (Wheaton: Crossway, 2014), 194.

끝맺는말 :

왜곡된 관행과 관습에 대한 통렬한 반성

　종교개혁은 루터가 계획한 것도 아니요, 그가 혼자서 성취한 것도 아니다. 루터 자신도 놀랄 정도로 유럽사회는 그가 제시하는 새로운 말씀의 해석에 호응했고, 열렬하게 종교개혁을 받아들였다. 수많은 걸출한 학자들과 성도들이 이뤄낸 변혁의 물결 속에서 루터의 고뇌에 찬 논쟁들과 토론들은 상상할 수 없이 엄청난 영향력을 발휘하였다.

　루터와 칼빈, 종교개혁자들은 하나님의 말씀을 굳건히 붙잡고 각종 오류들을 분별하며, 참된 교회에 대한 확신이 흔들리지 않았다. 종교개혁자들은 그 시대의 혼돈과 혼란을 수습하고자 노력했고, 정치적인 격변과 혼탁함을 질서 있는 개신교회의 체제로 정리해 나갔다.

　예수 그리스도의 희생과 죽으심으로 죄인들이 치러야할 죄 값을 탕감 받았다는 사실에 루터는 감격했다. 그래서 로마가톨릭이 세워온 영광의 신학을 떠나서, 십자가의 신학, 고난의 신학을 강조했다. 헛된 인간의 오만함을 버리고, 죄인의 자리에 내려주시는 하나님의 은총을 강조했다. 루터는 완성된 신학체계를 남긴 것은 아니지만, 그리스도의 십자가를 핵심으로 하여 마치 아름다운 장미꽃처럼 수많은 파편들을 남겼다. 그는 450개의 신학 논문, 3000편의 설교, 2,580통의 편지를 남겼다. 이를 책으로 모아서 110권, 모두 6만쪽으로 출판되었다.

루터의 영향력은 하나님의 말씀은 살아있으며 유효하고, 구원에 이르는 진리라는 확신으로부터 나왔다. 성경은 단순히 하나님에 관한 객관적인 자료가 아니라, 다른 것과 구별되는 특별한 진리이기 때문이다. 루터는 성경에서 예수 그리스도의 구속 사역을 온전히 발견하게 되었고, 무지한 성도들에게 예수 그리스도와 연합한 자들에게 주시는 하나님의 약속과 명령을 확실하게 알려주었다.

성경에 무지했던 중세 말기에 예수 그리스도께서 순종으로 율법을 완전히 이루셨다는 것을 믿음의 눈으로 받아들이라고 촉구했다. 루터는 그리스도와 연합된 성도들도 역시 예수 그리스도처럼 완전하게 하나님의 법을 성취한 자들로 받아들여진다는 사실을 공포하였다. 결국 루터가 준 엄청난 영향력은 성도들로 하여금 불안과 절망에서 벗어나게 하였다.

루터의 설교와 저술에는 그리스도가 항상 중심에 들어있다. 신약성경은 예수 그리스도가 그 핵심이며, 그분을 중심에 놓고서 해석해야만 한다고 강조했다. 루터는 설교할 때마다 두 가지를 강조했는데, 율법과 복음이었다.

첫째, 율법이 인간의 자만심과 자기 정당성을 파괴한다는 점을 지적하였다.

둘째, 복음, 즉 하나님의 은총을 강조하였는데, 율법이 요구하는 것들을 다 만족시켜버리는 해결책이다.

루터의 거의 모든 설교에는 율법과 복음의 대조가 나온다. 이런 대조를 통해서, 우리는 지금도 역사하시는 하나님의 기준과 원칙 앞에서 무릎을 꿇게 된다. 인간의 자율성과 자만심을 꺾어야만 하고, 예수 그리스도에게로 인도함을 받아야만 평안을 얻을 수 있다.

가장 기억할만한 루터의 공헌은 사람의 헛된 공로주의와 선행을 부채질하는 로마가톨릭교회의 허상들을 타파한 점이다. 그가 선구자의 길을 제시하여 개신교회의 돌파구를 열었다는 데 큰 의미가 있다. 오직 믿음으로만 의롭게 된다는 복음은 공로주의와 선행사상을 혁파하는 데에는 큰 장점이 있었다. 하지만, 오직 이 한 가지 교리만으로 전체 성경을 대표하는 교리로 세워야 하는 것은 아니다.

그래서 칭의론을 중심하는 구원론에 그쳐서는 안되고, 보완해야 할 것이 많다. 율법은 여전히 복음 안에 있으며, 버릴 것이 아니라 그리스도 예수님께서 완성하신 것이다. 칼빈은 루터의 율법관에 대해서 잘 보완하여, 복음 안에 율법의 윤리적 용도가 살아있음을 제시했다. 율법은 선한 것이고, 복음을 가진 자들에게도 여전히 도덕적 기준으로 사용되어지고 있는 것이다.

루터의 종교개혁을 계승한 후예들 중에는 열매만을 향유하는 세대들이 등장하면서 메마른 종교로 변질시키는 실수를 범하고 말았다. 단 한 차례의 종교개혁으로 모든 성경의 가르침들이 다 완성된 것은 아니다. 역사 속에서 종교개혁의 좋은 전통이 세워지기도 했지만, 나쁜 습관들도 굳어지게 되었다. 좀 더 냉철하게, 종교개혁의 성공과 그 후손들의 변질에 이르기까지 지나간 개신교회의 역사를 주목해 보아야 한다.

17세기 독일 루터파교회와 영국성공회, 18세기 스코틀랜드 장로

교회, 네델란드의 개혁파 목회자들은 모두 다 국가교회의 혜택을 누리면서 귀족화 되어갔다. 유럽 전지역으로 데카르트의 계몽사상이 확산되면서, 신앙에의 회의심을 불러일으키고, 루터파와 개혁파의 무능력과 나약함으로 점차 영향력을 잃어버리고 말았다.

계몽주의가 이성 중심의 자율적이고 합리적인 주체의 근본 원리를 내세우자, 유럽교회들은 흔들리고 말았다. 종교개혁자들이 세웠던 교회들은 성경 비평학과 자유주의 신학의 등장으로 인해서 성경의 권위를 무너뜨리게 되었다. 산업화가 촉진되는 가운데, 19세기에는 혁명의 시대였다. 종교개혁자들의 후예들이 지켜오던 교회 전통과 성경의 가르침에 관련된 모든 것들이 바뀌고 말았다.

지금 130년의 역사를 이어오고 있는 한국 개신교회들은 어떠한 형편인가?

극도로 세속화된 포스트모더니즘의 영향과 한국교회 내부의 낡은 관행으로 성도들의 사랑과 신뢰를 상실하고 있다. 비록 일부이지만, 매스컴에 보도된 바와 같이 목회자들의 일탈행위로 인해서 많은 성도들이 탄식을 하고 있다. 충성과 열심히 교회를 섬기는 분들이 많지만, 상당수는 헛된 명예욕과 세속적인 욕망에 사로잡혀서 문제의식을 잃어버렸다.

모든 한국교회 지도자들은 오늘의 현상이 초래된 근원적인 원인에 대해서 통렬한 회개와 반성을 철저하게 수행해야만 한다. 그리고 기성세대 목회자들과 지도자들은 앞서서 희생하는 실제 모습을 모여주어야만 한다. 한국교회의 축복을 누린 목회자들과 지도자들은 자신들의 성공과 성취를 자랑할 것이 아니라, 모든 것을 다시 한국교회를 위해서 내어놓아야만 한다.

　역사는 합력하여 선하신 하나님의 뜻을 이룬다. 따라서 역사의식을 갖고서 하루하루를 살아가야 한다. 우리 인간의 삶은 그저 목적 없이 방향도 잃어버리고 흘러가는 것은 아니다. 하나님의 섭리적 간섭에 따라서 거룩하신 뜻을 성취하게 된다. 보통 사람들의 인식으로는 역사의 목표지점을 가늠하기가 쉽지 않다. 어리석은 인생은 그 날을 가늠하지 못한다. 격동의 시대를 헤쳐나간 루터, 제네바를 변혁시킨 칼빈, 수없이 많은 종교개혁자들은 날마다 분투노력하는 모습을 보여주었다. 오직 하나님의 말씀을 붙잡았고, 성경에서 깨우친 진리와 지혜를 터득해 나가도록 선포하는데 최선을 다했다.

　루터와 종교개혁자들은 로마가톨릭교회의 타락한 관습을 철저히 반성하였고, 말씀의 교훈을 따라서 새롭게 교회를 세우고 바꿔나갔다. 종교개혁은 인류사회에 대변혁을 가져왔고, 모든 방면에서 교회가 새롭게 전진해 나갈 수 있었다. 말씀의 권위만을 높이고자 했던 16세기 종교개혁자들의 꿈은 찬란하게 성취되었지만, 그 후 5백 년을 거쳐오면서 또다시 수많은 변질과 회복의 과정을 반복해 나왔다.

　우리는 역사의식을 갖고, 교회가 답습하는 낡은 습관, 관행처럼 치러지는 예배와 행사들은 철저히 반성하고 바꿔야만 한다. 매 순간마다 하나님을 영화롭게 하고, 영원토록 그분을 즐거워하는 성도의 삶이 되어야만 한다. 복음의 역동성이 우리들의 생애 속에서 하나님의 뜻을 성취하게 하고, 성령의 임재하심이 우리 가운데서 지키시고 간섭하신다.

## 종교개혁 시리즈

1. **종교개혁의 역사와 신학**
   임도건 지음 | 신국판 | 330면

2. **종교개혁, 그 일념에 불탔던 사람들**
   올리비에르 파티오 편집 지음 | 임도건 옮김 | 신국판 | 96면

3. **종교개혁사**
   루이스 W. 스피치 지음 | 서영일 옮김 | 신국판 | 448면

4. **종교개혁사상**
   앨리스터 맥그래스 지음 | 최재건 옮김 | 신국판 | 488면

5. **종교개혁의 역사**
   다이메이드 맥클로흐 지음 | 이은재 외 옮김 | 신국판 | 944면

6. **종교개혁과 신학자들**
   카터린드버그 편집 | 조영천 옮김 | 신국판 | 696면

7. **종교개혁은 끝났는가?**
   마크 A. 놀, 캐롤린 나이스트롬 지음 | 이재근 옮김 | 신국판 | 448면

8. **유럽의 종교개혁**
   카터린드버그 편집 지음 | 조영천 옮김 | 신국판 | 656면

9. **종교개혁의 유산**
   칼 트루만 지음 | 조영천 옮김 | 신국판 | 192면

**10. 영원한 종교개혁**
안인우 지음 | 서영일 옮김 | 신국판 | 496면

**11. 루터의 유산: 영국의 종교개혁**
칼 R.트루만 지음 | 한동수 옮김 | 신국판 | 448면

**12. 유럽, 종교개혁지를 가다**
박기성 지음 | 신국판 | 400면

**13. 종교개혁의 신학사상**
김재성 지음 | 신국판 | 368면

**14. 종교개혁의 불꽃 마틴루터**
김현배 지음 | 근간

**15. 루터의 발자취**
베르너 유반펠더 지음 | 조미화 옮김 | 근간

**16. 루터의 종교개혁**
우베시몬네트 지음 | 조미화 옮김 | 근간

**17. 영국의 종교개혁**
다이메이드 맥클로흐 지음 | 한동수 옮김 | 근간

루터의 95개 조항 오백 주년 기념(1517-2017)
## 종교개혁의 신학사상
Theology of Reformation: Quincentenary of Luther's 95 Theses(1517-2017)

2017년 3월 10일 초판 발행

지 은 이 | 김재성

편　　집 | 변길용, 정희연
디 자 인 | 박희경
펴 낸 곳 | 사)기독교문서선교회
등　　록 | 제16-25호(1980. 1. 18)
주　　소 | 서울시 서초구 방배로 68
전　　화 | 02) 586-8761~3(본사) 031) 942-8761(영업부)
팩　　스 | 02) 523-0131(본사) 031) 942-8763(영업부)
홈페이지 | www.clcbook.com
이 메 일 | clckor@gmail.com
온 라 인 | 기업은행 073-000308-04-020, 국민은행 043-01-0379-646
　　　　　예금주: 사)기독교문서선교회

ISBN 978-89-341-1618-9 (93230)

* 낙장 · 파본은 교환해 드립니다.

이 도서의 국립중앙도서관 출판시 도서목록(CIP)은 서지정보유통지원시스템 홈페이지(http://seoji.nl.go.kr)와
국가자료공동목록시스템(http://www.nl.go.kr/kolisnet)에서 이용하실 수 있습니다.
(CIP제어번호: CIP2017001121)